# 物联网技术
# 在恶劣天气交通保畅中的应用

黄建玲　王立勋　隋莉颖　陈智宏　著

人民交通出版社股份有限公司
China Communications Press Co.,Ltd.

## 内 容 提 要

本书主要阐述了雨、雪、雾等恶劣天气条件下的道路交通保畅技术，包含恶劣天气条件下的路面积滞水监测，道路交通气象监测，道路高边坡监测，道路桥梁健康状况监测，以及物联信息的编码规则等内容。围绕物联网的感、传、知、用技术，深入剖析物联网技术在恶劣天气条件下道路交通保畅中的应用，对物联网技术在路面积滞水监测、道路交通气象监测方面及桥梁健康状况监测方面进行了详细介绍。

本书可为城市管理者决策和管理提供参考，也可为相关咨询公司、系统集成商、软件开发商等提供相关系统建设指导，同时可作为高校相关专业教材。

**图书在版编目(CIP)数据**

物联网技术在恶劣天气交通保畅中的应用/黄建玲等著. —北京：人民交通出版社股份有限公司，2018.3

ISBN 978-7-114-14188-1

Ⅰ. ①物… Ⅱ. ①黄… Ⅲ. ①互联网络—应用—异常天气—公路运输—交通运输管理②智能技术—应用—异常天气—公路运输—交通运输管理 Ⅳ. ①U491-39

中国版本图书馆 CIP 数据核字(2017)第 222948 号

书　　名：物联网技术在恶劣天气交通保畅中的应用
著 作 者：黄建玲　王立勋　隋莉颖　陈智宏
责任编辑：任雪莲　周　凯
出版发行：人民交通出版社股份有限公司
地　　址：(100011)北京市朝阳区安定门外外馆斜街 3 号
网　　址：http://www.ccpress.com.cn
销售电话：(010)59757973
总 经 销：人民交通出版社股份有限公司发行部
经　　销：各地新华书店
印　　刷：北京市密东印刷有限公司
开　　本：720×960　1/16
印　　张：14.75
字　　数：264 千
版　　次：2018 年 3 月　第 1 版
印　　次：2018 年 3 月　第 1 次印刷
书　　号：ISBN 978-7-114-14188-1
定　　价：68.00 元
(有印刷、装订质量问题的图书由本公司负责调换)

# 前言

FOREWORD

物联网产业是未来战略性新兴产业的主导力量之一，物联网作为信息化发展的第三次浪潮，得到了中央以及全国各省市领导的高度重视，国家“十二五”“十三五”规划提出要推进物联网研发应用。全国各级政府高度重视物联网产业发展和应用建设，多个省市提出要发展物联网产业，带动相关产业发展。物联网技术具有全面感知、快速传输、多元数据融合处理等特点，在城市安全运行和应急管理领域有广阔的应用前景。

进入21世纪以来，全国经济、社会持续快速发展，人民生活水平日益提高，对社会公共服务质量的要求也愈来愈高。“行”作为人们日常生产和生活的基本保障，一直是各级政府和社会所关注的重大民生问题。人口、机动车保有量和交通需求总量的持续增长使得我国大多数城市的交通发展面临着严峻考验，城市交通系统脆弱，早晚高峰拥堵常发，交通保畅任务繁重。

伴随着全球气候恶化，近年来，暴雨、强降雪、大雾等恶劣天气频发，容易造成城市道路积水、路面结冰、山区公路塌方等灾害，给交通保畅带来更大压力。例如，2011年6月23日，北京遭遇十年来最大降雨，22处道路中断，76条地面公交线路受到影响，3条地铁部分区段停运，拥堵指数达到10(严重拥堵)。

我国城市常见的恶劣天气类型包括暴雨、暴雪和雾霾。恶劣天气对城区交通的影响包括立交桥区积水、路面结冰、能见度下降等;对城镇和山区交通的影响包括道路积水、路面结冰、能见度下降、山区公路边坡崩塌。以北京为例，从2007年开始，北京市相关部门开展风险评估工作，评估结论为:极端天气造成的道路积水、路面结冰、公路塌方等始终处于高或极高的风险等级。在北京市交通环境日益严峻的情况下，交通保畅是北京市交通管理的头等大事，利用物联网技术手段，为交通安全运行和监测预警提供科技手段的需求愈来愈迫切。

本书主要阐述了雨、雪、雾等恶劣天气条件下的道路交通保畅技术，包含恶劣天气条件下的路面积滞水监测，道路交通气象监测，道路高边坡监测，道路桥梁健康状况监测以及物联信息的编码规则等内容。围绕物联网的感、传、知、用技术，深入剖析物联网技术在恶劣天气条件道路交通保畅中的应用。其中，第 1 章、第 2 章重点阐述了物联网技术在恶劣天气交通保畅应用的总体设计思路及框架，由黄建玲、陈智宏、王立勋、隋莉颖等人撰写。第 3 章重点阐述了恶劣天气交通保畅物联网综合应用平台的建设功能等，由陈智宏撰写 。第 4 章重点阐述了物联网技术在路面积滞水监测中的应用，由王立勋撰写。第 5、7 章分别从物联网技术在道路交通气象监测方面及桥梁健康状况监测方面进行了阐述，由刘建忠、邹建明、夏晓霞等人撰写。第 6 章重点阐述了物联网技术在道路高边坡监测中的应用，由王忱、林传祥等人撰写。第 8 ~ 10 章分别阐述了物联网编码规范、系统安全设计和物联网信息资源整合等内容，由陈智宏、隋莉颖、王立勋、李晨、李伟等人撰写。第 11 章阐述了物联网技术在交通行业应用的风险和效益分析，由王立勋撰写。

本书可为城市管理者决策和管理提供参考，也可为相关咨询公司、系统集成商、软件开发商等提供相关系统建设指导，同时可作为高校相关专业教材使用。

限于笔者的理论水平和实践经验，书中难免存在不妥和错误之处，恳请广大读者提出宝贵意见。

作　者

**2017 年 10 月**

# 目 录

CONTENTS

# 1 绪　　论

## 1.1 物联网技术概述

物联网是指通过信息传感设备，包括射频识别、红外感应、卫星定位、激光扫描和视频监控等，按照约定的协议，把物品与互联网连接起来，进行信息交换和通信，以实现智能化识别、定位、跟踪、监控和管理的一种网络。它是在互联网基础上的延伸和扩展，具有技术融合度高、产业链长、应用领域广等特点，具体包括信息的采集、传输、分析和应用四个环节。

物联网产业是未来战略性新兴产业的主导力量之一，物联网作为信息化发展的第三次浪潮，得到了中央和市委、市政府领导的高度重视，国家"十二五""十三五"规划提出要推进物联网研发应用。目前，全球物联网产业体系正在建立和完善之中，产业整体处于初创阶段，具备了一些分散、孤立的初级产业形态，尚未形成大规模发展。如物联网核心产业中，2009 年传感器产业全球规模在 600 亿美元左右，射频识别（RFID）不到 60 亿美元，M2M 服务业 43 亿美元，真正意义上的社会化、商业化物联网服务尚处于起步阶段。物联网相关支撑产业如嵌入式系统、软件等本身均有万亿级美元规模，但并非来自于当前意义的物联网发展，因物联网发展而形成的新增市场还非常小。由于物联网寄生并依附于现有产业，因此现有产业发达的国家其物联网产业也具有领先优势。美国、欧盟、日韩等发达国家和地区基础设施好，工业化程度高，传感器、RFID 等微电子设备制造业先进，信息产业发达，因此在物联网产业发展中仍居一定领先地位。从发达国家对物联网的战略布局来看，基本不是着眼于当前和短期的产业发展，而是面向更长远的科技突破、生产力改进和生产方式变革。

我国物联网发展与国际基本同步，处于发展初期，已初步具备一定的产业、技术和应用基础，呈现出良好的发展态势。但关于物联网的定位和特征的认识还未能统一，对于其框架模型、标准体系和关键技术都还缺乏清晰化的界定。

一是产业发展初具基础。2010 年，我国物联网市场保持快速增长态势，市场规模达到 1 933 亿元。低频和高频射频识别产业相对成熟，市场规模 105.3 亿元；

敏感元件与传感器产业初步建立,全国有 1 688 家企事业从事传感器的研制、生产和应用,在生物传感器、化学传感器、红外传感器、图像传感器、工业传感器等领域有较强的专利实力和竞争优势。拥有全球最大、技术先进的公共通信网和互联网,通信设备制造业具有较强的国际竞争力,移动机器对机器(M2M)终端数量接近 1 000 万个,已成为全球最大的移动 M2M 市场之一。

二是技术领域取得突破。我国在芯片、通信协议、网络管理、协同处理、智能计算等领域已取得初步成果。在超高频 RFID、通信技术以及各类新型传感器等领域取得了核心技术的突破性进展。2010 年,我国发布了全球首颗二维码解码芯片,研发了具有国际先进水平的光纤传感器,自主研发的 LTE 也已通过全球 20 多个地区的验证。

三是标准研制取得进展。近年来,我国在传感器网络接口、标识、安全、传感器网络与通信网融合发展、泛在网体系架构等相关技术标准的研究和制定方面取得了进展,已具备攻坚物联网国际标准的能力,是传感器网络国际标准化工作组(WG7)的主导国之一。

四是应用推广初见成效。目前,我国物联网应用以示范性质居多,应用行业已经扩展到电力、交通、环保、安防、物流、医疗、家居等领域,新的应用模式正日趋成熟。例如,在安防领域,防入侵、视频监控以及智能家居等细分领域的物联网应用取得了良好的效果;在医疗领域,面向病房、手术室、保健室等应用场景的物联网产品及解决方案正在日趋成熟。除此之外,物联网在智能楼宇、路灯监控、动物溯源、环境监测等方面的应用也十分广泛。

## 1.2 恶劣天气交通保畅背景

进入 21 世纪以来,我国经济社会持续快速发展,人民的生活水平日益提高,对社会公共服务质量的要求也愈来愈高。“行”作为人们日常生产和生活的基本保障,一直是各级政府和社会所关注的重大民生问题。人口、机动车保有量和交通需求总量的持续增长使得全国大中城市交通发展面临着严峻的考验,城市交通系统脆弱,早晚高峰拥堵常发,交通保畅任务繁重。

伴随着全球气候恶化,近年来,暴雨、强降雪、大雾、台风等恶劣天气频发,容易造成城市道路积水、路面结冰、城郊山区公路塌方等灾害,给交通保畅带来更大压力。以北京市为例:2011 年 6 月 23 日,北京遭遇十年来最大降雨,此次降雨造成北京市内 22 处道路中断,76 条地面公交线路受到影响,3 条地铁部分区段停运,拥堵指数达到 10(严重拥堵)。2012 年 7 月 21 日,北京遭遇 61 年来最大降雨,造成 47

条县级以上公路阻断,37 处市管城市道路中断,86 条地面公交线路受到影响,5 条地铁线路的 12 个站口封闭,机场线停运。城市常见的极端天气类型包括暴雨、暴雪和雾霾。恶劣天气对城区交通的影响包括立交桥区积水、路面结冰、能见度下降等;对城镇和山区交通的影响包括道路积水、路面结冰、能见度下降、山区公路边坡崩塌。从 2007 年开始,按照北京市应急办开展风险评估工作的要求,全市连续几年开展风险评估工作,评估结论为:极端天气造成的道路积水、路面结冰、公路塌方等始终处于高或极高的风险等级。

本书重点探讨,如何利用物联网"感、传、知、用"技术,建设恶劣天气交通保畅物联网系统,并总结可行的建设运行机制。通过恶劣天气交通保畅物联网系统应用,实现在雨、雪、雾霾、大风等恶劣天气条件下,实时监控城市重点路段和路口、高速公路等的路面积水、积雪、结冰情况,汛期山区公路重点部位地质灾害变化情况,结合交通流量等信息,动态监控影响道路交通的风险因素等功能。最终达到为城市决策指挥提供数据与信息支持,提升预警研判水平,进一步提高相关部门交通管控和突发事件应对能力,达到有效地保护人民生命和财产安全的目的。

# 2 应用设计总体框架

## 2.1 设计原则及思路

充分考虑建设单位现有业务和信息化基础条件,以数据采集为基础,以信息集成为目标,以恶劣天气交通保畅物联网综合应用平台建设为核心,注重强化数据采集、传输、共享环节,充分利用建设单位信息化资源,立足示范,集约建设。

### 2.2.1 设计原则

物联网技术应用系统建设遵循以下原则:

1)统筹规划,统一标准

应用涉及多个部门的协作,要进行统筹规划、总体设计和分级实施,实现项目建设和应急工作有机结合。突出重点、强化示范效应。各参建部门要根据本部门的实际情况,在同一标准下,本着共建共用的原则,集约建设。

2)集约建设,充分利旧

充分依托政府电子政务系统、部门信息化资源,与已经存在的业务系统和技术支撑系统有机结合,促进资源进一步整合,充分利用各个部门的现有信息化资源,避免重复建设。

3)自主创新,带动产业

要依靠科技,借鉴国内外先进经验开展建设工作,注重系统设备的可靠性、实用性和先进性,采用符合当前发展趋势的先进技术,并充分考虑技术的成熟性。优先采购自主创新产品及服务,带动相关产业发展。

### 2.2.2 设计思路

在明确项目目标和项目顶层需求前提下,进行总体框架设计和总体功能设计,在总体框架和功能设计指导下,形成专业支撑系统功能设计,进而完成总体功能所需的数据采集、分析、展示、预警模型及共享交换等必要的功能设计。设计思路采用"总—分—总"的循环往复优化设计,完成前端场外设备部署及数据采集与传输、专业支撑系统分析处理、综合应用平台整体展现。

设计步骤如下：

(1)项目总体系统逻辑框架设计。

(2)顶层综合应用平台功能设计。

(3)各专业支撑系统前端采集系统设计及专业应用系统功能的设计。

(4)共享交换接口功能设计。

## 2.2 物联网系统总体框架

城市安全运行和应急管理领域物联网应用总体框架，一般宜采用“1 + 1 + $N$”的模式，即一个城市应急指挥平台、一个城市物联网应用支撑平台、多个由部门和区县建设的物联网应用管理系统和平台，实现城市日常管理与应急管理的有机结合。其中，城市应急指挥平台作为全市城市安全运行和应急管理的综合指挥平台，接入全市城市安全运行和应急管理物联网信息，进行汇总和综合展示，为城市管理者全面掌控全市城市安全运行和应急管理情况提供服务，为开展科学决策提供辅助支撑；城市物联网应用支撑平台是城市应急指挥平台获取各单位物联网信息的总渠道，也是城市安全运行和应急管理部门开展信息共享交换的总枢纽，实现各类物联网信息的规范接入、有效整合，支撑跨部门、跨区域的资源共享；各部门、各区县建设物联网应用管理系统和平台，应用物联网技术，通过各类感知设备，实时获取物联网管理对象的感知信息，进行实时化、精细化、智能化管理。以北京市为例，城市安全运行和应急管理领域物联网应用总体框架见图 2-1。

## 2.3 恶劣天气交通保畅总体框架

### 2.3.1 需求研究

恶劣天气交通保畅物联网系统是以恶劣天气条件下的城市交通为对象，在实时采集和整合天气、积水、交通保畅等相关数据资源的基础上，将天气与交通日常监测和应急服务有机结合，实现恶劣天气交通保畅的日常管理、监测预警、应急处置和事后评估，提高城市交通运行动态监控、风险管理、突发事件预测预警和科学应对的能力，为领导决策和公众出行提供服务。

恶劣天气交通保畅物联网系统的建设和使用单位包括城市交通、国土、水务、气象、地勘、公安交管等部门。

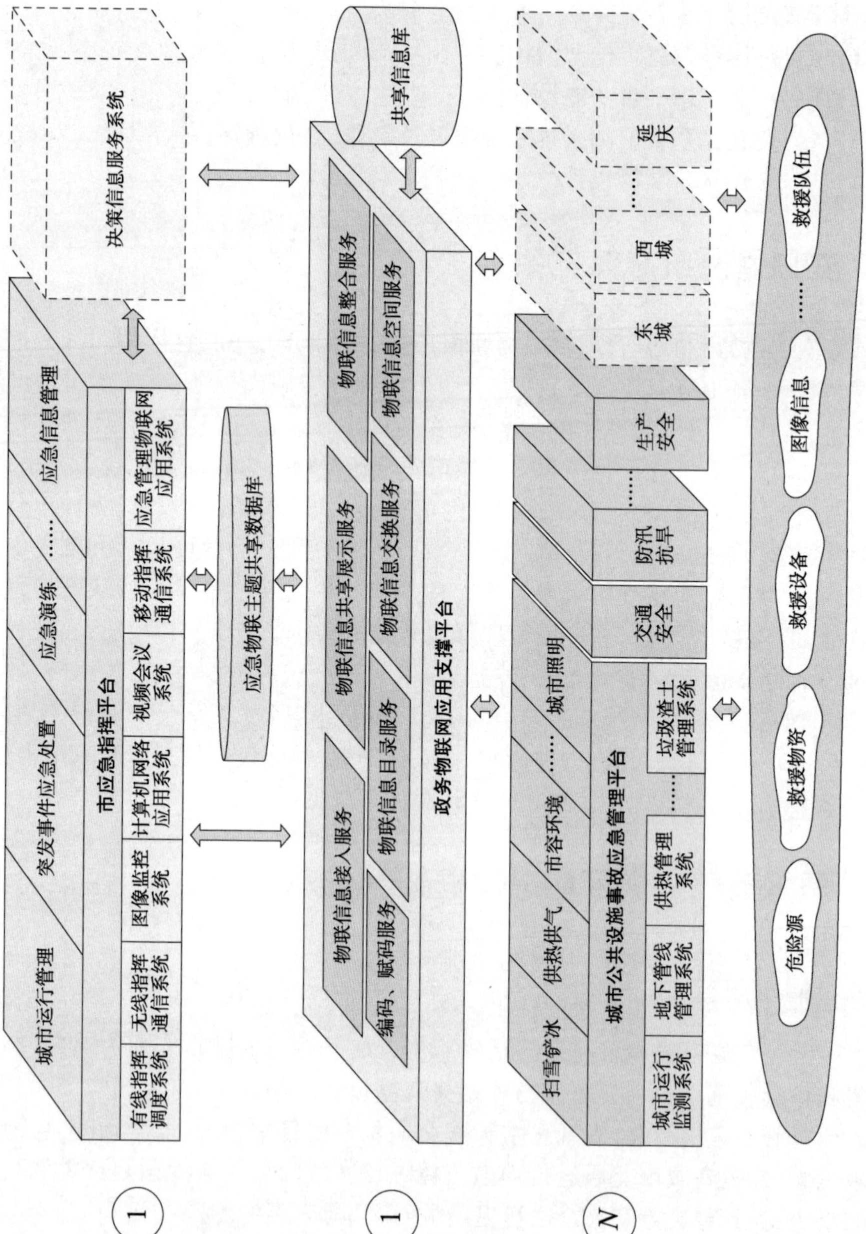

图 2-1　城市安全运行和应急管理领域物联网应用总体框架图

1)服务对象分析

恶劣天气交通保畅物联网系统服务对象分为三类群体,一是行政管理部门(包括城市应急指挥中心、交通安全应急指挥中心、其他专项指挥中心、相关委办局和下一级政府);二是交通行业企业(城市地面公交公司、地铁运营公司、高速公路公司、道路养护公司、道路客运公司等);三是社会公众。服务对象及服务内容分析见表2-1。

服务对象及服务内容　表2-1

| 序号 | 服务对象 | 服务内容 |
|---|---|---|
| 1 | 城市应急指挥中心 | 全面掌握应对极端天气下交通保畅相关信息;掌握天气实况及天气预报、动态路况和运输服务、突发事件等状况 |
| 2 | 交通安全应急指挥中心;<br>其他专项指挥中心;<br>相关委办局;<br>下一级政府 | 以日常管理、监测预警、应急处置、事后评估为核心,对极端天气下道路交通突发事件的发生、发展、结束提供全方位的跟踪服务。通过信息汇总,结合相关的预案、法规、案例、资源配置情况,会同应急专家建议,分析存在的问题(安全隐患)、预测发展趋势,辅助领导进行突发事件处置整体部署、资源调度等决策;并通过综合系统提供的信息,实时监测极端天气条件下的数据,以及产生风险隐患和突发事件的态势,结合对突发事件信息进行综合研判,迅速启动应急事件应急预案 |
| 3 | 交通行业企业 | 掌握天气实况及变化趋势、动态路况、应急处置决策支持信息等,可上报企业应急处置动态及效果 |
| 4 | 社会公众 | 掌握天气实况及变化趋势、动态路况和公共交通服务、出行提示信息等 |

2)核心业务需求分析

恶劣天气交通保畅物联网系统的核心业务需求包括日常监测预警,信息的接收、上报、处理,应急指挥决策支持和信息服务。

(1)日常监测预警:通过各类监测数据、数据挖掘分析结果信息等,分析判断当前和未来天气情况,恶劣天气条件下的路网运行状况、桥梁健康状况、道路地质灾害等情况,实现对未来恶劣天气条件下各类突发事件的积极预防、各类预警信息的及时发布。

(2)信息接收、上报、处理:能够及时做到信息接收、记录和上报,完成非常态下的突发事件信息报送。实现与上级单位、下级单位及其有关部门、专业机构和监测网点的突发事件信息系统互联互通,加强跨部门、跨地区的信息交流与情报合作。

(3)应急指挥决策支持:为指挥人员在应急指挥大厅进行指挥调度提供软硬件支持,通过调用相关预案以及历史参考案例,结合现场实时情况信息,帮助指挥员进行理性决策;自动记录整个指挥调度的过程,形成完整案例,丰富案例库,为实现应急处置的智能化、知识化打下基础,提供更丰富、准确的决策依据。

(4)信息服务:可将事件信息和预警信息及时通知到城市应急指挥中心、各成员单位,以及其他专项应急指挥部和区县应急指挥中心,使相关单位能及时了解事件信息,做好快速处置和防范措施;可利用网站、短信、可变情报板等多种方式,及时为公众提供城市、国省干线公路路况、道路阻断、高速公路关闭、施工绕行、突发事件、处置进展、交通诱导、公众安全防护措施等信息服务。

3)核心功能需求分析

恶劣天气交通保畅物联网系统核心业务功能需求包括信息综合分析与展示、应急处置,以及信息共享交换与服务。

(1)信息综合分析与展示:具备各类监测数据和视频图像的接入功能,能对所采集的数据进行综合分析处理,对交通重大风险源进行识别和管理,实现突发事件的预测预警,并可对阻断时间、事件影响程度等进行综合研判和预测。同时,提供图、表等展示形式,并实现结合地理信息系统进行展示。

(2)应急处置:可对突发事件进行自动报警,辅助应急指挥人员有效部署应急队伍、应急物资、应急装备等资源,实现移动指挥,通过网站、可变情报板等发布应急信息,完成历史案例分析、应急过程回放等。

(3)信息共享交换与服务:整合并形成支持不同部门业务应用系统的公共资源,实现相关部门数据共享和服务,并实现向上级平台报送数据功能。

### 2.3.2 总体框架

恶劣天气交通保畅物联网系统总体框架包括感知层、网络层、支撑层、应用层、标准规范体系与安全保障体系。系统总体架构如图 2-2 所示。

(1)感知层:通过积滞水传感器、气象检测站、桥梁/边坡位移/压力传感器、视频监控设备,交通流检测设备等,获取恶劣天气交通保畅相关的信息。

(2)网络层:由城市政务物联数据专网、移动公网等组成,实现数据和信息的高效、可靠、实时、安全的传输。

(3)支撑层:由城市物联网应用支撑平台提供感知设备和数据编码赋码、信息目录、数据共享交换、地理信息服务等,高效支撑系统应用。

(4)应用层:包括积滞水监测、气象监测等 7 个专业系统,以及日常管理、监测预警、应急处置、事后评估 4 个子系统。利用天气实时监测及预测作为纽带,通过

综合分析、预警预报及应急指挥，实现各部门的相互联动，实现恶劣天气条件下的交通保畅。

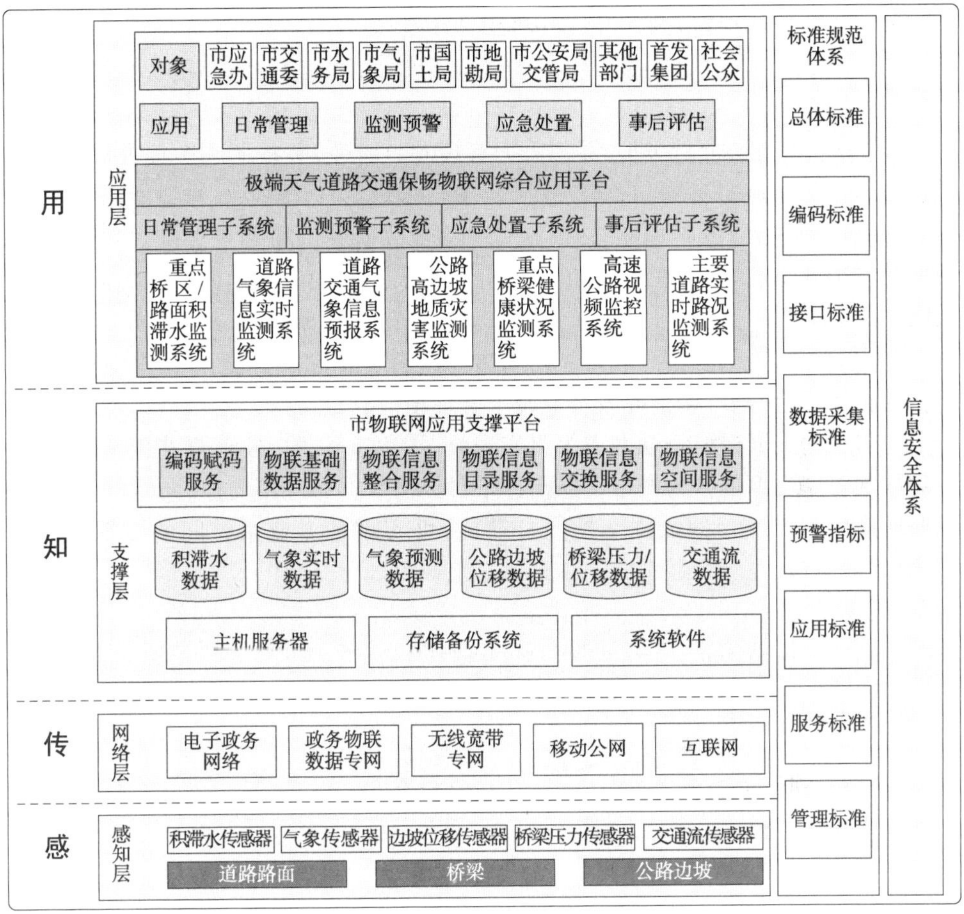

图 2-2　系统总体框架图

(5)标准规范体系与安全保障体系：包括编码、接口、预警等指标规范体系，以及网络安全、系统安全、应用安全等各项安全管理制度。

## 2.4　建设运行机制

一般而言，恶劣天气交通保畅物联网系统由全市统筹规划安排，交通部门牵头，相关委办局参与共同建设。城市信息化管理部门牵头建设全市物联网应用支撑平台，提供感知设备和数据编码赋码、信息目录、数据共享交换、地理信息服务等。系统建设费用由政府投入,其日常运行维护和技术支持所需经费纳入政府财政预算。

恶劣天气交通保畅物联网系统运行维护机制为:

(1)交通部门与其他相关委办局的应急管理部门或信息中心负责系统的日常运行。

(2)外场设备的运行维护、动态数据管理和日常监测,按照相关委办局业务范围,各自负责。

(3)面向城市应急管理部门,重点实现综合数据分析和决策支持,并可根据需要随时调用动态数据,查看天气和交通运行状况,具有相应级别内最高的调度指挥权限。

(4)抢险保障队伍按照相关委办局指挥进行备勤和应急抢险,同时通过系统上报备勤及抢险进展,使指挥人员及时了解现场情况。

恶劣天气交通保畅物联网系统可实现数据的实时接收、处理与整合,并通过城市物联网应用支撑平台为城市应急指挥平台提供数据和应用支撑;同时,通过城市物联网应用支撑平台的数据交换服务功能,可实现各专业系统间的数据交换与共享。

# 3 恶劣天气交通保畅物联网综合应用平台

## 3.1 建设内容

恶劣天气交通保畅物联网综合应用平台主要可实现极端天气交通保畅相关数据的整合、共享和利用,建设内容主要包括:

(1)应急日常管理子系统。

(2)监测预警子系统。

(3)应急处置子系统。

(4)信息发布子系统。

(5)事后评估子系统。

## 3.2 系统功能架构

综合应用平台由应急日常管理子系统、监测预警子系统、应急处置子系统、信息发布子系统、事后评估子系统5个子系统构成。综合应用平台通过对传感器的监测,外部系统预警的接入,应急预案的结构化,知识库、案例库的建立,交通保畅专有模型的分析,达到恶劣天气到来时保证交通畅通的目标。

应急日常管理子系统的主要功能是:维护系统运行基础数据,对综合应用平台日常使用进行管理。应急日常管理子系统具体分为综合监测模块、视频监控管理模块、应急资源管理模块、重点部位管理模块、传感器管理模块、预案库管理模块、抢险方案库管理模块、模拟演练模块。

监测预警子系统的主要功能是:监测传感器预警以及外部系统预警、维护预警指标、制定传感器预警规则、发布预警信息、响应预警。监测预警子系统具体分为恶劣天气预警模块、监测预警管理模块、预警响应模块。

应急处置子系统的主要功能是:接收处理应急事件、针对应急事件调用模型分析、发布应急处置信息、制订抢险方案、对所属应急资源(人员、物资、设备等)进行指挥调度。应急处置子系统具体分为信息上传管理模块、信息发布模块、智能分析模块、抢险方案生成模块、指挥调度模块。

信息发布子系统的主要功能是:日常信息发布、预测预警发布、应急处置动态信息发布、发布工具管理。预测预警发布包括:预警信息审核、预警内部信息发布、预警外部信息发布、预警结警。发布工具管理包括:传真、微博、短信、网站、高速公路可变情报板。

事后评估子系统的主要功能是:回放应急处置过程、提示应急评估指标、生成默认评估报告、对应急事件案例编辑并且归档、提供监测预警子系统预警指标规则修改的依据。事后评估子系统具体分为过程回放模块、应急单位上报总结模块、应急过程统计分析模块、案例编辑模块、案例归档模块。

综合应用平台系统功能架构,如图 3-1 所示。

## 3.3 应急日常管理子系统

应急日常管理子系统的主要服务对象是应急值守人员和应急指挥人员。

应急日常管理子系统主要完成值班值守、重点部位管理、应急资源管理、感知设备管理、预案库管理、交通安全应急指挥部结构、模拟演练、系统管理等功能。其中,值班值守主要完成值班记录、交接班、值班表、资料库管理、应急动态管理、文档管理、通讯录管理、短信管理等功能;重点部位管理主要完重点公交场站、重点山区路段、易拥堵路段、高速公路收费站位置、服务区、常发大雾路段、重点桥梁、易塌陷高边坡、易积滞水点段等的管理;应急资源管理主要对各种应急资源进行查询统计,对应急设施、应急人员物资、备勤点、专家库、知识库等进行管理;感知设备管理主要包括桥梁健康传感器、高边坡传感器、积滞水传感器、视频设备管理等;预案库管理主要包括主要预案管理、核心预案结构化等功能。

应急日常管理子系统框架,如图 3-2 所示。

## 3.4 监测预警子系统

监测预警子系统包括综合监测、风险分析、自动预警、预警响应、预警指标管理等功能。

综合监测为系统使用人员提供各种监测站的实时监测数据和视频图像,提供的功能包括积滞水监测、道路气象监测、高边坡地质灾害监测、桥梁监控监测、高速公路视频监控、交通实时状态监测等。

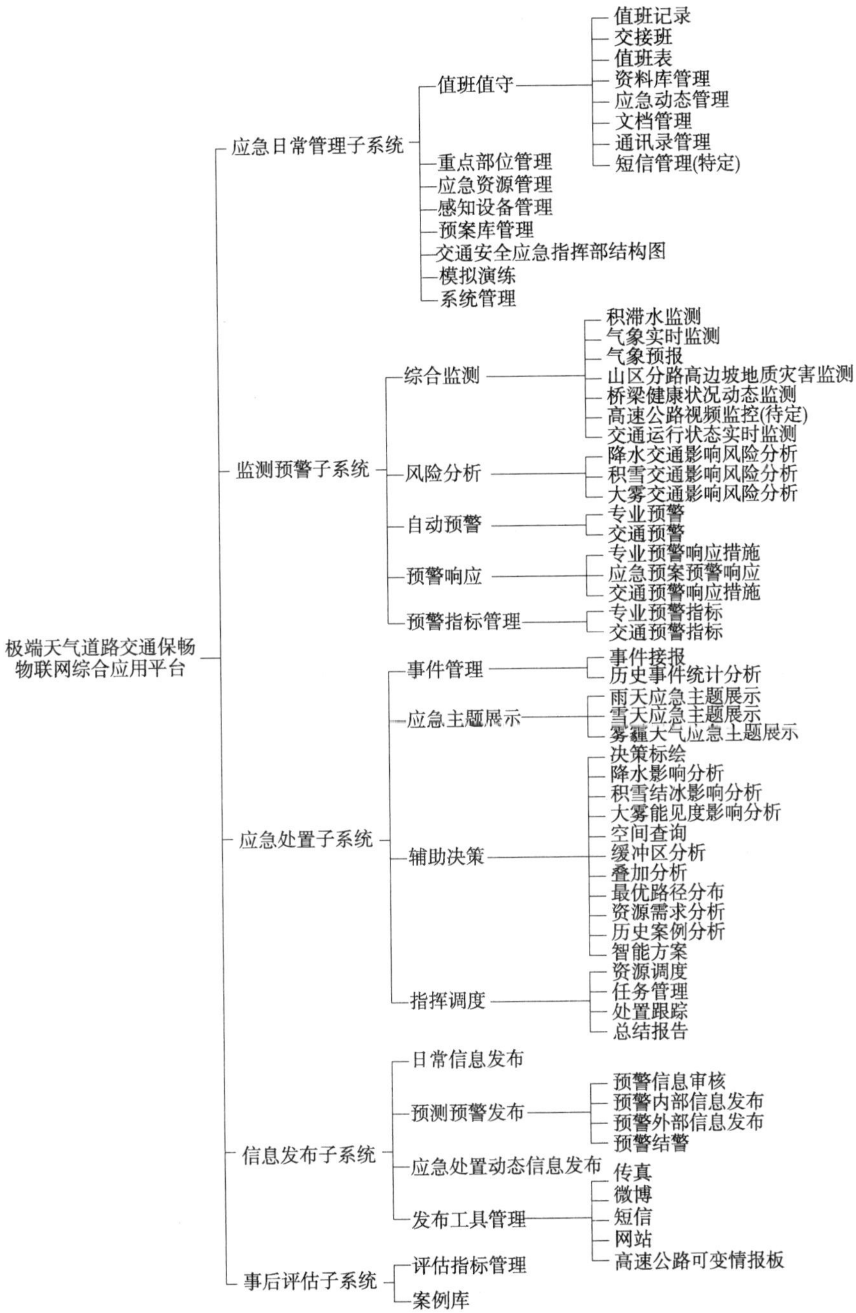

- 极端天气道路交通保畅物联网综合应用平台
  - 应急日常管理子系统
    - 值班值守
      - 值班记录
      - 交接班
      - 值班表
      - 资料库管理
      - 应急动态管理
      - 文档管理
      - 通讯录管理
      - 短信管理(特定)
    - 重点部位管理
    - 应急资源管理
    - 感知设备管理
    - 预案库管理
    - 交通安全应急指挥部结构图
    - 模拟演练
    - 系统管理
  - 监测预警子系统
    - 综合监测
      - 积滞水监测
      - 气象实时监测
      - 气象预报
      - 山区分路高边坡地质灾害监测
      - 桥梁健康状况动态监测
      - 高速公路视频监控(待定)
      - 交通运行状态实时监测
    - 风险分析
      - 降水交通影响风险分析
      - 积雪交通影响风险分析
      - 大雾交通影响风险分析
    - 自动预警
      - 专业预警
      - 交通预警
    - 预警响应
      - 专业预警响应措施
      - 应急预案预警响应
      - 交通预警响应措施
    - 预警指标管理
      - 专业预警指标
      - 交通预警指标
  - 应急处置子系统
    - 事件管理
      - 事件接报
      - 历史事件统计分析
    - 应急主题展示
      - 雨天应急主题展示
      - 雪天应急主题展示
      - 雾霾大气应急主题展示
    - 辅助决策
      - 决策标绘
      - 降水影响分析
      - 积雪结冰影响分析
      - 大雾能见度影响分析
      - 空间查询
      - 缓冲区分析
      - 叠加分析
      - 最优路径分布
      - 资源需求分析
      - 历史案例分析
      - 智能方案
    - 指挥调度
      - 资源调度
      - 任务管理
      - 处置跟踪
      - 总结报告
  - 信息发布子系统
    - 日常信息发布
    - 预测预警发布
      - 预警信息审核
      - 预警内部信息发布
      - 预警外部信息发布
      - 预警结警
    - 应急处置动态信息发布
    - 发布工具管理
      - 传真
      - 微博
      - 短信
      - 网站
      - 高速公路可变情报板
  - 事后评估子系统
    - 评估指标管理
    - 案例库

图 3-1 综合应用平台系统功能架构图

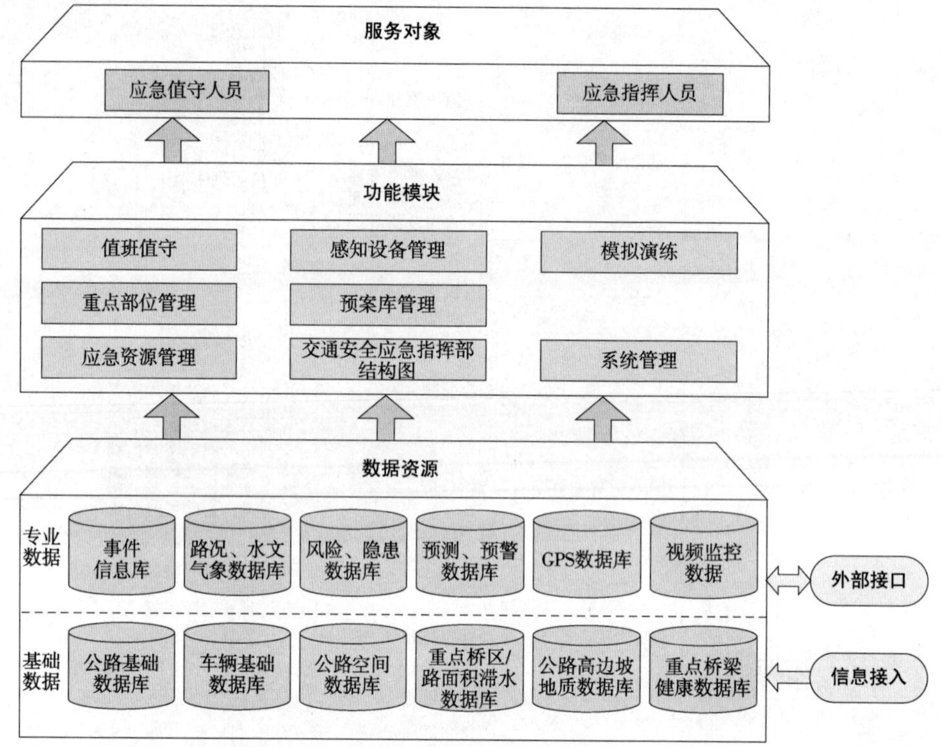


图 3-2　应急日常管理子系统框架图

应急日常管理子系统功能结构,如图 3-3 所示。

风险分析是指软件平台接收到多种类监测数据之后,结合历史数据,根据响应的分析模型,分析某一事件所可能引发的风险及风险的发展趋势,分析结果可以在 GIS 地图上直观展示。

自动预警包括专业预警及交通预警。专业预警是指将专业部门,如气象局、水务局等发布的预警直接接入系统,系统使用人员可直接点击查看。交通预警是指交通部门发布的预警信息,直接在系统中显示。

预警响应是指预警发布之后,各应急相关部门对该预警作出响应,系统要对这些响应措施进行管理。

预警指标管理是对多种类预警指标的等级进行管理,不同的预警指标将对应不同的响应措施。

功能框架如下所示:

监测预警子系统的服务对象是监测监控人员、应急值守人员、应急指挥人员、社会公众。

图 3-3　应急日常管理功能结构图

根据监测预警子系统业务需求，其主要完成的功能有：综合监测、风险分析、自动预警、预警响应、预警指标管理。该系统的体系架构，如图 3-4 所示。

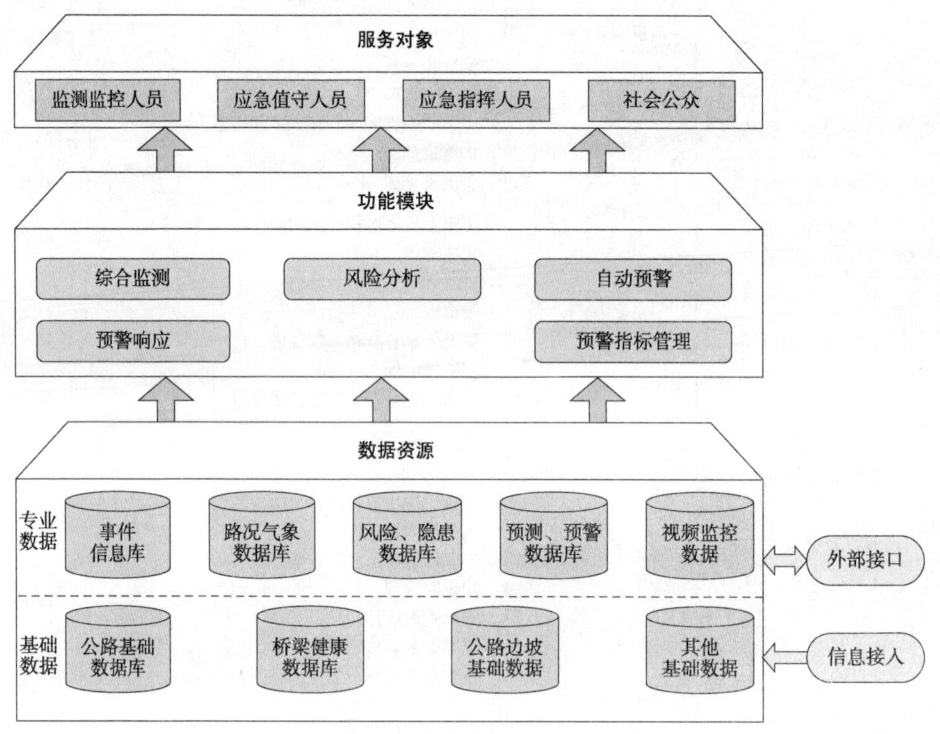


图 3-4　监测预警子系统框架图

监测预警子系统功能结构，如图 3-5 所示。

恶劣天气导致的交通相关预警，如表 3-1 所示。

交通相关预警数据内容表　　表 3-1

| 类　别 | 数据项名称 |
|---|---|
| 道路积滞水预警 | 预警积滞水道路名称、积滞水地点坐标、预警等级、预警时间段、积滞水深度等 |
| 交通干线积滞水深度预警 | 预警交通干线名称、积滞水地点坐标、预警等级、预警时间段、积滞水深度等 |
| 道路大气能见度预警 | 预警道路名称、预警等级、预警时间段、能见度数值等 |
| 道路、交通干线积雪预警 | 预警道路名称、预警等级、预警时间段、积雪深度数值等 |

续上表

| 类　别 | 数据项名称 |
| --- | --- |
| 道路、交通干线结冰预警 | 预警道路名称、预警等级、预警时间段、结冰厚度、摩擦系数等 |
| 道路、交通干线摩擦系数 | 预警道路名称、预警等级、预警时间段、摩擦系数等 |
| 交通沿线大风、侧风预警 | 预警道路名称、预警等级、预警时间段、风力、风速、风向等 |
| 道路路面温度预警 | 预警道路名称、预警等级、预警时间段、路面温度等 |
| 道路高边坡预警 | 预警高边坡名称、预警等级、预警时间段、高边坡预警属性和数值等 |
| 道路、桥梁健康预警 | 预警道路/桥梁名称、预警等级、预警时间段、道路/桥梁预警属性和数值等 |

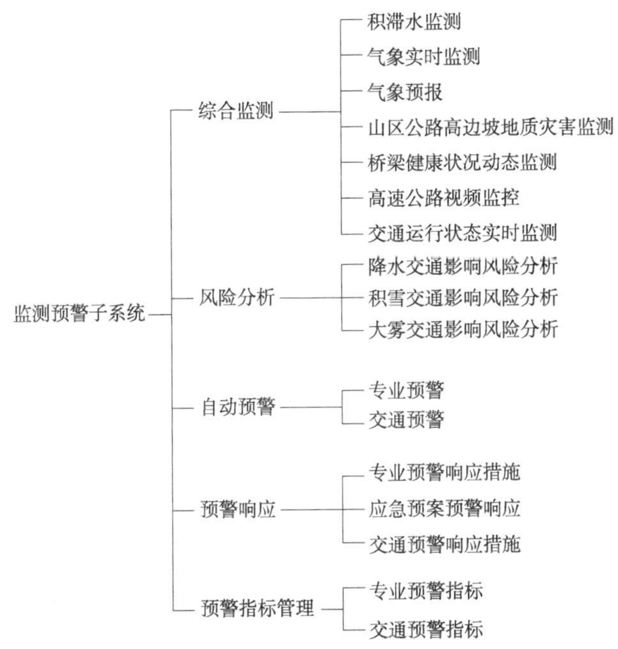


图 3-5　监测预警子系统功能结构图

## 3.5　应急处置子系统

应急处置子系统主要负责在系统进入应急处置阶段后，对处置过程中的各类信息进行采集、分析、发布以及辅助支持应急方案的设计，并通过该子系统实现整个应急处置过程中的指挥调度。

在应急处置过程中，整个应急体系内的各成员单位、保障单位，需按照统一指挥、统一方案部署及时有效地开展各自工作。在方案实施过程中，各单位与指挥调度中心以及各单位之间快捷及时的信息联络是整个应急处置工作顺利开展的基本保障。本系统作为应急处置工作的信息中心和指挥中心，采集、收集与应急相关的各类信息，汇总各业务单位的联系方式，在需要时作为各应急参与单位的会商机构，具有良好的指挥协调调度功能，为极端天气条件下各类救援工作的开展提供一个安全稳定的综合信息平台。应急处置子系统是本平台的核心系统之一。

应急处置子系统包括事件管理、应急主题展示、辅助决策、指挥调度四大功能。应急处置子系统架构如图 3-6 所示。

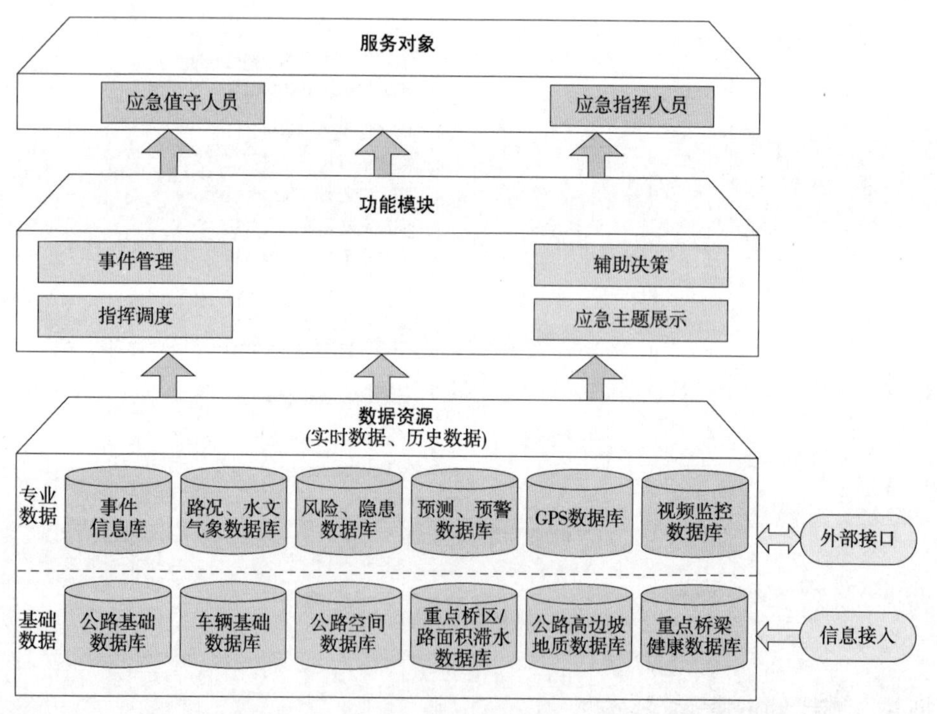


图 3-6　应急处置子系统框架图

应急处置子系统功能结构，如图 3-7 所示。

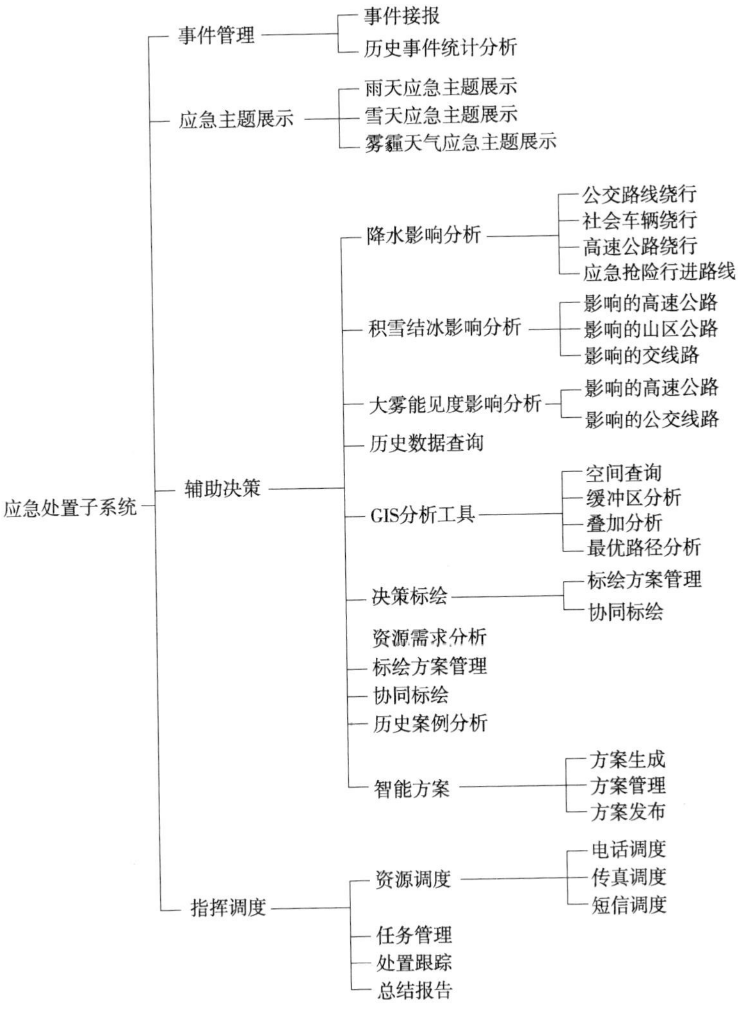

- 应急处置子系统
  - 事件管理
    - 事件接报
    - 历史事件统计分析
  - 应急主题展示
    - 雨天应急主题展示
    - 雪天应急主题展示
    - 雾霾天气应急主题展示
  - 辅助决策
    - 降水影响分析
      - 公交路线绕行
      - 社会车辆绕行
      - 高速公路绕行
      - 应急抢险行进路线
    - 积雪结冰影响分析
      - 影响的高速公路
      - 影响的山区公路
      - 影响的交线路
    - 大雾能见度影响分析
      - 影响的高速公路
      - 影响的公交线路
    - 历史数据查询
    - GIS分析工具
      - 空间查询
      - 缓冲区分析
      - 叠加分析
      - 最优路径分析
    - 决策标绘
      - 标绘方案管理
      - 协同标绘
    - 资源需求分析
    - 标绘方案管理
    - 协同标绘
    - 历史案例分析
    - 智能方案
      - 方案生成
      - 方案管理
      - 方案发布
  - 指挥调度
    - 资源调度
      - 电话调度
      - 传真调度
      - 短信调度
    - 任务管理
    - 处置跟踪
    - 总结报告

图 3-7 应急处置子系统功能结构图

## 3.6 信息发布子系统

信息发布子系统通过预定的多种信息发布方式,对内部(指与交通应急相关的多个部门)或公众发布日常、预警、应急等不同类型的信息。信息发布方式包括传真、微博、微信、短信、网站、高速公路可变情报板等。范围包括内部和公众,其中内部范围可根据实际发布需要确定,如应急办、交通委、市委等。信息发布时,可根据不同的发布范围选择不同的发布方式,如针对内部部门可采取传真的方式,具体到人可采取短信方式,面向公众的信息发布可采取微博、微信或网站的方式。对外(公众)信息发布需要经过相关领导的审核后方可正式发布;内部信息发布,由于需要保证其实时特性,不经审核即可直接发布。

信息发布子系统架构由基础支撑数据层、业务功能层以及服务对象层组成。业务功能层包括日常信息发布、预测预警发布、应急处置动态信息发布、发布工具管理。系统框架,如图 3-8 所示。

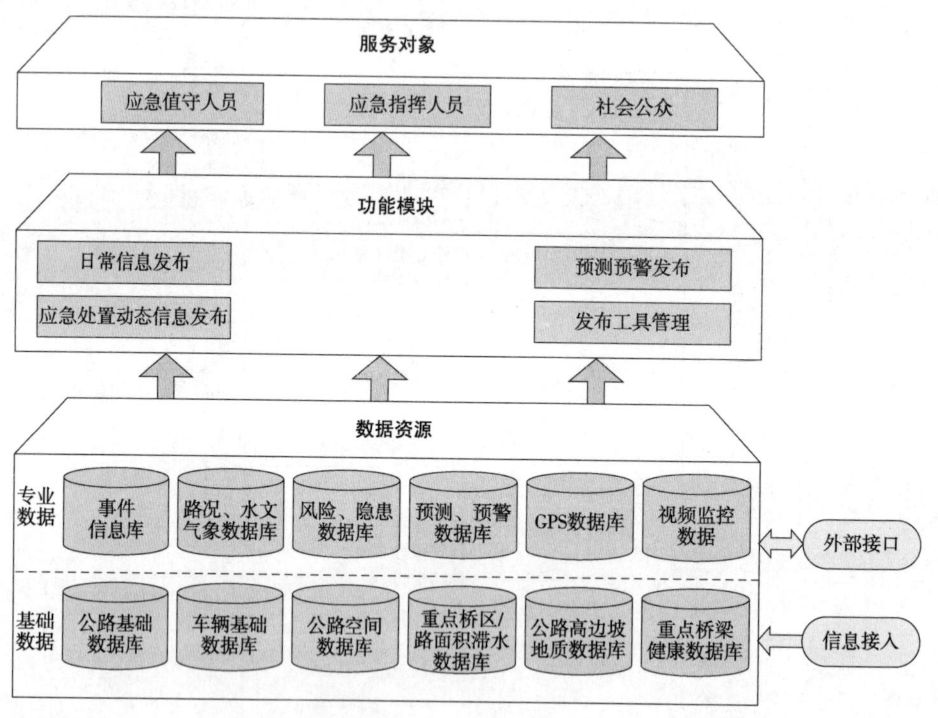


图 3-8 信息发布子系统框架图

信息发布子系统功能结构,如图 3-9 所示。

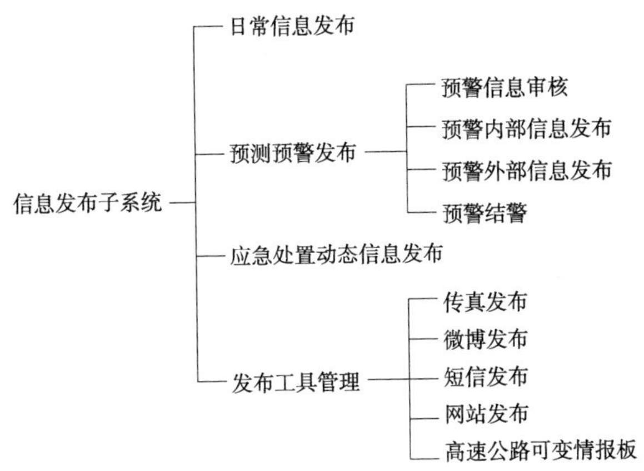


图 3-9 信息发布子系统功能结构图

## 3.7 事后评估子系统

事后评估子系统主要负责评估指标管理、案例库管理。

事件评估子系统架构由基础支撑数据层、业务功能层以及服务对象层组成，具体如图 3-10 所示。

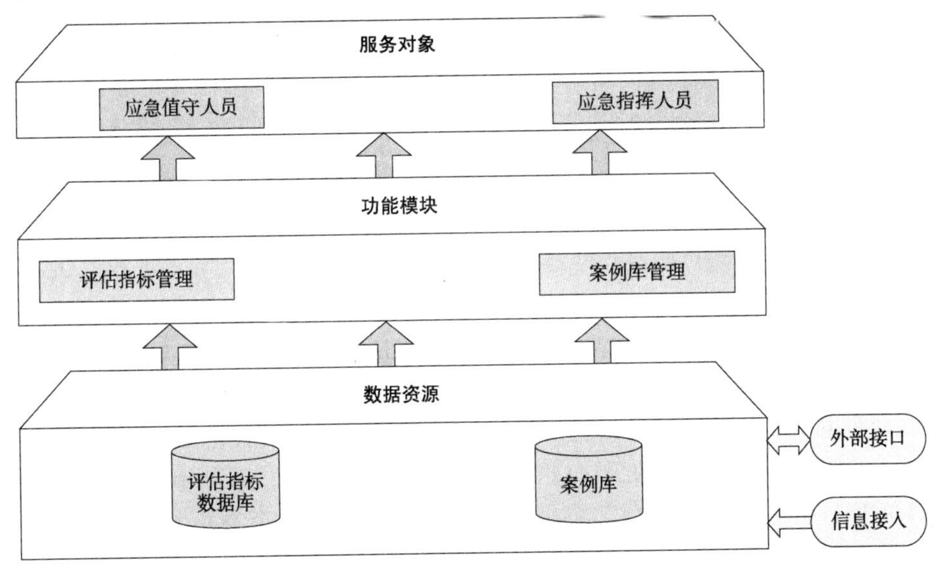


图 3-10 事件评估子系统功能框架图

事后评估子系统功能结构，如图 3-11 所示。

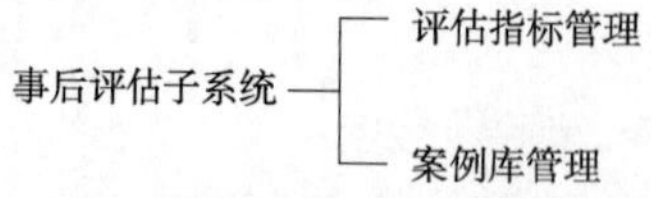

事后评估子系统 — 评估指标管理 / 案例库管理

图 3-11　事后评估子系统功能结构图

应急处理过程涉及多方面的内容，如人员、设备、物资、事件信息、事件处置等，如果对这些要素进行评估，需要根据业务要求设计评估指标。评估指标管理就是对各种指标的基本信息进行维护，以各种评估指标为基础，可以创建评估调查表。

案例库收集了国内外恶劣天气交通保畅的经典案例，应急系统相关人员、机构可调出相关案例进行学习，以提高自身恶劣天气交通保畅的应急管理水平。案例库管理包括案例的增加、删除、修改、查询、案例学习等。

## 3.8　数据及系统接口

### 3.8.1　通过城市物联网支撑平台共享的数据

综合应用平台需要从其他参建单位应用系统中获取的数据有:物联基础信息、物联目录信息、感知设备实时数据等。物联基础信息、物联目录信息、综合应用平台通过数据共享交换接口服务系统对各个参建单位开发用户权限以及信息维护界面，由参建单位进行数据梳理并填写基础信息。各参建单位将感知设备采集的实时数据传送到各参建单位数据交换前置机，数据交换前置机将其传送到城市物联网支撑平台，综合应用平台数据交换前置机从城市物联网支撑平台获取实时数据。

数据共享交换接口服务系统实现了综合应用平台与市物联网支撑平台之间以及与其他参建单位应用平台之间的数据共享。数据共享交换服务系统部署拓扑图，如图 3-12 所示。

数据共享交换接口服务系统在各业务系统前端安装数据交换前置机。当业务系统需要共享的数据发生变化时，数据交换前置机将数据发送至城市物联网支撑平台，城市物联网支撑平台再将数据分发至订阅该共享数据的其他应用系统，如恶劣天气道路交通保畅综合应用平台。

数据共享交换接口服务系统由信息库系统、桥接系统、前置机交换系统、交换传输系统和交换管理中心五部分组成。信息库系统存储了应用系统物联基础信息、物联目录信息、感知设备实时数据等。桥接系统黏合业务系统与前置机交换系统，使业务系统不需要做大的功能修改，就能将共享的数据通过前置机交换系统共享。前置机交换系统负责收发共享数据，交换传输系统提供共享数据在前置机之间的可靠传输，交换管理中心监控管理应用系统之间的数据共享与交互。数据共

享交换接口服务系统结构图，如图 3-13 所示。

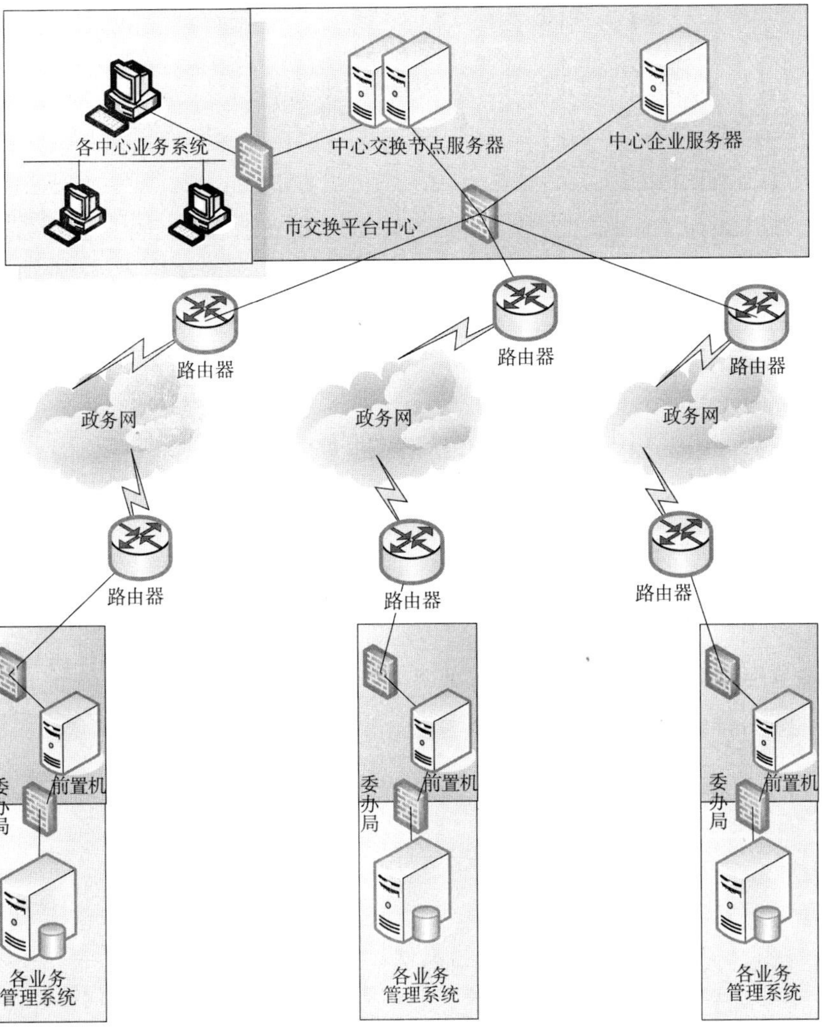

图 3-12　数据共享交换服务系统部署拓扑图

如图 3-13 所示，前置交换系统与城市物联网支撑平台对接，其他参建单位应用系统以及综合应用平台与前置交换系统通过桥接系统对接。桥接系统是应用系统与前置交换系统中无缝连接的重要部分。桥接系统接收到前置交换系统数据后，经过解密，封装成业务系统需要的数据，写入业务系统数据库中。桥接系统对接应用系统具体的结构示意图，如图 3-14 所示。

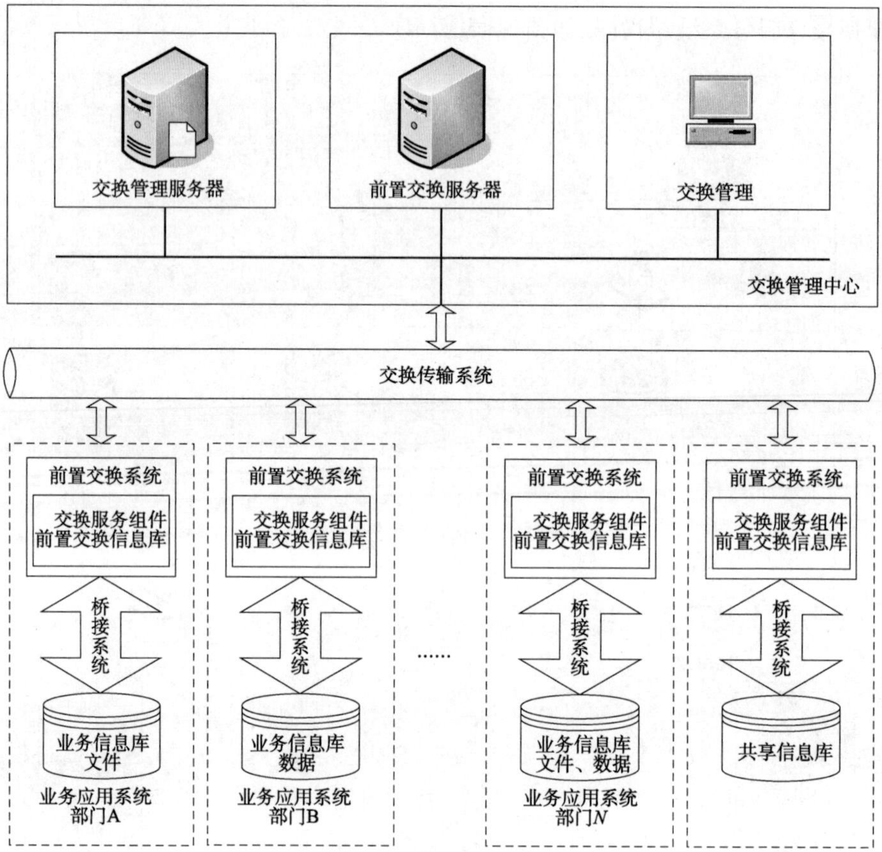

图 3-13　数据共享交换服务系统结构图

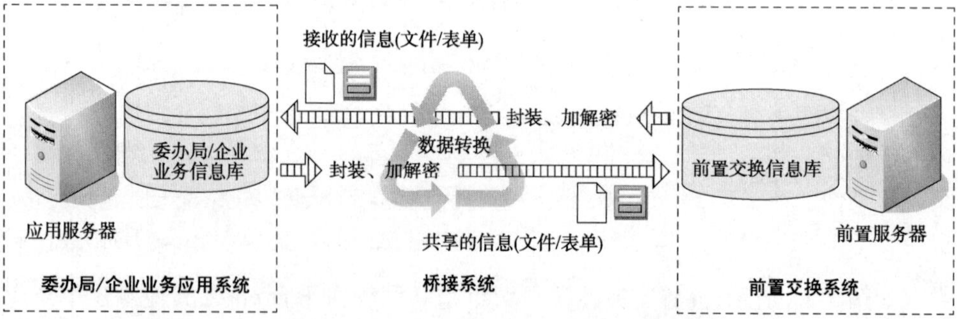

图 3-14　桥接系统对接应用系统结构示意图

## 3.8.2　页面集成方式共享

参建单位部分针对经过二次加工的数据，类似于气象局针对某道路 3h 气象预

报数据等,由其他参建单位应用系统提供页面链接,综合业务平台通过集成其他单位应用系统页面方式实现。

针对其他参建单位应用系统以页面方式提供的数据,综合应用平台使用 http client 方式获取参建单位 html 页面。综合应用平台通过请求参建单位共享的 url 链接,在请求中带入参建单位提供的用户名和密码,通过参建单位应用系统认证后,获得参建单位共享 html 页面,然后发送至综合应用平台客户端,集成在浏览器中向用户展示。

综合应用平台也采用共享页面方式,提供部分二次加工的数据给其他单位应用系统。共享页面为标准的 html 编码。其他参建单位业务系统可以通过综合业务平台安全认证后,使用浏览器直接将共享页面嵌入到自身系统中。综合应用平台页面共享的数据主要有极端恶劣天气交通道路通行情况显示、恶劣天气交通道路通行情况预测等。

### 3.8.3 视频监控数据对接

恶劣天气道路交通保畅综合应用平台通过对接视频监控系统,实现监测视频的播放、云台控制、历史图像播放等功能。视频监控系统提供针对综合应用平台的接口。综合应用平台客户端初始化调用接口,使用视频监控系统提供的用户名和密码登录到视频监控系统中。视频监控系统通过综合应用平台客户端认证后,提供视频数据流到综合应用平台客户端,综合应用平台客户端播放视频。

综合应用平台针对视频监控系统提供的云台控制接口开发综合应用平台云台控制功能。云台控制功能包括摄像机转动、变倍变大、录像等。综合应用平台提供常用的云台控制按钮,用户点击按钮时,综合应用平台调用视频监控系统云台控制接口,传递云台控制命令。

综合应用平台通过视频监控系统的历史视频接口,提供历史视频查看功能。历史视频的记录通过视频监控系统中的云台控制功能调用。综合应用平台发出记录视频录像的命令后,视频监控系统应当记录视频。视频监控系统历史视频接口,提供浏览历史视频文件列表的方法。综合应用平台获取历史视频文件列表后,展示给用户,用户选择历史视频文件播放后,调用视频监控系统历史视频接口中历史视频播放方法,播放历史视频文件。

### 3.8.4 与用户其他系统对接

在综合应用平台功能设计中,需要通过对接其他应用系统,利用其他系统的功能为用户提供服务，如传真系统、短信平台、微博平台、用户现有 GIS 系统等。针对传真系统、短信平台、微博平台等信息发布手段，每一系统以开发相应的信息发布插件形式对接，综合应用平台通过调用统一的信息发布接口，实现对接系统提供的功能。针对现有的 GIS 系统，可通过以专用 GIS 组件包装现有 GIS 服务功能形式实现对接。综合应用平台直接调用专用 GIS 组件服务，由专用 GIS 组件调用用户现有的 GIS 服务。

# 4 积滞水监测

## 4.1 概述

随着城市交通压力的不断加大,已有的交通信息化系统难以做到以交通需求为导向,通过动态监控、智能研判、现场感知,实现交通应急快速响应。特别是在面临极端降雨的时候,缺少有效的技术手段将城区暴雨积滞水的实时监测与管理、灾情统计分析、预警指标分析等,与交通应急协调指挥预案、疏导相结合。随着物联网在交通等各个领域的应用不断深入,新型传感器、无线网络和管理信息系统等新技术都取得了很大的突破。特别是在水情和雨情等城市基础设施监测网络建设初具规模的当前,为物联网技术在交通应急管理中的应用奠定了坚实的基础。因此,研究物联网技术在路面积滞水应急处置领域关键技术,融合积水监测和交通应急处置,实现城市基础设施、运载工具、交通管理、用户等参与交通运输的要素集成联动,将为进一步提升城市交通管理水平与应急指挥能力,提供一种有益的理论探索。

目前,城市交通系统脆弱,早晚高峰拥堵常发,交通保畅任务繁重,伴随着全球气候恶化,北京近年来暴雨天气频发,已成为影响交通运行的重要因素,对道路交通运行和公众出行造成很大影响,给交通保畅带来更大压力。城市交通管理迫切需要利用物联网等多种技术手段,对积滞水路面交通应急处置提供支撑。通过对交通路网的积滞水监测,并结合各类交通运行指标,分析和评估可能存在的各类风险事件,可实现对可能发生的各类交通运输安全事故风险进行防范;发现、跟踪、分析交通突发事件发展态势,宏观监控交通总体情况、周边环境等情况,实时掌握应急保障资源的动态情况,提升汛期交通安全应急响应和科学处置能力;通过公众信息发布渠道向社会发布信息,为公众出行提供信息参考,有效减少汛期交通流量和疏导交通压力。

因此,以满足极端降雨条件下的交通应急处置需求为导向,以加强实时感知和智能分析为突破口,深入分析采集到的数据,通过更加新颖、系统、全面的方法来解决特定问题,对管理模式和业务流程中的网络、信息、软件、应用等方面做整体、系列化的规划设计,实现数据资源设计,实现地区之间、行业之间、部门之间的资源统筹协调、有效共享,避免数据重复建设和信息孤岛。

## 4.2 基于物联网技术的路面积滞水交通应急处置关键技术

由于监测手段的多元、监测数据的异构、交通状况的多变等因素的制约,在积滞水监测与汛期交通应急管理业务相结合的应用、在积水数据与交通业务流程关联应用等方面,除了物联网自身的传感器、通信等方面的技术之外,还需要对交通动态监控、智能研判、现场感知、拥堵扩散、快速反应、综合显示等问题进行探索和研究。

### 4.2.1 关键技术模型

研究构建基于物联网技术的路面积滞水交通应急处置模型,实现应急处置业务与物联网数据的融合应用。模型研究主要内容如下:通过物联网技术实现路面积滞水的监测,同时将获取的数据叠加于交通路况,并实现支撑公共决策和服务公众。在实现全面互联互通的网络架构上,以积滞水和交通数据为中心,按照协同监测计划、异构数据获取、智能分析、信息发布的基本模式和特征来完成监测、预警和处置。积滞水和交通监测数据的交互,可以在四个环节的任意两个之间发生,且信息传递的方向是双向的,模型如图 4-1 所示。

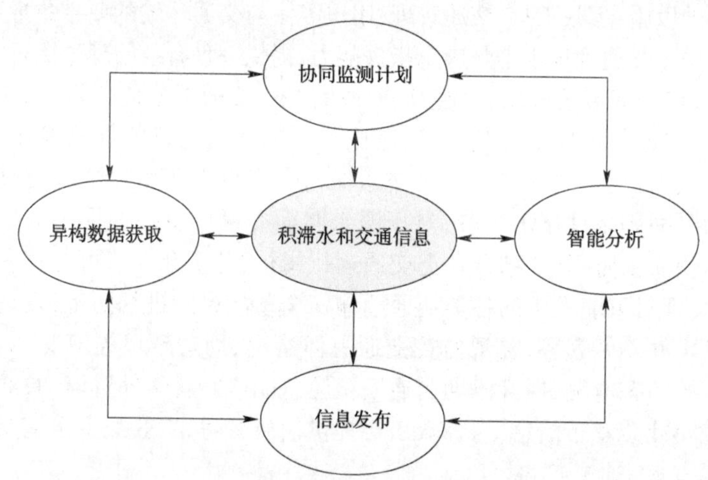


图 4-1 基于物联网技术的积滞水路面应急处置模型

### 4.2.2 路面积滞水和交通状况协同监测

协同监测计划的价值在于实战中能够发挥最大作用,很多应用都反映出计划的统筹与制订问题。认真梳理城市防汛和应急交通监测之间存在的矛盾和冲突问题,逐一理顺和修订监测计划,形成具有针对性的具体细致、科学严密的监测计划。首先,监测指标覆盖要全面,除了针对重点路段的积滞水监测之外,还应包括对交通拥堵指数、轨道和公交客流、公交和出租等公共交通等的协同监测;其次,要加强与相关部门的沟通协调,与交管、气象和周边地区的相关部门真正实行联勤联动,提高相关部门的参与性,建立健全相应的管理体系。充分考虑到紧急情况的复杂性、艰巨性和多变性,对可能由点引发的面的变化和引起的衍生灾害,要提前在各个环节做好充分准备,并仔细推敲所监测数据之间的内在关联性,以使交通以及处置质量得到保证。

### 4.2.3 多源数据的接入架构及异构数据

对于积水条件下的交通应急处置,仅依靠交通管理部门远远不能满足具体工作的需要,还需要防汛、气象等部门共同参与。积滞水条件下的交通运行监测数据主要由三个部分组成:应急数据、交通基础、路面积水(表4-1),将对这些数据清洗和运算后的结果作为交通应急处置的决策数据。

**积滞水路面交通应急处置数据分级表** 表4-1

| 类　别 | 分　类 | 关键数据 |
|---|---|---|
| 应急数据 | 应急资源 | 专家、人员、物资、排水设施等 |
| | 应急知识 | 预案、知识、案例等 |
| 交通基础 | 车辆 | 公共交通、客运、出租等线路以及GPS等 |
| | 交通路网 | 环路、城区等 |
| | 辅助设施 | 调头阀、蓄水池、可变情报板等 |
| 路面积水 | 路面积滞水 | 积水深度、监测设备等 |
| | 道路气象 | 降水量等 |

因此,数据库技术在无线传感器网络中的重要性,主要体现在如何管理网络中产生的数据,包括如下几个方面:

(1)多源数据的接入。从采集方式的多样性上考虑,系统应该采用并行接入分布式处理方法,即在融合之前采用多种数据各自进行采集,并行接入到融合处理中心的方法。对于异构数据的统一性问题,需要对多源数据进行数据转化,使它们达到参数和格式的统一,才能进一步融合。

(2)存储传感器产生的数据。由于积滞传感器采用太阳能供电,因此单个物体产生的海量数据在网络中传输时,应尽可能采用压缩的数据,否则大通信量不仅会迅速消耗传感器节点的能量，而且会造成网络通信拥塞。海量物体产生的数据，要求数据库或者数据中心在存储数据时，尽可能压缩数据、剔除冗余数据、甄别无用数据。

(3)消除查询结果中的数据冗余性和不确定性。可将单个传感器产生的数据看作数据流，物联网中的数据流是从终端设备即传感器流向网络，这与互联网有很大的不同。怎样从网络中无数的数据流中筛选出我们感兴趣的数据，是物联网跨向大规模应用必须越过的障碍。该领域目前所采用的技术主要是数据流管理系统：传感器收集的数据作为数据资源被送到数据流管理系统，数据流管理系统将这些数据或者存储在传感器端，或者存储在网关端，连续查询常驻于数据流管理系统内部，快照查询在数据流管理系统执行后返回，如图 4-2 所示。

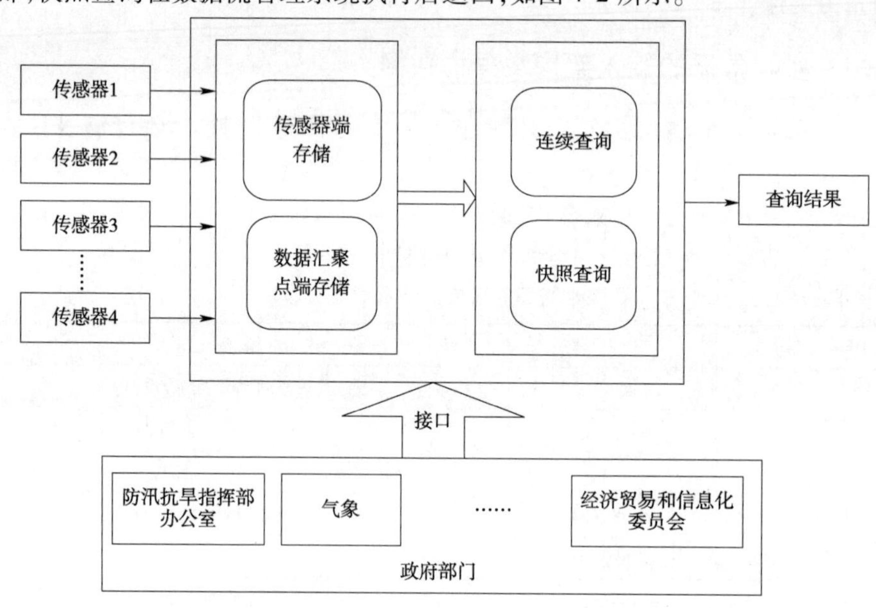


图 4-2　数据流动流程图

### 4.2.4　关键积水点交通拥堵扩散分析

针对常发积水点的辅助应急指挥和处置工作需要，对历史积累的常发积水点在正常情况下和极端情况下的交通运行状态数据进行对比、分析，建立常发积水点在极端情况下的交通拥堵扩散演变模型和基本数据库，开发常发积水点的交通拥堵扩散计算系统，实现常发积水点因积水所导致交通拥堵的扩散、消解预测，为这些常发积水点的运行监测、辅助应急指挥和处置等工作提供预测数据。具体来说，需要实现如下功能：

(1)积水点交通拥堵评价历史数据辅助分析，包括历史数据获取、数据对比分析等。

(2)积水点交通拥堵扩散演变规律数据存储和维护。

(3)积水信息接入和预处理,预处理工作包括数据筛查、校核和数据量化。

(4)积水点交通拥堵扩散演变预测,包括实时计算和结果生成。

(5)预测数据输出和有效性监测。

### 4.2.5 信息综合分析

信息综合分析是指对所采集的数据进行综合分析处理,提供分析结果图、表,监测数据并结合地理信息进行展示,即将各个相关部分的应用系统产生的分析结果进行集成,集中展示。

信息综合分析环节除了根据协同监测预案定向地获得分析结果外,查询检索、数据挖掘、运筹决策、事件响应等功能也涵盖在分析框架内,针对海量、异构、多维、动态数据的分析具有全面智能化的特征,分析的结果还将反馈作用于协同监测计划、异构数据获取、信息发布等环节。举例来说,积滞水和道路交通信息监测综合分析结果提供了更明确具体的现场状态信息,人们可以对交通重大风险源进行识别和管理,结合相关的基础信息,实现突发事件的预测预警,并根据分析结果改进协同监测预案,改进下一阶段的监测过程,对确定基础设施损害的地点、损失程度和抢通进展等事件信息,对预计阻断时间、事件影响程度等进行综合研判和预测。分析结果的质量和完整性还决定了是否需要获取更大范围、更长期、更细粒度的积滞水信息,是否需要调整信息的发布方式,是否需要从信息终端向分析终端传递频率更高的数据。

### 4.2.6 基于 GIS 的综合监测和展示技术

为满足大量物联监测点位、各类道路信息、交通重点部位、应急资源与交通保畅决策分析的需求,利用多年来积累在交通部门的大量 GIS 信息(如公路、轨道等道路信息),设计合理的交通流量预测模型,再结合降雨和道路积滞水监测数据,不仅能够动态地显示整个交通道路网的交通流量和交通压力变化情况,以便交通管理部门能够进行全局掌控和合理规划布局,而且能够结合交通道路网周边的人口分布数据、公共交通和轨道分布情况等数据,根据附近客流的历史数据统计,对道路的交通情况进行预测推演,指导公共交通实施必要的线路绕行,以及方便公众了解交通信息,发挥及时调整、平衡交通网络负荷的作用。

(1)业务规划、辅助决策。利用统计分析技术,以时间、空间为基本维度,对 GIS 数据进行整理、分析和挖掘,并通过回归分析模型、时间序列分析模型、生命周期模型等预测事物的未来发展趋势,协助业务人员进行业务规划,为决策者提供制定政策、改进管理的依据。通过分析 GIS 资源的内在属性(如空间相关性),解释数据自身对历史的依赖程度以及不同因素间的相互依赖关系，达到有效管理和控制的目的。

(2)高度信息共享。由于极端天气条件下的交通应急管理工作需要基于多个政府部门的GIS资源，进行统一指挥、快速响应和联合行动，这些资源主要包括：城市大比例尺地形图(1:500、1:1000或1:2000)、道路交通、地名、地质构造、遥感影像、城市关键设施、重要防护目标、应急救援力量、积滞水热点区域等。

(3)交通保畅决策指挥可视化。利用GIS、RS、GPS等技术，实现可视化的交通保畅决策指令标绘。利用交通保畅决策指令标绘技术，可将保畅事件有关情况用标号和文字标记在地形图、略图以及空中照片上，记录现场情况是反映现场态势、组织指挥救援、总结交通保畅经验的重要手段。

(4)高精度的情景模拟和预测。需要基于背景地图的交通专题和积滞水监测业务图层，将积滞水监测点与属性数据进行关联，从而在地图上正确的位置显示监测数据，实时监测的积滞水深度和预警指标值，并以积滞水区域为中心，做空间查询分析，找到途径该积滞水区域的公交车辆。

## 4.3 路面积滞水监测系统建设思路

系统采用层次化、组件化的设计思想，将业务逻辑与表现形式分离，这样既增强了代码的重用性，又可以满足系统的维护与升级的需要。

信息采集，通过传感手段，采集与防汛预警相关的雨情、水深等信息，并将其转化为可供处理的数字化信息。信息传输层，采用电信和互联网传输手段，进行信息的传输与交互。

应用系统整体采用B/S和C/S相结合的实现方式，系统以B/S为主展示，以C/S为辅实现数据预分析处理。系统基于J2EE架构，在WebLogic上进行集成和开发，保证系统具有可维护性强、可扩展性强的特点。

系统整体设计为三层架构，包括了防汛业务支撑平台、安全认证系统、数据采集平台。

数据采集平台负责分析和梳理现有北京市各区域与防汛相关的采集系统的信息，基于统一的信息采集规范，通过多种网络和通信环境，实时、高效地接入和存储各类信息，并面向防汛业务支撑提供统一访问接口。

安全认证系统主要负责用户及权限管理，为防汛业务支撑平台提供统一、安全的访问接口。

防汛业务支撑平台结合水务局在汛期的工作，建设市物联网统一平台框架下的应用系统。

系统总体结构,如图4-3所示。

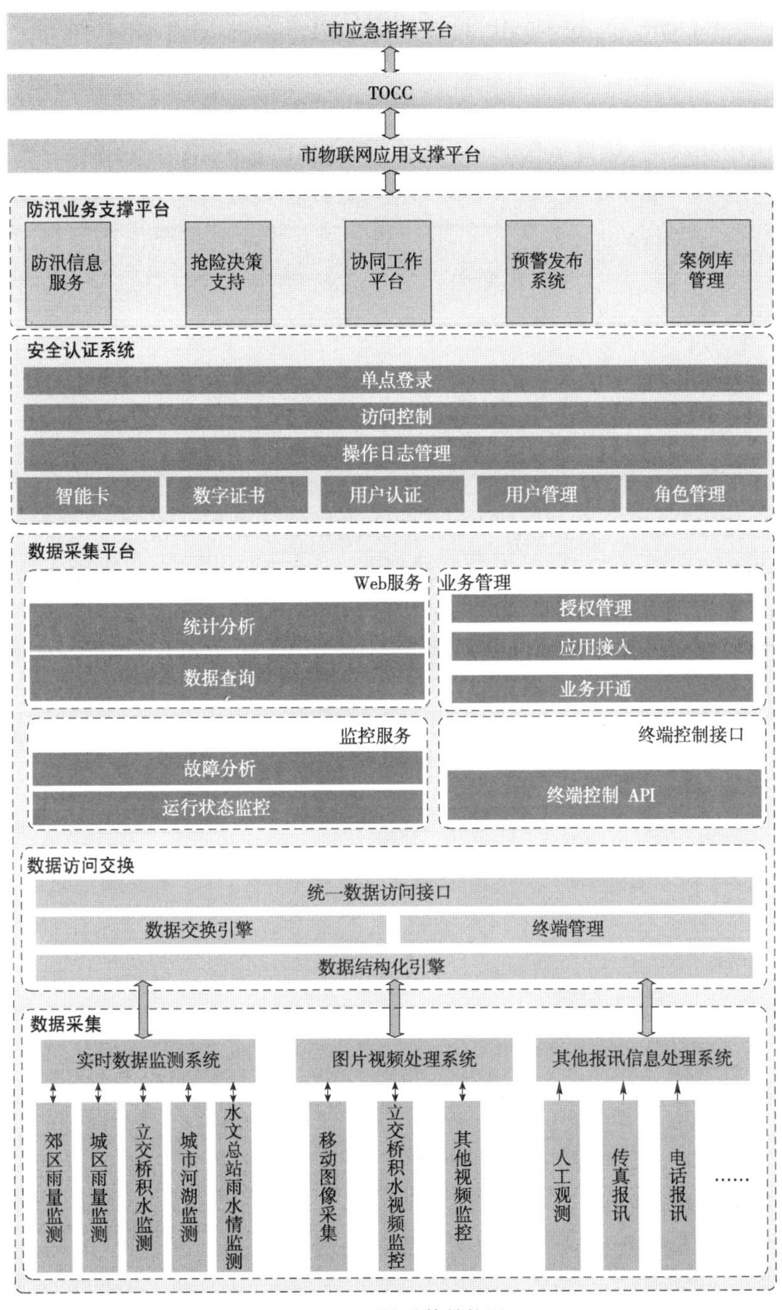


图4-3 系统总体结构图

## 4.4 路面积滞水监测系统技术方案

基于以上关键技术研究结果，面向城市极端降雨条件下的一体化交通应急处置统筹、协调和联动，建设以监测、分析、协调为主的协调指挥及调度系统；实现对人员、设备、物资、事件信息、事件处置等要素的评估，以及路网监控、运输监管、协调指挥等业务相融合的交通应急管理；对各种可能出现的情况作出预测，并事先制订详细的应对预案，协助对公共交通做科学、统一调度，确保有效应对各种突发性事件，从而为城市交通保畅提供强有力的安全保障。

### 4.4.1 技术架构

以基于物联网技术的路面积滞水交通应急处置关键技术为核心，通过对数据的采集、分析处理和共享应用，解决城市汛期交通管理中的重点和难点，动态监控影响道路交通的风险因素，大幅提高汛期路面积滞水条件下交通保畅监测预警水平、应急决策支持智能化水平，为有关部门决策与指挥提供准确、高效的信息支撑，进一步提高交通领域决策指挥能力、提升预警研判水平、交通管控和突发事件应对能力，为全面掌握汛期道路交通状况提供支持。

交通应急处置系统技术架构如图 4-4 所示。

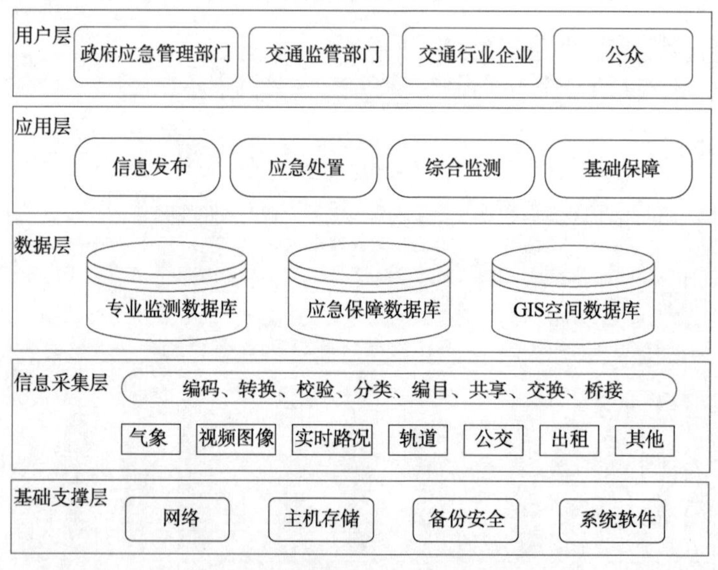


图 4-4 交通应急处置系统技术架构

### 4.4.2 系统总体设计

路面积积滞水监测所建系统可以划分为6个重要的构成对象，即支撑平台、输入输出数据、应用平台、用户终端、标准规范体系、安全保障体系，如图4-5所示。

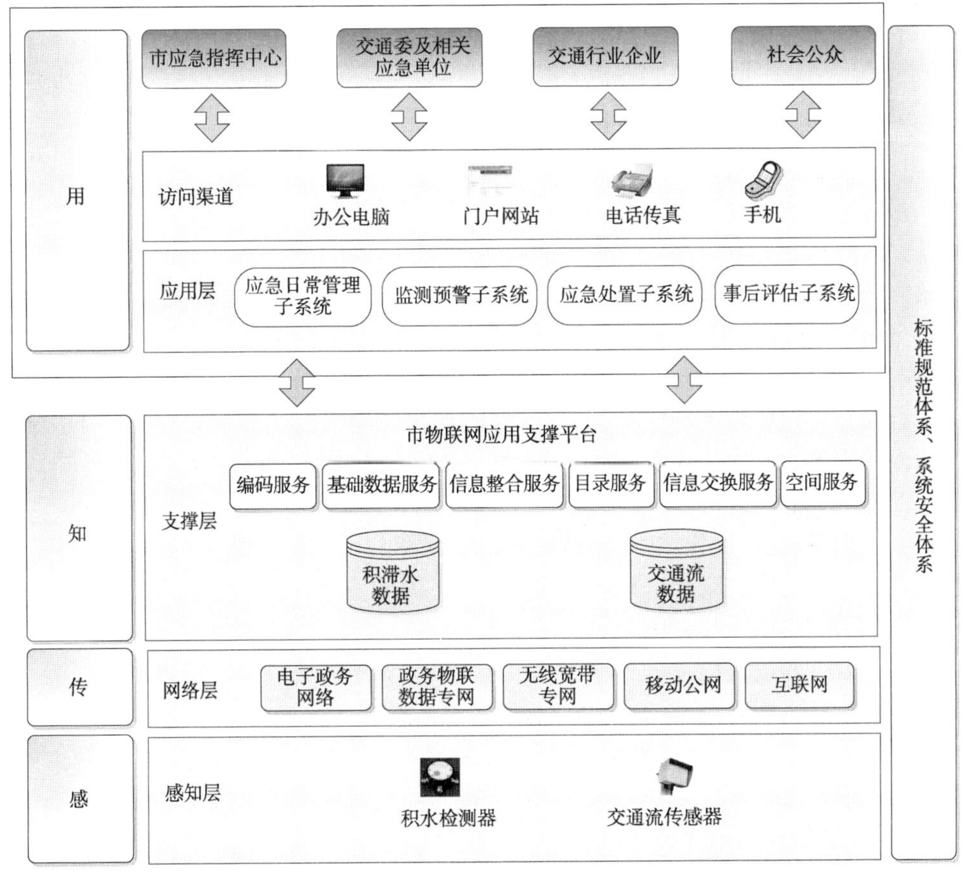


图4-5 路面积滞水监测系统总体设计图

(1)支撑平台：主要指为了保障系统运行所设计的数据存储、运行调度、应用集成等各种支撑单元。

(2)输入输出数据：系统运行所需的各类数据及系统向外发布的数据。

(3)应用平台：面向平台服务对象提供一个集成化的人机交互平台。

(4)用户终端：人机交互平台设备部分(电脑、手机等)。

(5)标准规范体系：系统设计、开发、运行、维护中遵从的各类标准与规范。

(6)安全保障体系:系统运行的安全措施(系统级、数据级、管理级)。

这6个构成对象之间相互协作、互为依赖,在系统的整体运行过程中发挥各自应有的作用,共同构成一个整体平台。

### 4.4.3 系统功能和作用

基于积滞水路面关注点、预警点、事发点的缓冲分析方法,结合气象监测预报信息,分析信息点周边道路基础设施、道路监控设施、运输场站、公交线路、地铁站点、公交车分布等信息,根据分析结果进行日常监测预警和应急管理。

1)日常监测预警

通过监测监控设备、事件监测分析系统等获取到的信息,以及数据挖掘分析结果信息等,分析判断当前和未来极端降雨条件下路网的运行状况。通过对环路下凹式立交桥、易积水路段的路面积滞水情况的实时监测,实现防汛信息共享、数据智能分析、部门应急联动,为交通管理部门全面掌握极端降雨天气条件下的道路交通状况提供支持。基于统一的GIS平台,在一张图上实现各类信息可视化展示和多主题信息的综合监测和展示,实现日常监测预警需求以及极端天气条件下交通运输保障需求。

2)交通应急管理

对汛期及恶劣天气时期极易出现的城市道路积滞水等引发的严重影响交通运行和安全服务的风险隐患进行监测和应急事件的响应处置。

(1)信息的接收、上报、处理。

做到及时的信息接收、记录和上报,完成非常态下的突发事件信息报送。为上端服务对象提供获取、传达突发事件相关信息的渠道。汇集、储存、分析、传输有关突发事件的信息,并与上级单位、下级单位及其有关部门、专业机构和监测网点的突发事件信息系统实现互联互通,加强跨部门、跨地区的信息交流与情报合作。

(2)应急指挥决策支持。

在应急指挥过程中,通过调用相关预案以及案例库中的参考案例,结合现场实时情况信息,帮助指挥员进行理性决策;同时,应急指挥系统会记录下整个指挥调度的过程,形成完整案例,丰富案例库,为实现应急处置的智能化、知识化打下基础,提供更丰富、准确的决策依据。

# 5 道路交通气象监测

进入21世纪以来,全国经济、社会持续快速发展,机动车保有量和交通需求总量的持续增长使得全国特大、大型城市交通发展面临着严峻的考验,城市交通系统脆弱,早晚高峰拥堵常发,交通保畅任务十分繁重。以北京市为例,近年来,北京暴雨、强降雪、大雾等极端天气频发,容易造成道路积水、路面积雪、结冰、能见度下降等灾害,给交通保畅工作带来极大的压力。2012年7月21日,北京遭遇有史以来特大暴雨,城市交通整体瘫痪,城区95处道路因积水断路,莲花桥下积水齐胸,二、三、四环路的诸多桥区都发生了严重的积水断路现象,给市民的生命财产安全带来了巨大的损失。

## 5.1 北京市道路交通气象监测站现状

目前,北京已建立雨量自动气象站27个、四要素(气温、风向、风速、降水量)自动气象站43个、六要素(气温、风向、风速、降水量、气压、环境湿度)自动气象站162个和道面监测站28个,共计260个,分别实时采集气温、雨量、风向、风速、气压、湿度、地温、道面电导率、电化学极化率、黑冰频率、冰点、冰水混合物温度、积滞水深度、道路状况描述等气象指标数据。自动气象站的位置示意图,如图5-1所示。

气象站进行气象信息采集的频率是1min,应急办要求15min上传一次,有应急需求时每5min上传一次。位于高速公路上的71处道路气象监测站点信息由气象局、路政局和首发集团共享。

北京市现有道路气象监测站点信息,如表5-1所示。

**北京市现有道路气象监测站点信息表** 表5-1

| 区站号 | 站名 | 区域 | 位　　置 | 部门 |
|---|---|---|---|---|
| 1 | 五元桥 | 朝阳 | 机场高速进京5.8km | 气象局 |
| 2 | 温榆河 | 朝阳 | 机场高速出京12.8km | 气象局 |

续上表

| 区站号 | 站名 | 区域 | 位　置 | 部门 |
|---|---|---|---|---|
| 3 | 卢沟桥 | 丰台 | 西五环内环 62.1km | 气象局 |
| 4 | 八角桥 | 石景山 | 西五环内环 68.5km | 气象局 |
| 5 | 远通桥 | 朝阳 | 东五环内环 15.4km | 气象局 |
| 6 | 顾家庄桥 | 朝阳 | 北五环外环 98.4km | 气象局 |
| 7 | 五方桥 | 朝阳 | 东五环外环 20.7km | 气象局 |
| 8 | 六道口桥 | 朝阳 | G2 京沪高速出京 | 气象局 |
| 9 | 木樨园桥 | 丰台 | 木樨园桥西南角 | 气象局 |
| 10 | 机场北线 | K6 +100 | 进京 | 首发集团 |
| 11 | 京藏高速 | K10 +056 | 出京 | 首发集团 |
| 12 | 京藏高速 | K52 +830 | 出京 | 首发集团 |
| 13 | 京新高速 | K23 +180 | 出京 | 首发集团 |
| 14 | 京开路 | K8 +880 | 进京 | 首发集团 |
| 15 | 京开路 | K18 +700 | 进京 | 首发集团 |
| 16 | 京港澳 | K10 +800 | 出京 | 首发集团 |
| 17 | 京港澳 | K34 +200 | 进京 | 首发集团 |
| 18 | 京津路 | K20 +100 | 进京 | 首发集团 |
| 19 | 京平路 | K22 +400 | 出京 | 首发集团 |
| 20 | 京哈高速 | K20 +718 | 出京 | 首发集团 |
| 21 | 机场南线 | K7 +320 | 出京 | 首发集团 |
| 22 | 京承路 | K10 +000 | 出京 | 首发集团 |
| 23 | 京承路 | K76 +100 | 进京 | 首发集团 |
| 24 | 通燕高速 | K23 +000 | 出京 | 首发集团 |
| 25 | 东六环 | K6 +688 | 外环 | 首发集团 |
| 26 | 西南六环 | K85 +370 | 内环 | 首发集团 |
| 27 | 北六环 | K167 +830 | 内环 | 首发集团 |
| 28 | 西六环 | K132 +816 | 内环 | 首发集团 |

图 5-1 北京已有气象站位置示意图

注:▲表示气象站。

## 5.2 道路交通气象信息监测预报系统技术方案

### 5.2.1 系统架构设计

整个道路交通气象信息监测预报系统架构的设计思路为:以资源层为依托,以安全保障体系、标准规范体系为安全和质量保障,以应用支撑层为核心,向各类应用提供业务服务,以搭积木的方式构建系统,使系统整体结构合理明确,大大降低系统分析的复杂度,实现信息系统灵活快速地响应业务变化需求及系统间或系统模块内简单、高效、快速的互联互通。

依据以上软件体系结构的设计思路,软件体系结构按照以下方式组织:采用不同的功能应用,划分为多个层次,并将各个层次有机组织在一起,形成一套完整的软件体系结构框架。

道路交通气象信息预报系统业务软件平台的软件体系架构,见图 5-2。

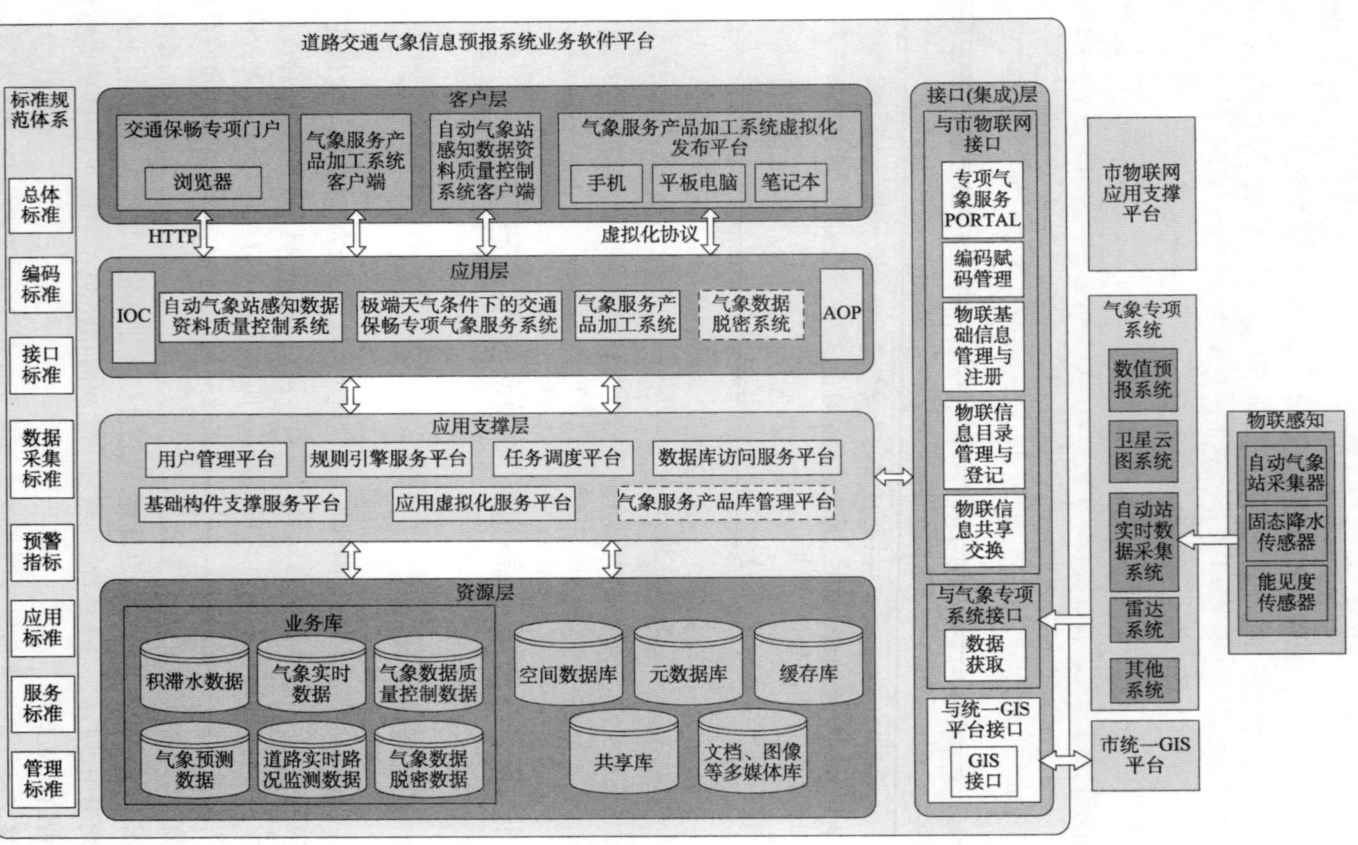


图 5-2　道路交通气象信息预报系统业务软件体系结构框架图

根据图5-2,道路交通气象信息预报系统业务软件平台的软件体系结构主要包括客户层、应用层、应用支撑层、资源层、接口层五层结构以及安全保障体系和标准规范体系。在具体业务实现的过程中,从前台页面展示到业务逻辑实现再到资源访问的整个过程中,通过不同层面上下文信息交互,实现各业务层面的相互通信和联动。在外部系统的集成方面,实现多处的数据共享和交换。整个系统技术架构层层支撑、相互协作,实现道路交通气象信息预报系统业务软件平台的可靠运行与一体化管理。

软件体系结构框架的特点:

(1)非纯粹的技术性方法,是针对气象信息预报业务专门设计的软件整体解决方案。通过对业务的分析整理,制订一系列业务服务,这些服务可互操作、可重用、独立、模块化、位置明确、松耦合,可以自由组合。定制服务,一定程度上摆脱了技术的束缚。同时,基于标准的服务模型和协议,有利于业务的集成,系统更易于扩展和维护,业务的适应能力强。

(2)软件体系结构框架整体层次结构清晰,层层递进,易于开发、优化和维护;各层的功能模块设计层级化,便于复用、升级和维护。

(3)基于技术实现的标准和规范,注重系统业务的集成,充分融合外部异构系统所提供的各种服务,保证业务系统的目标和IT价值的充分实现。

(4)基于成熟的信息化方法设计理念,以及稳定成熟的平台、工具和技术框架核心,信息系统能灵活快速地响应业务变化需求,适应业务结构的持续发展。

(5)软件体系结构框架以服务的封装组合和服务单元间的信息交互为基础,通过消息关联,进行策略控制,在运行过程中最大限度地实现各业务模块间的联动性、自动化、集成性和实时性要求。

根据业务要求,可进行灵活配置,流程控制灵活,软件体系结构框架可控性、拓展性、维护性强,各个构件间易于集成。

1)客户层

系统为客户层提供多种客户端接入方式,为系统提供多样化、多渠道的接入选择。接入方式包括浏览器、手机、平板电脑、笔记本等多种终端。

极端天气下的交通保畅专项服务系统的交互方式主要通过浏览器。使用HTTP通信协议接入系统,保证系统通信的可靠性和安全性,在设计的同时也考虑为将来客户端接入方式的扩展奠定坚实的基础。在客户体验方面,为了给不同层面的客户带来形式丰富、易用性强的感受,结合当前先进、流行的客户端开发思想,使用多种形式的动态客户端的展现技术,包括Ajax技术、Flex技术、图表展示技术等,构建更为美观、直观、易于使用、反应迅速的应用展现层;同时,减少客户端与服务端的重复交互,减少带宽成本,大大提高系统的运行效率。

气象服务产品加工系统提供了气象服务产品加系统应用虚拟和桌面虚拟化发布平台,可方便现场人员通过手机、平板电脑、笔记本等多种方式访问相关系统。虚拟化发布平台应用虚拟化技术,能够满足业务人员在现场网络带宽有限的情况下通过手机、平板电脑等访问所需的应用系统。同时,提供客户端程序,方便业务人员平时以 PC 端方式接入系统。

自动气象站感知数据资料质量控制系统提供客户端程序,供用户操作。

2)应用层

应用层是业务逻辑实现的核心。其主要由自动气象站感知数据资料质量控制系统、极端天气条件下的交通保畅专项气象服务系统、气象服务产品加工系统、气象数据脱密系统等业务系统构成,其中气象数据脱密系统在业务环节中是道路交通气象信息预报系统业务软件平台的一部分,基于资源利旧原则,道路交通气象信息预报系统业务软件平台应用市气象局已有的气象数据脱密系统。

应用层通过 IOC 和 AOP 等技术来实现业务服务之间的解耦,从而实现系统模块间的松耦合关联。在面向服务的开发过程中,系统耦合度降低,更利于业务模块的功能原子化、业务单元化。这样,开发过程中复杂度下降,业务模块的重用性大大提升,系统开发的效率和质量显著提高。此外,系统的升级、维护、测试相对更容易实行,而且更易于今后业务功能的扩展。基于这些优势,构建的系统更具有稳定性、易维护性和扩展性的特点,保证系统构建的技术先进性和前瞻性。

3)应用支撑层

应用支撑层通过对应用系统组成模块的业务特征、技术共性等进行抽象、分析,并依托资源层的支持,提供对业务应用的技术支撑以及统一的技术规范和技术实现标准。包含用户管理平台、规则引擎服务平台、数据库访问服务平台、基础构件支撑服务平台、应用虚拟化服务平台、任务调度平台、气象服务产品库管理平台。应用支撑层为道路交通气象信息预报系统业务软件平台的构建及运行提供重要的技术实现手段,为系统的构建屏蔽了底层的技术实现细节,使系统开发更多关注业务本身的实现,无需关注技术实现细节,从而降低了系统构建和运行维护的技术难度及复杂度,大大节省了系统构建和运行维护的成本,并为系统带来了高可扩展性和松散耦合的体系结构,为业务的发展及变更提供了快速构建的支持,减少了业务发展带来的重复性开发投资。

用户管理平台提供对本系统功能、角色、用户的管理功能,并通过维护功能、角色、用户之间的关系,建立基于角色的权限管理体系。采用 RBAC 权限设计模型,引入了角色的概念,目的是为了隔离用户(即动作主体)与权限。角色作为一个用

户与权限的代理层，解耦了权限和用户的关系，所有的授权应该给予角色而不是直接给用户或用户组，减小了授权治理的复杂性，降低了治理开销，灵活地支持系统的安全策略，并对系统变化有很强的适应性。

规则引擎服务平台可对业务规则进行解释。可以将规则引擎理解为一种高性能的专用解释程序，其中包含 if-then 命令，可根据预先定义的规则对转换的值和对象进行分析，然后返回修改后的值和对象，或直接执行操作。引擎使用"Rete"算法，并支持演绎和归纳。基于规则编程可以使用试探性的规则而不是过程性的指令来解决问题。规则引擎决定了如何将规则作用于推理数据。当需要对大量的数据应用复杂的规则时，业务规则引擎特别有用。Java 规则引擎是推理引擎的一种，它起源于基于规则的专家系统。Java 规则引擎将业务决策从应用程序代码中分离出来，并使用预定义的语义模块编写业务决策。Java 规则引擎接受数据输入，解释业务规则，并根据规则做出业务决策。Java 规则引擎 API 包括创建和管理规则集合的机制，在 Working Memory 中添加、删除和修改对象的机制，以及初始化、重置和执行规则引擎的机制。

数据库访问服务平台提供了多种访问数据库的方式，既可以通过 ORM 的 hibernate 方式，也可以是纯 JDBC 方式或者 iBATIS 方式、OCI 方式。

基础构件支撑服务平台主要为气象服务加工系统和自动气象站感知数据资料质量控制系统提供了基础 C/C++库以及相关的算法库。在保证支撑现有气象服务产品加工算法和质量控制算法的前提下，通过使用高性能、高稳定性的 C/C++数学计算库、文本处理库、图形库、事件处理模型等，尽可能地提高气象服务产品的加工速度和质量控制系统的稳定性。

应用虚拟化服务平台提供了桌面虚拟和应用虚拟化的服务，它采用虚拟化技术，通过安全链路接入网关，按需随时随地向用户安全交付完整的桌面和应用。应用虚拟化服务平台极大地提供了远程接入维护和应用操作的实时性、稳定性以及持续性，同时保证业务人员在现场带宽有限的情况下顺利接入系统。

任务调度平台采用开源框架 Quartz 为基础实现。Quartz 提供的任务调度功能比 JDK 提供的 Timer 全面许多，除了可以调用简单的任务以外，还可以调用类似 Unix Cron 的计划任务，并且提供了假期的设置功能。主要包括：计划管理（计划的启动、暂停、停止等功能）、任务管理（任务的定义、修改、删除、查询）、触发器管理以及任务的监控等。

气象服务产品库管理平台是市气象局物联网综合应用的基础平台，主要负责数据的交换与存储。系统整合了各类数据资源，实现了数据的采集、交换和发布网络化；收集了全市二百多个自动气象站资料，以及相关的各类预警信息、各类预报分析和服务产品；建立了各服务产品进行元数据信息，以便对各类气象服务产品进行统一管理与维护。气象服务产品库管理是道路交通气象信息预报系统业务软件平台业务的一部分，基于资源利旧原则，道路交通气象信息预报系统业务软件平台应用已有的气象服务产品库管理系统。

应用支撑层为系统快速构建提供保障，同时采用平台化建设思路实现业务与技术最大限度的分离，使得业务系统只需关注业务本身的实现，无需关注技术实现，技术实现均依托平台或工具来实现，并对技术内部实现细节进行封装，开发人员或用户无需关注底层技术实现，只需要简单调用平台或工具提供的服务或接口，即可完成各应用系统间或应用系统内部模块的集成、数据同步、通信等功能。应用支撑层在架构的整体体系中，支撑上层应用层中的各项业务应用，弱化资源层对于应用层的制约和限制，减少上层应用层在共通技术、基础业务或数据需求等方面的投入成本，为上层应用之间的互联、互通、互操作奠定基础。

4）资源层

资源层包括道路交通气象信息预报系统业务软件平台的运行过程中用到的所有资源，是应用的基础。资源层主要包括业务库（包括积滞水数据、气象实时数据、气象预测数据、气象数据质量控制数据、气象数据脱密数据）、空间数据库、元数据库、缓存库、共享交换库及文档、图像等多媒体库，其中业务库是系统的核心部分，是空间库、元数据库、缓存库、共享库及多媒体库的最主要的数据来源地。系统通过气象服务产品库管理系统提供的数据抽取技术实现从业务库数据抽取、转换、加载到元数据库；通过数据同步技术实现业务库部分数据同步到缓存库，以实现读写分离架构，减轻业务库的压力，提升系统性能；通过数据交换技术实现业务库与空间库和多媒体库之间的数据交换。

5）接口（集成）层

接口层是实现道路交通气象信息预报系统业务软件平台与现有系统应用集成的桥梁，这可使现有系统的信息和数据按照标准化、规范化的数据格式和协议实现与现有系统在功能、服务、数据三个层面的集成，并统一集成相关的技术实现标准。

通过编码赋码管理、物联基础信息管理与注册、物联信息目录管理与登记、物联信息共享交换、专业气象服务 PORTAL 等方式直接与市物联网应用支撑平台交互，获取道路交通气象信息预报系统业务软件平台所需要的物联信息并推送产品、专项气象服务 PORTAL 到市物联网应用支撑平台；通过数据获取接口获取气象专项系统中所涉及的气象数据；通过 GIS 接口与市统一 GIS 平台相关联。

道路交通气象信息预报系统业务软件平台所涉及的气象专项系统包括自动站

实时数据采集系统、数值预报系统、雷达系统、卫星云图系统和其他相关系统。其中，自动站实时采集系统提供自动气象站采集器、固态降水传感器、能见度传感器所检测到的气象数据；数值预报系统提供数值预报产品；雷达系统负责提供雷达图；卫星云图系统负责提供卫星云图；其他系统提供相关信息等。

6)标准规范体系

标准规范体系是指支撑技术、管理等各方面的标准和规范，是保障整个系统建设实施成功的软性因素，也是成功实施最重要的一环。除了贯彻国家及气象行业有关的标准外，更多的是制定业务系统整合、集成、协同的实施规范，应用科学合理的实施规范，将大大降低实施难度和实施成本，并可以大大降低日后的维护难度。

### 5.2.2 技术路线

道路交通气象信息预报系统业务软件平台的各系统在技术实现上有不同的技术实现方式。极端天气条件下的交通保畅专项气象服务系统采用了 B/S 结构，充分利用了通过 JavaEE 标准构架与 SSH(Struts2 + Spring + Hibernate)框架结合的特点与优点形成的框架来构建软件系统，是对当前稳定、领先的技术体系和技术框架进行优化的组合。这些技术体系涉及数据访问、业务逻辑的封装、MVC 三层模式的 Web 系统构建方法等方面；气象服务产品加工系统包含大量的图形计算与处理任务，采用了 C/S 结构，能充分发挥客户端计算机的处理能力，气象服务产品加工的很多计算任务可以在客户端处理，使得服务器运行数据负荷较轻，网络带宽负载较小，数据的存储管理功能较为透明，利用 C/C + + 库以及相关组件实现气象服务产品加工的相应算法，加快气象服务产品加工的计算速度，提高系统的吞吐量；自动气象站感知数据资料质量控制系统是在现有业务系统上进行的升级改造，基于系统利旧原则，也采用 C/S 结构。

在 B/S 的客户端实现上，采用 Ajax 技术实现异步无刷新的界面交互功能，采用 Flex 技术来实现丰富的客户端操作等相关功能，采用 Jquery 技术来实现界面的美观、特效等效果，采用 Json 轻量级的数据交换格式来实现客户端与服务端的数据交换；在 C/S 的客户端采用纯 C/C + + 库以及跨平台的组件来实现系统跨平台的功能，并利用虚拟技术实现气象服务产品加工系统的应用虚拟化以及桌面虚拟化发布平台，使得业务人员在现场带宽有限的情况下可以使用手机、平板电脑等访问系统，并达到要求的响应速度。

在应用处理上，采用 IOC 技术来实现业务逻辑对象的生命周期管理，创建业务逻辑对象或本地服务对象；采用 AOP 技术实现了面向切面的编程模型，使事务控制、安全验证等公共技术与业务逻辑的实现相分离；采用 Spring Security 技术实现权限管理框架,道路交通气象信息预报系统业务软件平台提供了全面安全服务。

在远程通信方式上,系统提供了很多种可以利用的远程技术,包括:远程方法调用(RMI)、Caucho 的 Hessian 和 Burlap、Spring 的 HTTP invoker、EJB、Web Services 等。并且只需要简单配置就可以将 IOC 容器内的服务发布为 RMI、Hessian 和 Burlap、Spring 的 HTTP invoker、EJB、Web Services 的远程服务,无需编码即可提供远程服务,为其他系统或其他模块所访问。

在系统运行上,采用了热备技术来充分保障系统在高并发下稳定运行及快速响应,避免了单点故障,提高了系统的高可用性。

道路交通气象信息预报系统业务软件平台采用的技术在业界得到了广泛的使用和支持,经过不断地改进和升级,已经非常稳定、成熟。通过这些技术构建技术支撑架构具备各种技术的优秀品质,使技术架构的整体质量和科技含量大大提升。

### 5.2.3 系统功能设计

1)自动气象站感知数据资料质量控制系统设计

(1)功能结构设计。

自动气象站感知数据资料质量控制系统对自动站的气象资料进行实时质量控制、定时质量控制和准时质量控制。运用多种质量控制技术,对各站资料进行综合分析判断,剔除错误的资料,标识可能有错的资料,或更正错误的资料,获得经过质量控制后的观测数据。对每个需要进行质量控制的气象要素分别进行质量控制,分别输出质量控制码,完成质量控制后,输出到 XML 标准格式数据文件。在数据综合分析模块,对数据进行最后的检查,从中剔除错误的数据,标识出可疑的数据并输出到指定的位置,存储正确的数据。自动气象站感知数据资料质量控制系统功能结构,如图 5-3 所示。

本系统的主要功能如下:

①配置及运行管理模块。主要是任务调度策略、存储策略和质量控制策略的配置和任务调度。

②输入输出接口。主要是系统的输入数据文件和输出的 XML 格式数据文件定义。

③边界值检查。主要是气象要素的要素气候界限值检查和要素台站极值检查。

④与现有业务系统的接口。主要是通过数据接口与现有业务系统进行对接,

并调用现有的质量控制模块。

⑤历史数据整理分析。主要是对已有的数据进行整理分析、清除错误数据、输出可疑数据、保留正确的数据，并统计出台站极值数据。

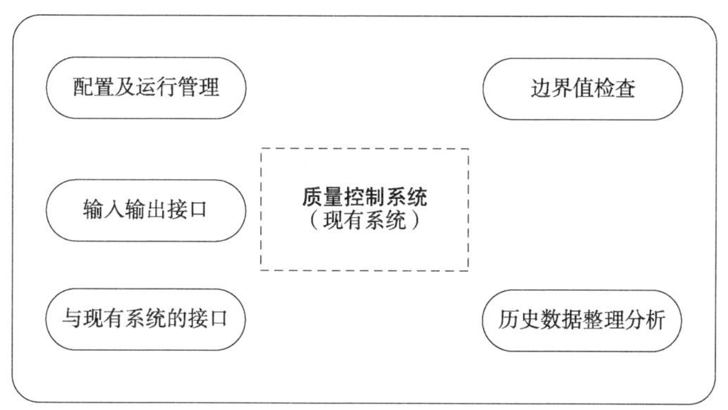


图5-3　自动气象站感知数据资料质量控制系统功能结构图

(2)配置及运行管理。

①功能描述。

配置及运行管理主要是对质量控制任务和数据进行管理，任务管理为调度运行实时质量控制、定时质量控制、准实时质量控制的任务，并调用现有业务系统的质量控制算法和调用边界值检查，最后调用质量控制码融合模块完成质量控制过程。数据管理主要是对输入的自动气象站数据文件、输出的XML数据文件以及质量控制日志文件以及配置项管理。

A. 任务调度。

实时质量控制模块采用并发任务技术，当数据文件到达时，对每个数据文件均建立一个处理任务进行处理，直到达到最大任务数的限制。

定时质量控制模块和准实时质量控制模块采用定时单任务的方式启动，在指定的时间点启动定时质量控制模块和准实时质量控制模块。

B. 配置管理。

运行策略及数据存储策略使用数据库表存储。

实时质量控制、定时质量控制和准实时质量控制所使用的质量控制算法及参数使用数据库表存储。

配置项通过配置管理模块统一进行管理。包括对配置项和配置参数的查询和修改功能。

②处理流程(图5-4～图5-7)。

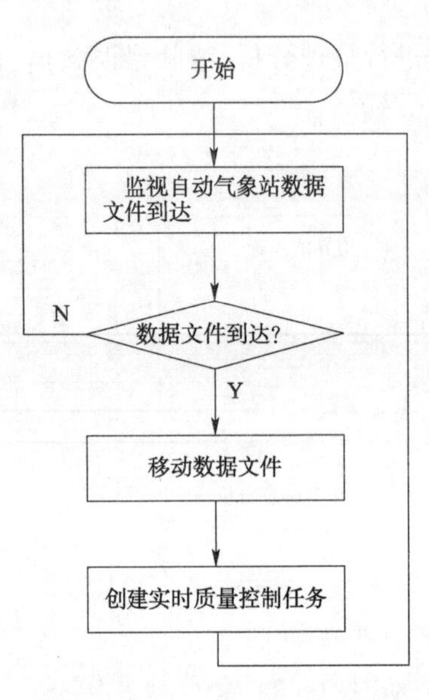

开始
监视自动气象站数据文件到达
N
数据文件到达?
Y
移动数据文件
创建实时质量控制任务

图 5-4　实时质量控制服务处理流程

开始
获取自动气象站数据文件
调用现有系统的质量控制模块
带质量控制码的XML格式数据文件
读取带质量控制码的XML格式的数据文件
边界值检查
带质量控制码的XML格式数据文件
质量控制码融合
运行日志
结束

图 5-5　实时质量控制处理流程图

开始
获取当前系统时间
N
到达定时质量控制启动时间?
Y
创建定时质量控制任务
N
到达准实时质量控制启动时间?
Y
创建准实时质量控制任务

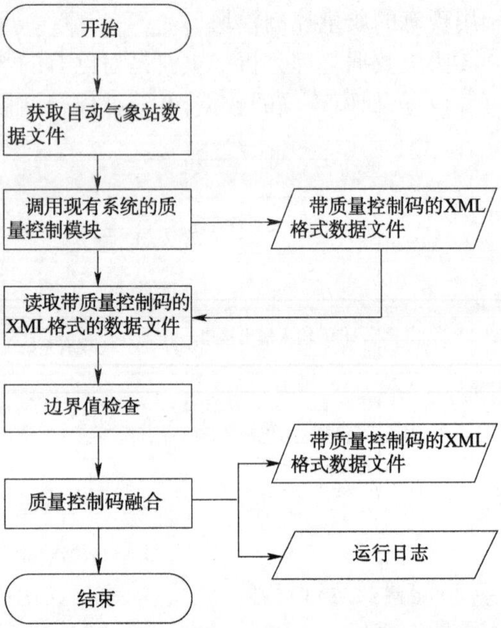

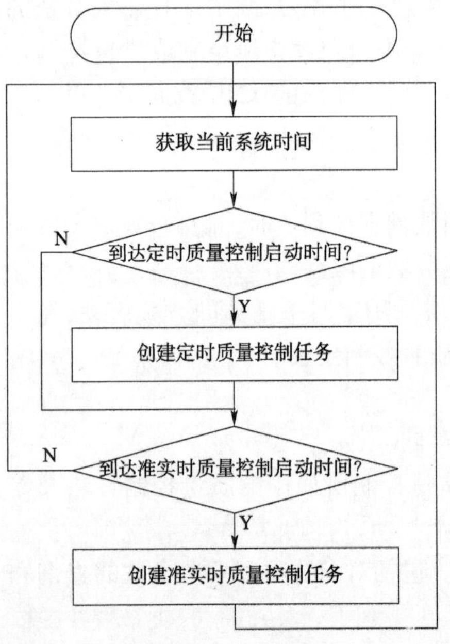

图 5-6　定时质量控制和准实时质量服务处理流程

开始
获取指定时间范围的自动气象站数据
调用现有系统的质量控制模块
带质量控制码的XML格式数据文件
读取带质量控制码的XML格式的数据文件
边界值检查
带质量控制码的XML格式数据文件
质量控制码融合
运行日志
结束

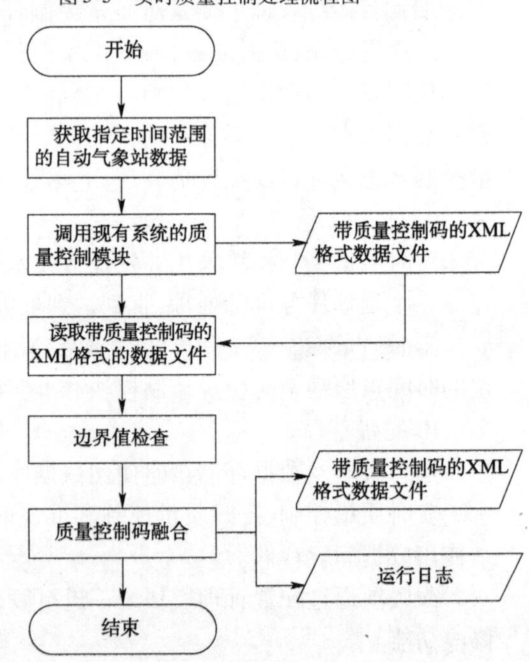

图 5-7　定时质量控制和准实时质量控制处理流程

③主要数据模型(表5-2)。

配置运行管理数据模型列表　　表5-2

| 表名 | 名称 | 代　码 | 数据类型 | 非空字段 |
|---|---|---|---|---|
| 质量控制配置基本信息表 | 配置编号 | PARAMETERID | NUMBER(19) | NOT NULL |
| | 参数代码 | PARAMETERCODE | VARCHAR2(32) | NOT NULL |
| | 参数名称 | PARAMETERNAME | VARCHAR2(128) | NOT NULL |
| | 上级参数编号 | FATHERPARAMETERID | NUMBER(19) | NULL |
| | 参数值 | PARAMETERVALUE | VARCHAR2(512) | NULL |
| | 参数路径 | PARAMETERPATH | VARCHAR2(256) | NULL |
| | 是否可改<br>参数序号 | ISALTER<br>PARAMETERSERIALNO | CHAR(1)<br>NUMBER(4) | NOT NULL<br>NOT NULL |
| | 备注 | REMARK | VARCHAR2(256) | NULL |

(3)边界值检查。

①功能描述。

边界值检查主要是指要素的气候界限值检查和要素台站极值检查。要素的气候界限值检查是指参照气象学上要素能够出现的最大值和最小值,如果超出范围,则要素质量控制码为错误。要素台站极值检查是指参照各台站历史数据上的最大值和最小值,如果超出范围,则要素质量控制码为可疑。

②处理流程(图5-8)。

③主要数据模型(表5-3)。

(4)输入输出接口。

①功能描述。

实时质量控制原有的输出接口为带质量控制码的XML标准格式数据文件,改造后的输出接口改变为自动气象站数据及质量控制码存储在数据库中,并输出XML标准格式数据文件。定时质量控制和准实时质量控制原有的输入输出接口为XML标准格式数据文件,改造后的输入接口为从数据库中读取自动气象站的气象要素值,输出接口为自动气象站数据及质量控制码存储在数据库中并输出XML标准格式数据文件。

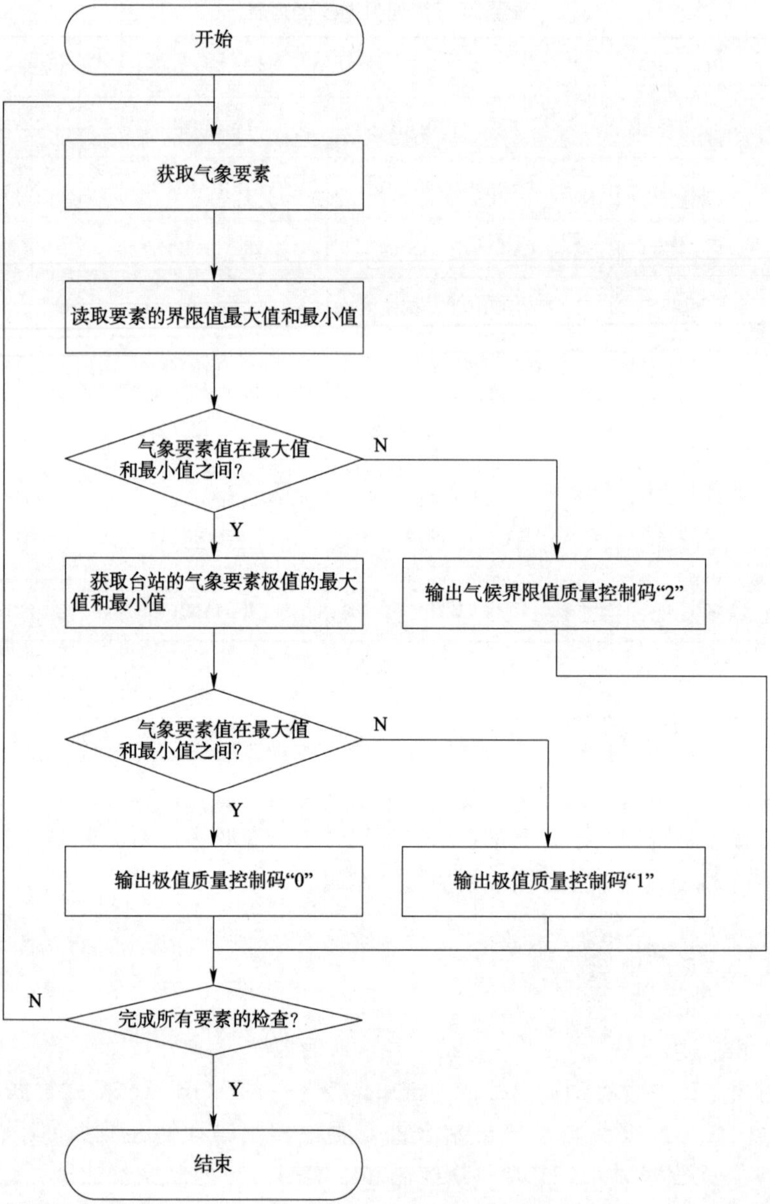

图 5-8　边界值检查处理流程

②主要数据模型(表 5-3)。

**输入输出数据模型列表** 表 5-3

| 表名 | 名　　称 | 代　　码 | 数据类型 |
| --- | --- | --- | --- |
| 自动气象站数据 | 区站号 | METERELEMENT | CHAR(32) |
| | 纬度 | LATITUDE | NUMBER(10.6) |
| | 经度 | LONGITUDE | NUMBER(11.6) |
| | 观测场海拔高度 | ALTITUDE | NUMBER(10.6) |
| | 气压传感器海拔高度 | BAROMETERALTITUDE | NUMBER(10.6)<br>NUMBER(10.6) |
| | 观测方式 | OBSERVEMODE | CHAR(1) |
| | 观测时间 | OBSERVEDATETIME | DATE |
| | 2min 平均风向(角度) | WINDDIRECTOF2MINUTE | NUMBER(3) |
| | 2min 平均风速 | WINDSPEEDOF2MINUTE | NUMBER(6.2) |
| | 10min 平均风向(角度) | WINDDIRECTOF10MINUTE | NUMBER(3) |
| | 10min 平均风速 | WINDSPEEDOF10MINUTE | NUMBER(6.2) |
| | 小时内最大风速的风向(角度) | MAXSPEED'DIRECT | NUMBER(3) |
| | 小时内最大风速 | MAXSPEED | NUMBER(6.2) |
| | 小时内最大风速出现时间 | MAXSPEEDTIME | DATE |
| | 瞬时风向(角度) | INSTANTANEOUSWINDDIRECT | NUMBER(3) |
| | 瞬时风速 | INSTANTANEOUSWINDSPEED | NUMBER(6.2) |
| | 小时内极大风速的风向(角度) | EXTREMESPEEDDIRECT | NUMBER(3) |
| | 小时内极大风速 | EXTREMESPEED | NUMBER(6.2) |
| | 小时内极大风速出现时间 | EXTREMESPEEDTIME | DATE |
| | 小时降水量 | PRECIPITATION | DATE |
| | 气温 | TEMPRATURE | NUMBER(10.6) |
| | 小时内最高气温 | MAXTEMP | NUMBER(10.6) |
| | 小时内最高气温出现时间 | MAXTEMPRATURETIME | DATE |
| | 小时内最低气温 | MINTEMP | NUMBER(6.2) |
| | 小时内最低气温出现时间 | MINTEMPTIME | DATE |
| | 相对湿度 | RH | NUMBER(6.2) |
| | 小时内最小相对湿度 | MINRH | |
| | 小时内最小相对湿度出现时间 | MINRHTIME | DATE |
| | 水汽压 | VAPORPRESSURE | NUMBER(3) |

续上表

| 表名 | 名　称 | 代　码 | 数据类型 |
|---|---|---|---|
| 自动气象站数据 | 露点温度 | DPTEMP | NUMBER(3) |
| | 本站气压 | PRESSURE | |
| | 小时内最高本站气压 | MAXPRESSURE | DATE |
| | 小时内最高本站气压出现时间 | MAXPRESSURETIME | NUMBER(6) |
| | 小时内最低本站气压 | MINPRESSURE | NUMBER(6.2) |
| | 小时内最低本站气压出现时间 | MINPRESSUTETIME | NUMBER(6) |
| | 草面(雪面)温度 | GRASSTEMP | NUMBER(6) |
| | 小时内最高草面(雪面)温度 | MAXGRASSTEMP | NUMBER(6.2) |
| | 小时内最高草面(雪面)温度出现时间 | MAXGRASSTEMPTIME | DATE |
| | 小时内草面(雪面)最低温度 | MINGRASSTEMP | NUMBER(6.2) |
| | 小时内草面(雪面)最低温度出现时间 | MINGRASSTEMPTIME | DATE |
| | 地表温度 | GROUNDTEMP | NUMBER(6) |
| | 小时内最高地表温度 | MAXGROUNDTEMP | NUMBER(6.2) |
| | 小时内最高地表温度出现时间 | MAXGROUNDTEMPTIME | DATE |
| | 小时内最低地表温度 | MINGROUNDTEMP | NUMBER(6.2) |
| | 小时内最低地表温度出现时间 | MINGROUNDTEMPTIME | DATE |
| | 5cm 地温 | TEMPUG5 | NUMBER(6.2) |
| | 10cm 地温 | TEMPUG10 | NUMBER(6.2) |
| | 15cm 地温 | TEMPUG15 | NUMBER(6.2) |
| | 20cm 地温 | TEMPUG20 | NUMBER(6.2) |
| | 40cm 地温 | TEMPUG40 | NUMBER(6.2) |
| | 80cm 地温 | TEMPUG80 | NUMBER(6.2) |
| | 160cm 地温 | TEMPUG160 | NUMBER(6.2) |
| | 320cm 地温 | TEMPUG320 | NUMBER(6.2) |
| | 蒸发量 | EVAPORATION | NUMBER(5) |
| | 海平面气压 | MSLP | NUMBER(6) |
| | 自动观测能见度 | AUTOVISIBILITY | NUMBER(6) |
| | 小时内最小能见度 | MINVISIBILITY | NUMBER(6) |
| | 小时内最小能见度出现时间 | MINVISIBILITYTIME | DATE |
| | 人工观测能见度 | MANUALVISIBILITY | NUMBER(6) |

续上表

| 表名 | 名　称 | 代　码 | 数据类型 |
|---|---|---|---|
| 自动气象站数据 | 总云量 | TOTALCLOUDAMOUT | NUMBER(4) |
| | 低云量 | LOWCLOUDAMOUNT | NUMBER(4) |
| | 低云状或中云状的云量 | LOWCLOUNDMEDCLOUDAMOUNT | NUMBER(4) |
| | 低(中)云状的云高 | LOWMEDCLOUDHEIGHT | NUMBER(4) |
| | 云状 1 | CLOUDTYPE1 | NUMBER(3) |
| | 云状 2 | CLOUDTYPE2 | NUMBER(3) |
| | 云状 3 | CLOUDTYPE3 | NUMBER(3) |
| | 云状 4 | CLOUDTYPE4 | NUMBER(3) |
| | 云状 5 | CLOUDTYPE5 | NUMBER(3) |
| | 云状 6 | CLOUDTYPE6 | NUMBER(3) |
| | 云状 7 | CLOUDTYPE7 | NUMBER(3) |
| | 云状 8 | CLOUDTYPE8 | NUMBER(3) |
| | 低云状 | LOWCLOUD | NUMBER(3) |
| | 中云状 | MEDCLOUD | NUMBER(3) |
| | 高云状 | HIGHCLOUD | NUMBER(3) |
| | 现在天气现象 | CURRENTWEATHERPHENOMENON | NUMBER(3) |
| | 过去天气现象 1 | PASTWEATHERPHENOMENON1 | NUMBER(3) |
| | 过去天气现象 2 | WEATHERPHENOMENON2 | NUMBER(3) |
| | 6h 降水量 | PRECIPITATION6H | NUMBER(4) |
| | 12h 降水量 | PRECIPITATION12H | NUMBER(4) |
| | 24h 变压 | PRESCHANGE24H | NUMBER(4) |
| | 24h 变温 | TEMPCHANGE24H | NUMBER(4) |
| | 24h 降水量 | PRECIPITATION24H | NUMBER(4) |
| | 过去 24h 最高气温 | MAXTEMP24H | NUMBER(6.2) |
| | 过去 24h 最低气温 | MINTEMP24H | NUMBER(6.2) |
| | 过去 12h 最低地面温度 | MINGROUNDTEMP12H | NUMBER(6.2) |
| | 积雪深度 | SNOWDEPTH | NUMBER(4) |
| | 雪压 | SNOWPRESSURE | NUMBER(4) |
| | 冻土深度 | FROZENSOILDEPTH | NUMBER(4) |
| | 地面状态 | GROUNDSTATUS | NUMBER(4) |

续上表

| 表名 | 名　称 | 代　码 | 数据类型 |
|---|---|---|---|
| 自动气象站数据 | 重要天气极大风速 | IMPORTANTEXTREMEWINDSPEED | NUMBER(4) |
| | 重要天气极大风速的风向 | IMPORTANTEXTREMEWINSPEEDDIRECT | NUMBER(4) |
| | 重要天气尘(龙)卷类型 | IMPORTANTWEATHERTYPE | NUMBER(4) |
| | 重要天气尘(龙卷)所在方位 | IMPORTANTWEATHERPOSITION | NUMBER(4) |
| | 重要天气雨凇直径 | GLAZEDIAMETER | NUMBER(4) |
| | 重要天气最大冰雹的最大直径 | MAXHAILDIAMETER | NUMBER(4) |

(5)与现有业务系统的接口

①功能描述。

本系统需要和现有业务系统进行对接,调用现有的质量控制模块。与现有系统的对接采用数据接口的方式进行,将数据文件传递给现有质量控制算法模块进行处理,输出的 XML 标准格式文件作为边界值检查的输入,通过质量控制码的融合模块融合 XML 文件中的质量控制码和边界值检查的质量控制码,将气象要素和质量控制码存储到数据库,并输出带质量控制码的 XML 标准格式数据文件和日志文件。

②主要数据模型(表 5-3)。

(6)历史数据整理分析。

①功能描述。

历史数据整理分析的主要功能是对已存储的自动气象站的历史数据使用进行分析、统计。如统计出各自动气象站的历史数据中各月不同要素的极值;对历史数据使用质量控制算法检查是否符合内部一致性、垂直一致性、空间一致性和时间一致性的要求。保留其中的正确数据、清洗错误数据并筛选输出可疑数据。

②处理流程(图 5-9)。

③主要数据模型(表 5-3)。

2)气象服务产品加工系统设计

(1)功能结构设计。

本系统的各项功能作为扩展组件直接接入旧的平台中,利用旧系统的统一的产品制作功能,统一管理调度各项任务,使得产品能满足极端天气条件下的交通保畅综合管理物联网应用需求。在旧系统的基础上扩展模板管理功能,管理制作预

警产品时使用的各类模板，完成根据不同用户生成相应的模板文档的功能；在旧系统下完成产品的查询统计功能；扩展 GIS 终端显示功能，结合瓦片拼接技术以及富客户端技术展示本系统中生成的具有交通带状分布特点 GIS 图层；扩展产品配色管理功能，使图片产品美观、色彩鲜明，配色符合相关标准或用户习惯；对于预警产品，系统能快速响应，预留人工编辑接口，可以实现对预警信息的完善。

本系统功能可划分为：交通沿线气象监测产品子系统，交通干线积水深度预报预警子系统，交通沿线大气能见度预报预警子系统，交通干线积雪、结冰预报预警子系统，交通沿线大风（侧向风）预报预警子系统，交通干线路面摩擦系数预报子系统，交通干线路面温度预报子系统，产品分发、系统监控和虚拟化发布平台。同时，将各个子系统共同需要的功能抽象为公共服务，作为各个子系统支撑服务，主要功能包括原始资料获取、GIS 终端展示、产品模板管理、产品颜色配色管理、产品自动报表生成、符合交通带状分布的 GIS 图层制作。系统功能结构图，如图 5-10 所示。

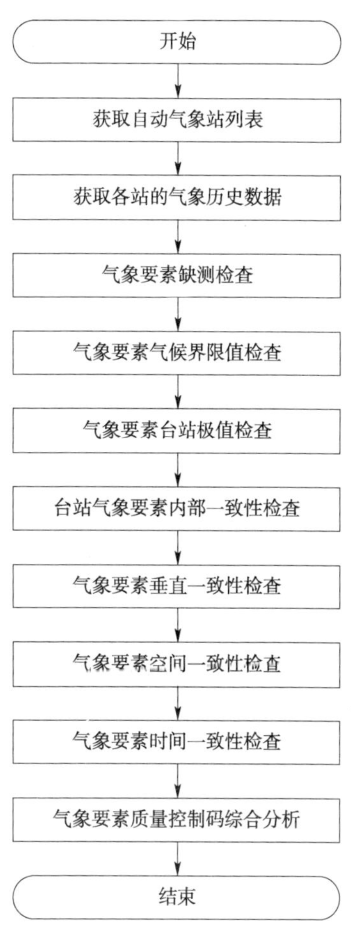


图 5-9 历史数据处理流程图

（2）公共服务设计。

①原始资料获取。

A. 功能描述。

原始资料获取提供了获取原始资料数据统一访问接口，访问者只需指定想要的数据的检索条件，不必考虑数据模型的异构性、数据抽取、数据合成等问题。原始资料是各个子系统中需要使用的第一手资料，是各类预报预警系统的基础支持。本模块充分利用气象服务产品库管理系统数据交换接口，对已有的接口进行封装改造，并开发项目中需要的新接口。

B. 处理流程（图 5-11）。

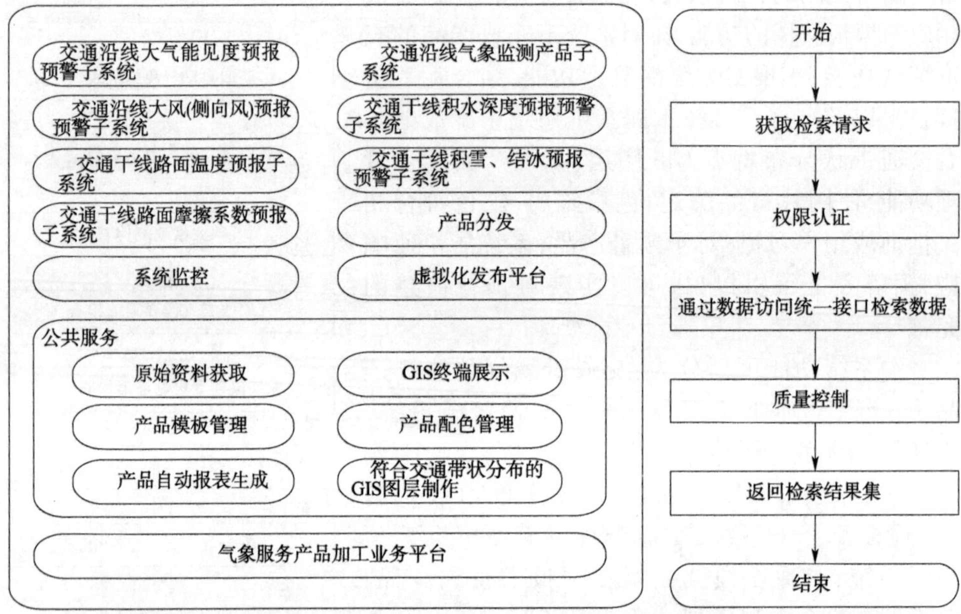


图5-10　气象服务产品加工系统功能结构图　　图5-11　原始资料获取流程图

C. 主要数据模型(表5-4)。

原始资料获取数据模型列表　　表5-4

| 表名 | 名　称 | 代　码 | 数据类型 | 非空字段 |
|---|---|---|---|---|
| 分区县7天预报信息表 | 所属站点 | DIST | VARCHAR2(10) | NOT NULL |
| | 预报日期 | FCMD | VARCHAR2(10) | NOT NULL |
| | 白天夜间标志 | DORN | CHAR(1) | NOT NULL |
| | 发布时间 | PTIME | DATE | NOT NULL |
| | 天气情况 | WTH | VARCHAR2(50) | NULL |
| | 平均温度 | TAA | NUMBER(4) | NULL |
| | 最低温度 | TAM | NUMBER(4) | NULL |
| | 最高温度 | TAX | NUMBER(4) | NULL |
| | 相对湿度 | RH | NUMBER(4) | NULL |
| | 能见度 | VIS | VARCHAR2(10) | NULL |
| | 风力 | WF | VARCHAR2(30) | NULL |
| | 风向 | WD | VARCHAR2(30) | NULL |

续上表

| 表名 | 名　称 | 代　码 | 数据类型 | 非空字段 |
|---|---|---|---|---|
| 分区县7天预报信息表 | 所属站点 | DIST | VARCHAR2(10) | NOT NULL |
| | 预报时间段 | FCMD | VARCHAR2(10) | NOT NULL |
| | 发布时间 | PTIME | DATE | NOT NULL |
| | 天气情况 | WTH | VARCHAR2(50) | NULL |
| | 最低温度 | TAM | NUMBER(4) | NULL |
| | 最高温度 | TAX | NUMBER(4) | NULL |
| | 相对湿度 | RH | NUMBER(4) | NULL |
| | 风力 | WF | VARCHAR2(30) | NULL |
| | 风向 | WD | VARCHAR2(30) | NULL |
| 分区县6小时预报信息表 | 所属区县 | DIST | VARCHAR2(10) | NOT NULL |
| | 发布时间 | PTIME | DATE | NOTNULL |
| | 预报时间段 | FCMD | VARCHAR2(10) | NOT NULL |
| | 天气状况 | WTH | VARCHAR2(50) | NULL |
| | 最低温度 | TAM | NUMBER(4) | NULL |
| | 最高温度 | TAX | NUMBER(4) | NULL |
| | 相对湿度 | RH | NUMBER(4) | NULL |
| | 降水量 | TP | NUMBER(4) | NULL |
| | 风力 | WF | VARCHAR2(30) | NULL |
| | 风向 | WD | VARCHAR2(30) | NULL |
| 自动站信息表 | 自动站号 | STN | CHAR(5) | NOTNULL |
| | 所属区县 | COUTY | VARCHAR2(10) | NOT NULL |
| | 所属市 | CITY | VARCHAR2(10) | NOT NULL |
| | 所属省 | PROVENCE | VARCHAR2(10) | NOT NULL |
| | 自动站名 | NAME | VARCHAR2(30) | NOT NULL |
| | 经度百分制 | LONP | NUMBER(7) | NOT NULL |
| | 经度度分秒 | LOND | NUMBER(7) | NOT NULL |
| | 纬度百分制 | LATP | NUMBER(7) | NOT NULL |
| | 纬度度分秒 | LATD | NUMBER(7) | NOT NULL |
| | 海拔高度 | ALT | NUMBER(6) | NULL |
| | 备注信息 | REMARK | VARCHAR2(200) | NULL |

续上表

| 表名 | 名　称 | 代　码 | 数据类型 | 非空字段 |
|---|---|---|---|---|
| 自动站信息表 | 重点区域 | IA | CHAR(1) | NULL |
| | 城区、郊区 | CORS | CHAR(1) | NULL |
| | 自动站分类 | STNTYPE | VARCHAR2(10) | NULL |
| | 是否有固态降水探测 | SWOBS | CHAR(1) | NULL |
| | 业务化状态 | STATE | VARCHAR2(10) | NULL |
| 自动站观测资料表 | 自动站号 | STN | CHAR(5) | NOT NULL |
| | 观测时间(北京时间) | OBS_TIME_BJ | DATE | NOT NULL |
| | 观测时间(UTC 时间) | OBS_TIME_UTC | DATE | NOT NULL |
| | 气压 | PAA | NUMBER(6) | NULL |
| | 最低气压 | PAM | NUMBER(6) | NULL |
| | 最低气压出现时间 | PAMT | DATE | NULL |
| | 最高气压 | PAX | NUMBER(6) | NULL |
| | 最高气压出现时间 | PAXT | DATE | NULL |
| | 小时降水量 | PR1 | NUMBER(3) | NULL |
| | 5min 降水量 | PRI | NUMBER(3) | NULL |
| | 相对湿度 | RHA | NUMBER(6) | NULL |
| | 最低相对湿度 | RHM | NUMBER(6) | NULL |
| | 最低相对湿度出现时间 | RHMT | DATE | NULL |
| | 气温 | TAA | NUMBER(6) | NULL |
| | 最低气温 | TAM | NUMBER(6) | NULL |
| | 最低气温出现时间 | TAMT | DATE | NULL |
| | 最高气温 | TAX | NUMBER(6) | NULL |
| | 最高气温出现时间 | TAXT | DATE | NULL |
| | 10min 风向 | WD10A | NUMBER(6) | NULL |
| | 2min 风向 | WD2A | NUMBER(6) | NULL |
| | 瞬时风向 | WDI | NUMBER(6) | NULL |
| | 最大风速时的风向 | WDM | NUMBER(6) | NULL |
| | 极大风速时的风向 | WDX | NUMBER(6) | NULL |
| | 10min 风速 | WS10A | NUMBER(6) | NULL |
| | 瞬时风速 | WSI | NUMBER(6) | NULL |

续上表

| 表名 | 名　　称 | 代　　码 | 数据类型 | 非空字段 |
|---|---|---|---|---|
| 自动站观测资料表 | 最大风速 | WSM | NUMBER(6) | NULL |
| | 最大风速出现时间 | WSMT | DATE | NULL |
| | 极大风速 | WSX | NUMBER(6) | NULL |
| | 极大风速出现时间 | WSXT | DATE | NULL |
| | 2min 风速 | WS2A | NUMBER(6) | NULL |
| 自动站观测资料扩展表 | 自动站号 | STN | VARCHAR2(10) | NOT NULL |
| | 观测时间(北京时间) | OBS_TIME_BJ | DATE | NOT NULL |
| | 沥青路面温度 | TB | NUMBER(6) | NULL |
| | 湿球温度 | TBL | NUMBER(6) | NULL |
| | 箱外温度 | TBO | NUMBER(6) | NULL |
| | 水泥地面温度 | TC | NUMBER(6) | NULL |
| | 地面温度 | TG | NUMBER(6) | NULL |
| | 10cm 地温 | TG10 | NUMBER(6) | NULL |
| | 15cm 地温 | TG15 | NUMBER(6) | NULL |
| | 160cm 地温 | TG160 | NUMBER(6) | NULL |
| | 20cm 地温 | TG20 | NUMBER(6) | NULL |
| | 320cm 地温 | TG320 | NUMBER(6) | NULL |
| | 40cm 地温 | TG40 | NUMBER(6) | NULL |
| | 5cm 地温 | TG5 | NUMBER(6) | NULL |
| | 80cm 地温 | TG80 | NUMBER(6) | NULL |
| | 草面雪面温度 | TGS | NUMBER(6) | NULL |
| 实况图片表 | 图片时间 | IMGTIME | DATE | NOT NULL |
| | 图片类别 | IMGTYPE | VARCHAR2(10) | NOT NULL |
| | 图片文件相对路径 | FILEPATH | VARCHAR2(256) | NULL |
| | 图片文件名 | FILENAME | VARCHAR2(100) | NULL |
| 预报图片表 | 预报时间 | FORCASTTIME | DATE | NOT NULL |
| | 预报开始时间 | STARTTIME | DATE | NOT NULL |
| | 图片类别 | IMGTYPE | VARCHAR2(10) | NOT NULL |
| | 图片文件相对路径 | FILEPATH | VARCHAR2(256) | NULL |
| | 图片文件名 | FILENAME | VARCHAR2(100) | NULL |

②GIS 终端展示。

A. 功能描述。

GIS 终端展示主要完成对各个气象服务产品中 GIS 类型产品文件进行界面显示,可以直观对产品进行审查检验。终端展示中提供对产品的放大、缩小、漫游等界面操作功能,同时也提供对图层叠加显示的控制,可以根据不同的检索条件选择不同的气象服务产品图层,并能对产品作简单的文字标注。

B. 处理流程(图 5-12)。

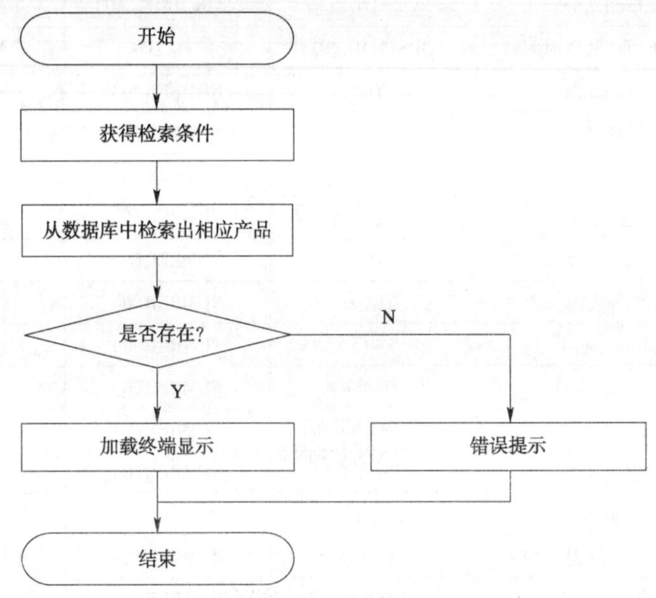


图 5-12　GIS 终端展示流程图

C. 主要数据模型(表 5-5)。

GIS 终端展示数据模型列表　　表 5-5

| 表名 | 名　称 | 代　码 | 数据类型 | 非空字段 |
|---|---|---|---|---|
| 图层产品存储表 | 产品编号 | PID | NUMBER(10) | NOT NULL |
| | 产品类型 | PTYPE | NUMBER(2) | NOT NULL |
| | 制作时间 | BEGINTIME | DATE | NOT NULL |
| | 发布时间 | PTIME | DATE | NOT NULL |
| | 产品存储名 | PFILENAME | VARCHAR2(256) | NOT NULL |
| | 存储相对路径 | PFILEPATH | VARCHAR2(256) | NOT NULL |
| | 样式相对路径 | PLYRFILEPATH | VARCHAR2(256) | NOT NULL |

③产品模板管理。

A. 功能描述。

对本系统中制作各类预警文本产品过程中使用的模板进行管理。包括录入、修改、查询等功能。通过模板组件录入功能,实现为不同类型的预警信息添加对应的模板内容。通过模板组件修改功能,实现对各个模板数据的修改。系统不提供模板的物理删除功能,通过修改模板的状态,可以将模板停用,实现模板的逻辑删除功能。

B. 处理流程(图 5-13)。

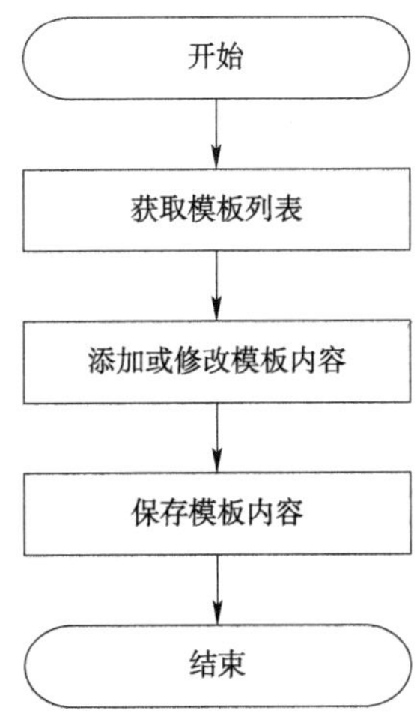


图 5-13　产品模板管理流程图

C. 主要数据模型(表 5-6)。

产品模板数据模型列表　　表 5-6

| 表名 | 名　称 | 代　码 | 数据类型 | 非空字段 |
|---|---|---|---|---|
| 模板表 | 模板代码 | TEMPLATECODE | VARCHAR(32) | NOT NULL |
| | 模板标题 | TEMPLATETITLE | VARCHAR(256) | NOT NULL |
| | 模板主题 | TEMPLATESUBJECT | VARCHAR(128) | NOT NULL |
| | 模板类型 | TEMPLATETYPE | NUMBER(1) | NOT NULL |
| | 模板状态 | STATUS | NUMBER(4) | NOT NULL |
| | 内容 | CONTENT | BLOB | NOT NULL |

④产品配色管理。

A. 功能描述。

产品配色管理主要实现对制作气象服务产品所用到的渲染颜色进行管理。通过对配色内容的修改调整,使气象服务产品具有鲜明的颜色视觉效果,同时让用户对气象产品中每种颜色所代表的内容能有更清晰的理解。产品配色管理中,可以对颜色的 RGB 值、色斑透明度以及明暗对比度进行修改和保存,用户可以很快速方便地调整配色内容使其符合相关标准或用户习惯。

B. 处理流程(图 5-14)。

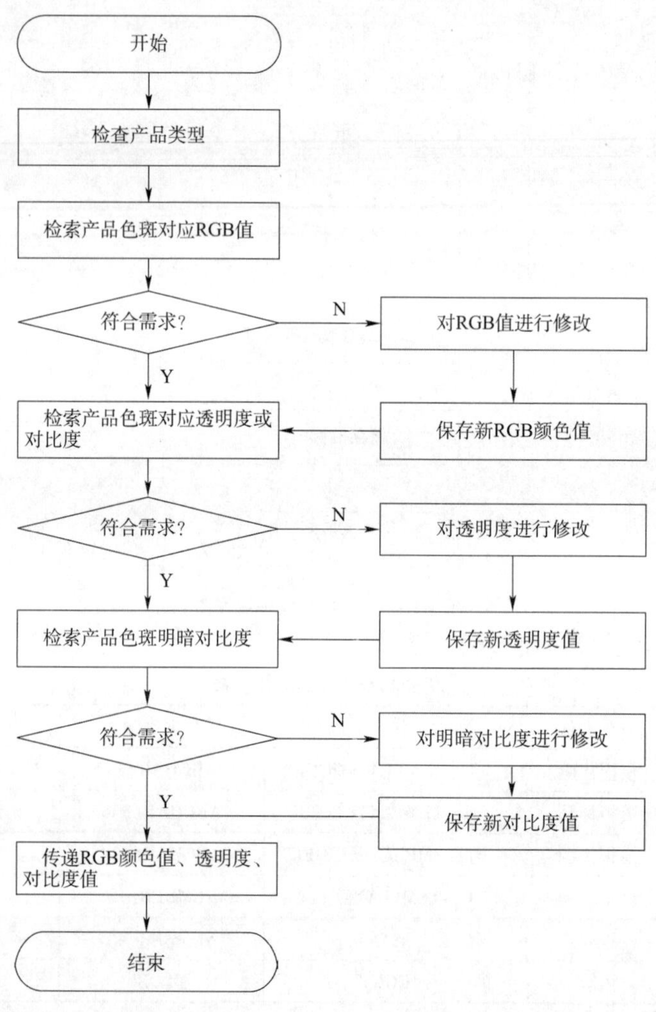


图 5-14 产品配色管理流程图

C. 主要数据模型(表 5-7)。

产品配色管理数据模型列表 表 5-7

| 表名 | 名称 | 代码 | 数据类型 | 非空字段 |
|---|---|---|---|---|
| 产品颜色配置信息表 | 编号 | SID | NUMBER(10) | NOT NULL |
| | 产品类型 | PTYPE | NUMBER(2) | NOT NULL |
| | 产品色斑标识 | PCOLORCLASS | VARCHAR2(20) | NOT NULL |
| | RGB 值 | RGBVALUE | VARCHAR2(14) | NOT NULL |
| | 明暗对比度 | PCDIS | NUMBER(4) | NOT NULL |
| | 色斑透明度 | PINFO | NUMBER(4) | NOT NULL |
| | 备注 | PDES | VARCHAR2(256) | NOT NULL |

⑤产品自动报表生成。

A. 功能描述。

自动统计生成的产品信息并生成 Excel 格式的报表文件。由于产品信息随着业务的发展,会发生一些相应的变化,为了能适应变化,将本模块设计成以配置为驱动的方式进行自动统计并生成报表。系统的配置项包括:总体配置和分项配置,总体配置中配置统计数量以及分项配置文件名,分项配置中配置需要统计的表名、字段名、查询条件等信息。处理流程如下:首先获取总体配置,按照统计数量循环处理分项统计,逐个读取分项统计配置文件并对其内容分析后生成统计查询语句,将查询结果生成 Excel 文件。

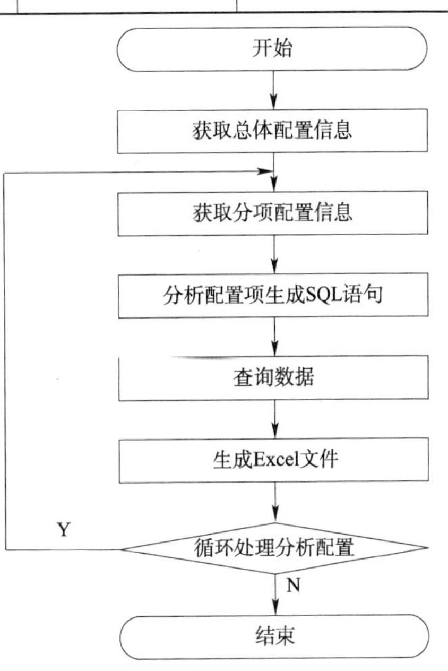


图 5-15 产品报表生成流程图

B. 处理流程(图 5-15)。

C. 主要数据模型(表 5-8)。

产品报表数据模型列表 表 5-8

| 表名 | 名称 | 代码 | 数据类型 | 非空字段 |
|---|---|---|---|---|
| 总体配置表 | 导出文件配置 | EXECCONFIGFILE | VARCHAR(256) | NOT NULL |
| | 分项配置名 | STATSCONFIGFILE | VARCHAR(256) | NOT NULL |

续上表

| 表名 | 名　称 | 代　码 | 数据类型 | 非空字段 |
|---|---|---|---|---|
| 分项配置表 | 统计表名 | TABLENAME | VARCHAR(64) | NOT NULL |
| | 字段名 | COLNAME | VARCHAR(32) | NOT NULL |
| | 是否非空 | ISNULL | VARCHAR(1) | NOT NULL |
| | 是否唯一 | ONLY | VARCHAR(14) | NOT NULL |
| | 条件操作符 | OPERATOR | VARCHAR(6) | NOT NULL |
| | 字段类型 | TYPE | VARCHAR(2) | NOT NULL |

⑥符合交通带状分布的 GIS 图层制作。

A. 功能描述。

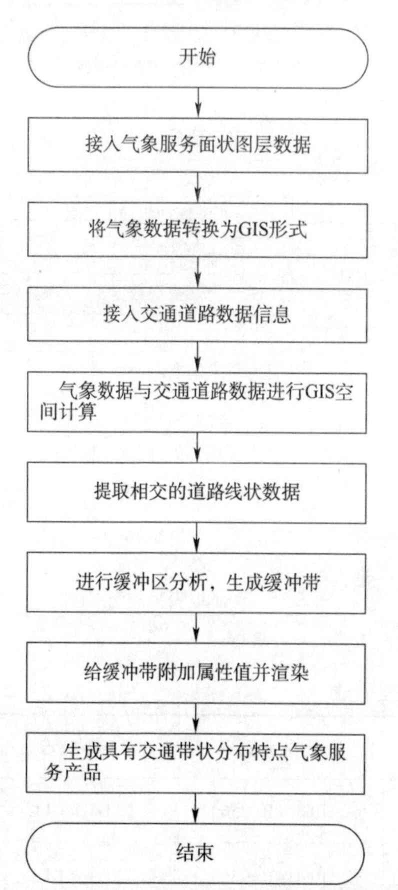

图 5-16　制作符合交通带状分布 GIS 图层流程图

本模块主要参与实现气象服务产品加工系统中各个气象服务产品的 GIS 图层制作。通过利用各个子系统制作相应的气象服务产品面状图层，与交通路面数据信息进行 GIS 空间匹配与空间查询，分别提取与面状图层各个要素相交的交通路段线状对象以及相交的面状对象包含的属性值，针对这些道路线状对象进行一定距离内的缓冲分析，生成与道路相关联的缓冲带数据，然后把属性值赋给缓冲带并做相应的颜色渲染，最终生成符合交通带状分布的 GIS 图层产品。

GIS 图层制作的产品包括：气象监测 GIS 图层产品；交通干线积水深度预报 GIS 图层产品；交通干线积雪、结冰预报 GIS 图层产品；交通沿线大气能见度预报 GIS 图层产品；交通沿线大风（侧向风）预报 GIS 图层产品；交通干线路面摩擦系数 GIS 图层产品；交通干线路面温度预报 GIS 图层产品。

B. 处理流程设计（图 5-16）。

C. 主要数据模型（表 5-9）。

GIS 图层制作数据模型列表 表 5-9

| 表名 | 名　称 | 代　码 | 数据类型 | 非空字段 |
|---|---|---|---|---|
| 道路交通矢量文件信息表 | 编号 | SID | NUMBER(10) | NOT NULL |
| | 文件名称 | FILENAME | VARCHAR2(256) | NOT NULL |
| | 文件相对路径 | FILEPATH | VARCHAR2(256) | NOT NULL |
| | 道路等级 | ROADLVL | NUMBER(2) | NOT NULL |
| | 标注信息 | PINFO | VARCHAR2(256) | NOT NULL |
| | 备注 | PDES | VARCHAR2(256) | NOT NULL |
| 图层产品存储表 | 产品编号 | PID | NUMBER(10) | NOT NULL |
| | 产品类型 | PTYPE | NUMBER(2) | NOT NULL |
| | 制作时间 | BEGINTIME | DATE | NOT NULL |
| | 发布时间 | PTIME | DATE | NOT NULL |
| | 产品存储名 | PFILENAME | VARCHAR2(256) | NOT NULL |
| | 存储相对路径 | PFILEPATH | VARCHAR2(256) | NOT NULL |
| | 样式相对路径 | PLYRFILEPATH | VARCHAR2(256) | NOT NULL |

3)交通沿线气象监测产品子系统(利旧)

(1)功能结构设计。

交通沿线气象监测产品子系统主要通过接入气象监测产品数据(包括气压、温度、相对湿度和能见度),结合文字形式,并加入交通道路信息,生成各类交通沿线气象监测产品。子系统主要模块有气压、温度、相对湿度以及能见度色斑图产品制作;气压、温度、相对湿度以及能见度等值线图产品制作;风速风向瞬时风羽图产品制作;气压、温度、相对湿度以及能见度时间变化曲线图产品制作;产品展示、气象服务产品加工业务平台扩展接口。功能结构,如图 5-17 所示。

(2)气压、温度、相对湿度以及能见度色斑图产品制作。

①功能描述。

交通沿线气象监测产品子系统通过物联网支持平台接入自动站观测数据并检查过滤,获得气压、温度、相对湿度和能见度的监测数据,对数据进行表面分析和插值计算,并配以各类颜色渲染,得到气压、温度、相对湿度和能见度符合交通带状分布的 GIS 图层,再进行精细化操作,加入图例、图示或标注,包装生成气压、温度、相对湿度和能见度相应的色斑图产品。

②处理流程(图 5-18)。

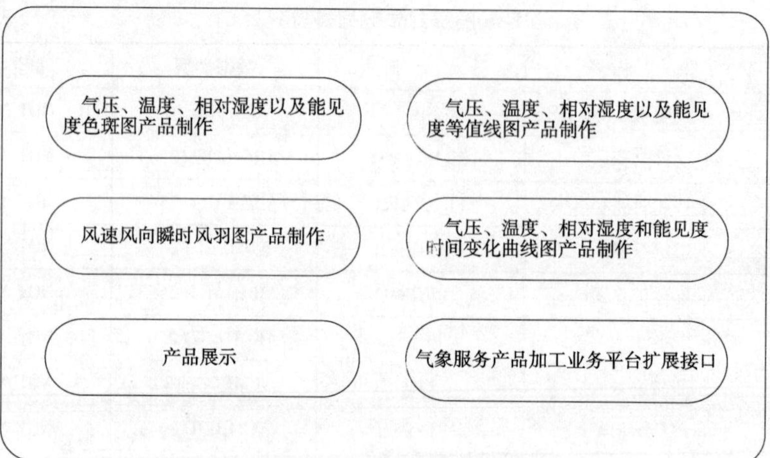


图5-17　交通沿线气象监测产品子系统功能结构图

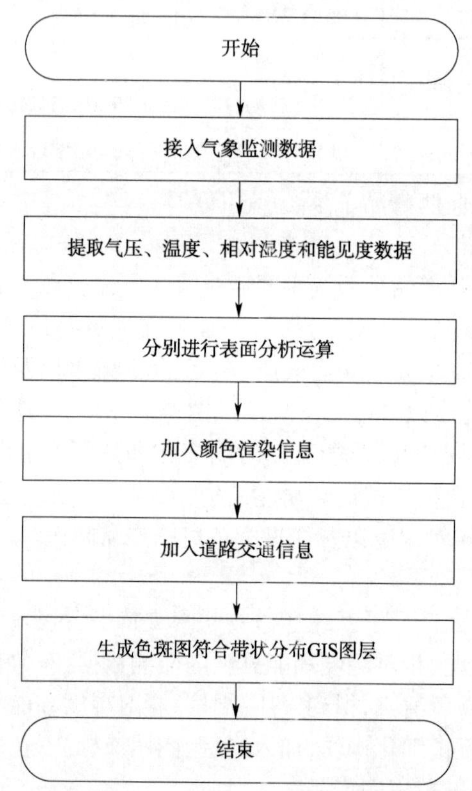


图5-18　气压、温度、相对湿度以及能见度色斑图产品制作流程图

③主要数据模型(表5-10)。

实时监测色斑图产品数据模型列表　　表 5-10

| 表名 | 名　　称 | 代　　码 | 数据类型 | 非空字段 |
| --- | --- | --- | --- | --- |
| 实时监测色斑图表 | 产品编号 | PRODID | NUMBER(10) | NOT NULL |
| | 监测时间 | BEGINTIME | DATE | NOT NULL |
| | 文件相对路径 | FILEPATH | VARCHAR2(256) | NOT NULL |
| | 文件名 | FILENAME | VARCHAR2(256) | NOT NULL |
| | 监测类型 | TYPE | NUMBER(10) | NOT NULL |

(3)气压、温度、相对湿度以及能见度等值线图产品制作

①功能描述。

交通沿线气象监测产品子系统通过物联网支持平台接入自动站观测数据并检查过滤，获得气压、温度、相对湿度和能见度的监测数据，分别对得到的站点数据进行克里金插值计算，生成气压、温度、相对湿度和能见度相应的等值线结果数据，然后进行精细化，添加等值线图标注，包装导出等值线 GIS 图层。

②处理流程(图 5-19)。

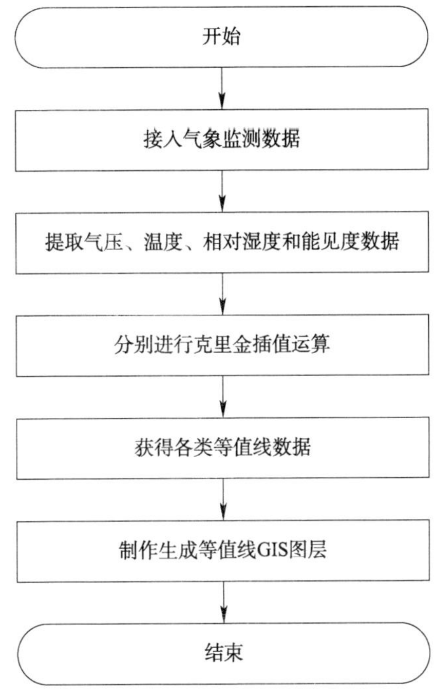


图 5-19　气压、温度、相对湿度以及能见度等值线图产品制作流程图

③主要数据模型(表 5-11)。

实时监测等值线图产品数据模型列表　表 5-11

| 表名 | 名　称 | 代　码 | 数据类型 | 非空字段 |
|---|---|---|---|---|
| 实时监测等值线图表 | 产品编号 | PRODID | NUMBER(10) | NOT NULL |
| | 监测时间 | BEGINTIME | DATE | NOT NULL |
| | 文件相对路径 | FILEPATH | VARCHAR2(256) | NOT NULL |
| | 文件名 | FILENAME | VARCHAR2(256) | NOT NULL |
| | 监测类型 | TYPE | NUMBER(10) | NOT NULL |

(4)风速风向瞬时风羽图产品制作。

①功能描述。

交通沿线气象监测产品子系统根据各个监测站点坐标信息生成点状图层对象,然后结合各个监测站点的风速信息,从符号库中检索匹配相应的风羽符号,同时并以风向数据信息旋转风羽符号,最后将完成符号匹配的点状图层精细化包装为风场 GIS 图层,导出风速风向瞬时风羽图产品。

②处理流程(图 5-20)。

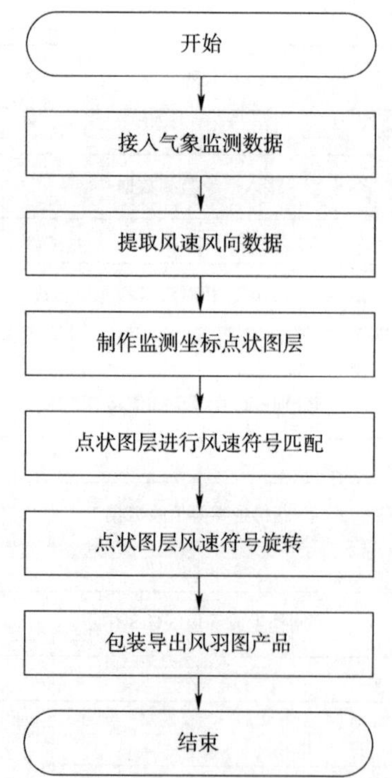


图 5-20　风速风向瞬时风羽图产品制作流程图

③主要数据模型(表 5-12)。

瞬时风羽图产品数据模型列表　　表 5-12

| 表名 | 名　称 | 代　码 | 数据类型 | 非空字段 |
|---|---|---|---|---|
| 实时监测风羽图表 | 产品编号 | PRODID | NUMBER(10) | NOT NULL |
| | 监测时间 | BEGINTIME | DATE | NOT NULL |
| | 文件相对路径 | FILEPATH | VARCHAR2(256) | NOT NULL |
| | 文件名 | FILENAME | VARCHAR2(256) | NOT NULL |
| 风羽图标基础信息表 | 编号 | ID | NUMBER(10) | NOT NULL |
| | 文件名 | FILENAME | VARCHAR2(256) | NOT NULL |
| | 文件相对路径 | FILEPATH | VARCHAR2(256) | NOT NULL |

(5)气压、温度、相对湿度、风速以及能见度随时间变化曲线图产品制作。

①功能描述。

交通沿线气象监测产品子系统通过物联网支持平台自动调用气象自动站观测历史资料库数据，获得各个时段监测到的气压、温度、相对湿度、风速和能见度历史数据，通过图表制作手段，结合相应的专题图样式，生成气压、温度、相对湿度、风速依据能见度时间变化曲线图片产品。

②处理流程(图 5-21)。

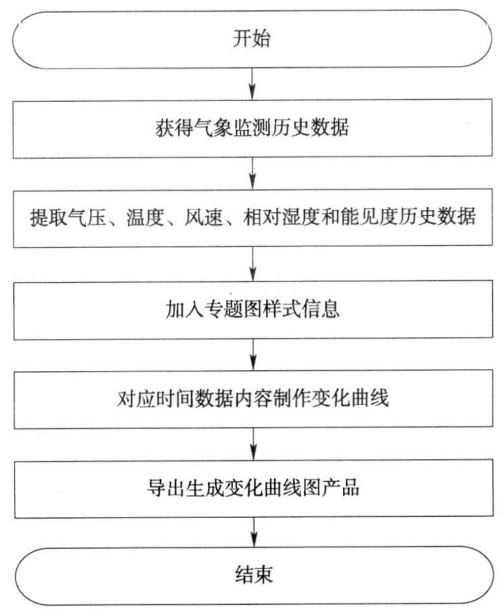


图 5-21　气压、温度、相对湿度、风速以及能见度随时间变化曲线图制作流程图

③主要数据模型(表 5-13)。

时间变化曲线图产品数据模型列表 表 5-13

| 表名 | 名　称 | 代　码 | 数据类型 | 非空字段 |
|---|---|---|---|---|
| 实时监测时间变化曲线图表 | 产品编号 | PRODID | NUMBER(10) | NOT NULL |
| | 监测时间 | BEGINTIME | DATE | NOT NULL |
| | 文件相对路径 | FILEPATH | VARCHAR2(256) | NOT NULL |
| | 文件名 | FILENAME | VARCHAR2(256) | NOT NULL |
| | 监测类型 | TYPE | NUMBER(10) | NOT NULL |

(6)产品展示

①功能描述。

在界面展示本子系统生成的产品,使用不同的界面展示相应的产品,使用 GIS 终端展示 GIS 图层产品以及地图底图,使用图片浏览器展示图片产品。首先根据不同的产品进入不同的显示界面,获取产品信息,将产品显示在界面上。展示的产品包括:气压、温度、相对湿度以及能见度色斑图产品;气压、温度、相对湿度以及能见度等值线图产品;风速风向瞬时风羽图产品;气压、温度、相对湿度以及能见度时间变化曲线图产品。

②处理流程(图 5-22)。

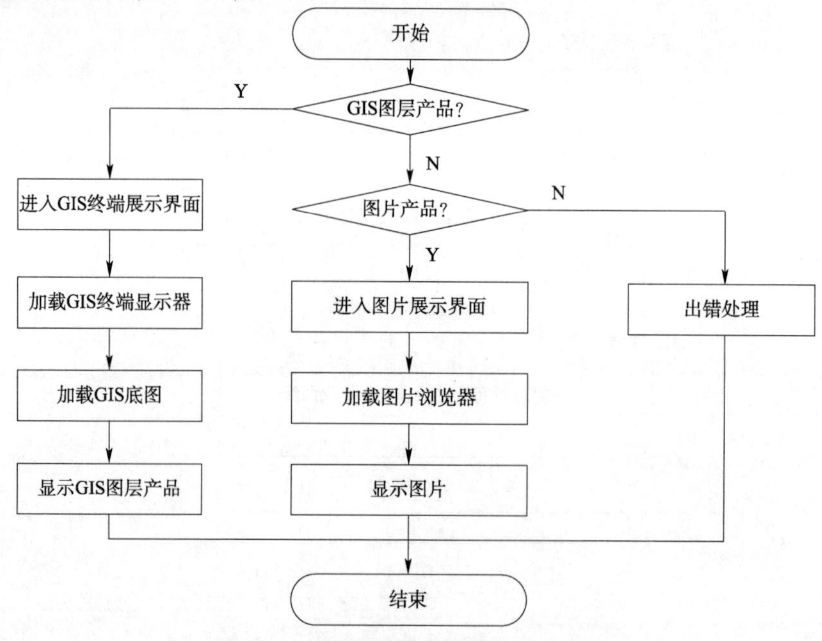


图 5-22　交通沿线气象监测产品展示流程图

③主要数据模型。

参见本子系统中各类产品设计的主要数据模型。

(7)气象服务产品加工业务平台扩展接口。

①功能描述。

气象服务产品加工业务平台是以插件的形式提供扩展的。交通沿线气象监测产品子系统按照插件的规则实现注册接口,首先获取插件主体程序句柄,保存主体程序服务接口用来使用主体程序提供的服务接口,构建插件描述信息以及接口,调用主体程序的注册接口,完成插件的注册。本子系统中需要实现各类产品制作相应的接口以及插件的创建、销毁接口。需要实现的接口包括:气压、温度、相对湿度以及能见度色斑图产品制作接口;气压、温度、相对湿度以及能见度等值线图产品制作接口;风速风向瞬时风羽图产品制作接口;气压、温度、相对湿度、风速以及能见度随时间变化曲线产品制作接口;产品展示接口。

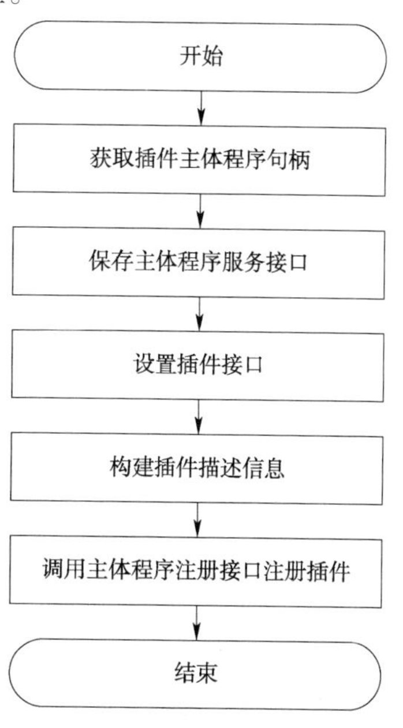


图 5-23 交通沿线气象监测产品制作子系统插件注册流程图

②处理流程(图 5-23)。

③主要数据模型(表 5-14)。

**交通沿线气象监测产品制作子系统插件数据模型列表** 表 5-14

| 表名 | 名 称 | 代 码 | 数据类型 | 非空字段 |
| --- | --- | --- | --- | --- |
| 插件信息表 | 名称 | NAME | VARCHAR(64) | NOT NULL |
| | 版本 | VERSION | VARCHAR(8) | NOT NULL |
| | 创建插件接口 | CREATEFUNC | VARCHAR(32) | NOT NULL |
| | 销毁插件接口 | CESTROYFUNC | VARCHAR(32) | NOT NULL |
| | 主体程序服务接口 | SERVICEFUNC | VARCHAR2(32) | NOT NULL |
| | 插件注册接口 | REGISTERFUNC | VARCHAR2(32) | NOT NULL |
| | 插件描述信息 | DESC | VARCHAR2(100) | NOT NULL |

4)交通干线积水深度预报预警子系统

(1)功能结构设计。

交通干线积水深度预报预警子系统主要完成利用自动站气象实时观测数据、地面观测实况、数值预报产品以及交通干线相关地理信息等进行综合计算分析,得出交通干线积水深度预报产品,同时根据积水深度的情况制作相应的预警产品。交通干线积水深度预报预警子系统功能结构,如图5-24所示。

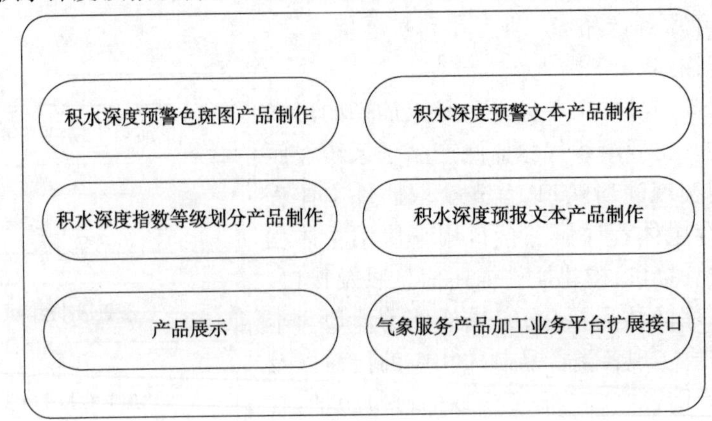


图5-24　交通干线积水深度预报预警子系统功能结构图

(2)积水深度预警色斑图产品制作

①功能描述。

交通干线积水深度预报预警子系统分别接入气象自动站观测数据、数值预报产品,得出整个市区积水数据,然后结合交通道路相关信息,对积水数据进行表面分析和插值计算面状图层,并同时调用产品配色管理进行颜色渲染,匹配预警配置信息,生成积水深度预警色斑图GIS图层,得到色斑图产品。

②处理流程(图5-25)。

③主要数据模型(表5-15)。

**积水深度预警色斑图产品数据模型列表**　　表5-15

| 表名 | 名　称 | 代　码 | 数据类型 | 非空字段 |
|---|---|---|---|---|
| 预报预警色斑图表 | 产品编号 | PRODID | NUMBER(10) | NOT NULL |
| | 预报时间 | BEGINTIME | DATE | NOT NULL |
| | 发布时间 | PTIME | DATE | NOT NULL |
| | 文件相对路径 | FILEPATH | VARCHAR2(256) | NOT NULL |
| | 文件名 | FILENAME | VARCHAR2(256) | NOT NULL |
| | 色斑图表示类型 | TYPE | NUMBER(10) | NOT NULL |

(3)积水深度预警文本产品制作。

①功能描述。

交通干线积水深度预报预警子系统通过物联网支持平台分别接入气象自动站

观测数据、数值预报产品,得出整个市区积水数据,然后结合道路交通信息,匹配相应的预警文字信息和预警图标,利用模板加工包装生成积水深度预警文本产品。

②处理流程(图5-26)。

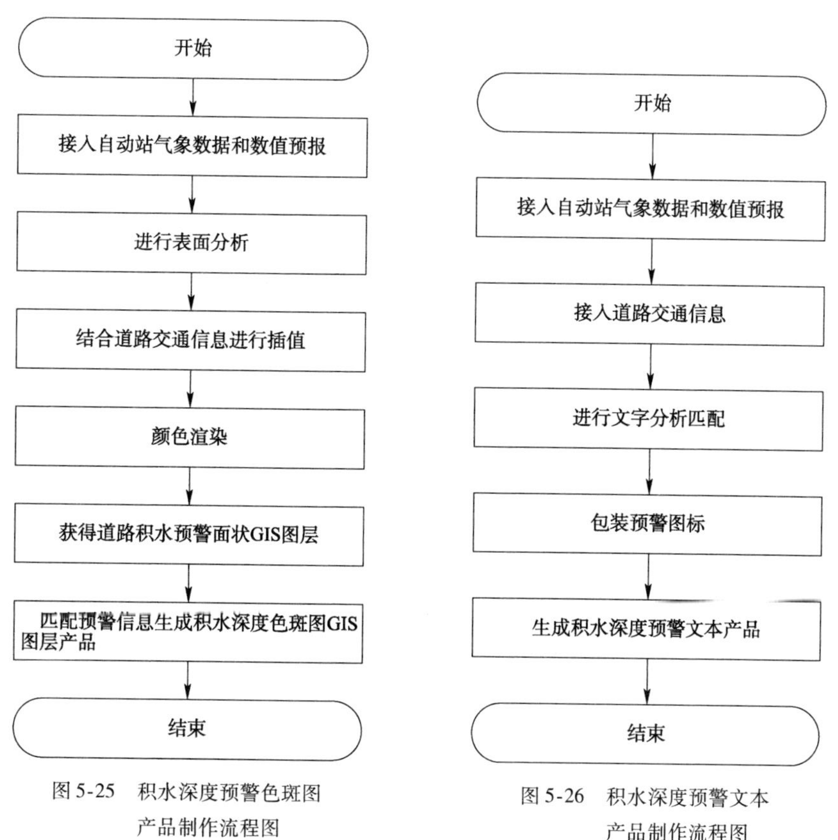


图5-25 积水深度预警色斑图产品制作流程图

图5-26 积水深度预警文本产品制作流程图

③主要数据模型(表5-16)。

积水深度预警文本产品数据模型列表　　表5-16

| 表名 | 名　称 | 代　码 | 数据类型 | 非空字段 |
|---|---|---|---|---|
| 预警基础信息表 | 预警名称 | ALMNAME | VARCHAR2(50) | NOT NULL |
| | 图标路径 | ICONPATH | VARCHAR2(256) | NOT NULL |
| | 预警种类 | ALMTYPE | VARCHAR2(30) | NOT NULL |
| | 预警级别 | ALMLVL | VARCHAR2(20) | NOT NULL |
| | 标准描述 | STANDARD | VARCHAR2(256) | NOT NULL |
| | 预防方法 | PREVENTIVE | VARCHAR2(50) | NOT NULL |

续上表

| 表名 | 名　称 | 代　码 | 数据类型 | 非空字段 |
|---|---|---|---|---|
| 预警信息表 | 预警编码 | ALMID | VARCHAR2(50) | NOT NULL |
| | 预警种类 | ALMTYPE | VARCHAR2(30) | NOT NULL |
| | 预警级别 | ALMLVL | VARCHAR2(20) | NOT NULL |
| | 发布时间 | PTIME | DATE | NOT NULL |
| | 预防措施 | YFCS | VARCHAR2(100) | NOT NULL |
| | 预警内容 | CONTENT | VARCHAR2(300) | NOT NULL |
| | 预警解除时间 | RELVTIME | DATE | NOT NULL |

(4)积水深度指数等级划分产品制作

①功能描述。

交通干线积水深度预报预警子系统通过物联网支持平台分别接入气象自动站观测数据、数值预报产品,得出整个市区积水数据,然后结合道路交通信息进行加权计算,综合评价得出积水深度指数。再将得到的指数匹配文字进行加工,生成积水深度指数等级划分产品。

②处理流程(图5-27)。

③主要数据模型(表5-17)。

**积水深度指数等级划分产品数据模型列表**　　表5-17

| 表名 | 名　称 | 代　码 | 数据类型 | 非空字段 |
|---|---|---|---|---|
| 积水深度指数等级划分基础信息表 | 积水深度指数编号 | IDXID | NUMBER(10) | NOT NULL |
| | 级别 | FCLVL | NUMBER(1) | NOT NULL |
| | 时间 | PTIME | DATE | NOT NULL |
| | 等级标准 | IDLEXP | VARCHAR2(100) | NOT NULL |
| | 积水深度指数图标路径 | IDXICONPATH | VARCHAR2(100) | NOT NULL |
| | 积水深度指数文字说明 | IDXDESC | VARCHAR2(100) | NOT NULL |
| | 预报发布方式 | PType | VARCHAR2(2) | NOT NULL |
| 积水深度等级划分产品表 | 编号 | ID | NUMBER(10) | NOT NULL |
| | 积水深度等级 | FCLVL | NUMBER(1) | NOT NULL |
| | 发布时间 | PTIME | DATE | NOT NULL |
| | 产品文件名 | PFILENAME | VARCHAR2(256) | NOT NULL |
| | 产品文件相对路径 | PFILEPATH | VARCHAR2(256) | NOT NULL |

(5)积水深度预报文本产品制作。

①功能描述。

交通干线积水深度预报预警子系统通过物联网支持平台分别接入气象自动站观测数据、数值预报产品,得出整个市区积水预报数据,然后以文字进行加工,结合模板管理提供的模板生成积水深度预报文本产品。

②处理流程(图5-28)。

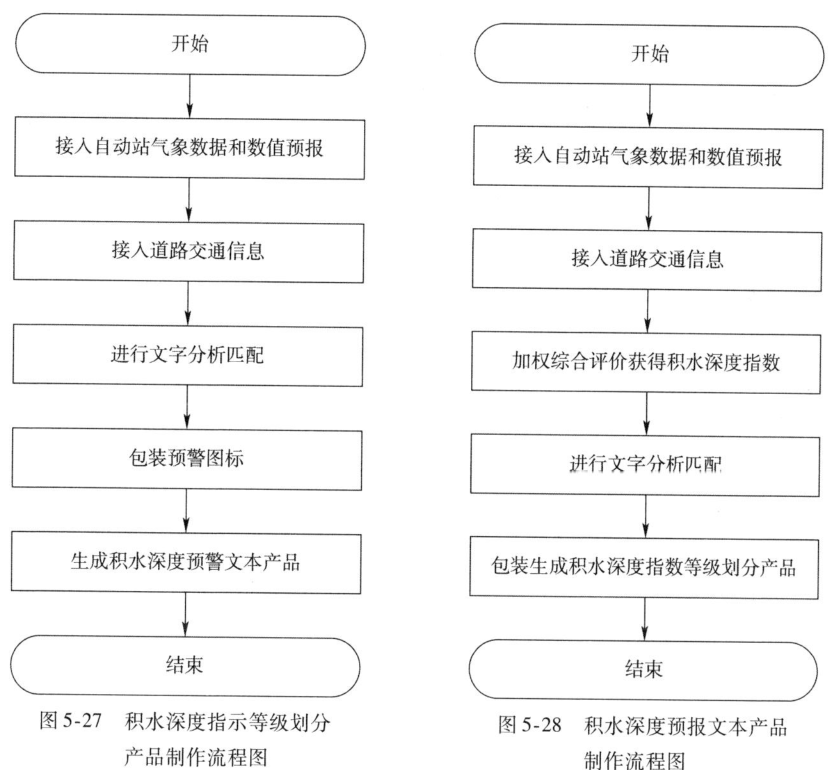


图5-27 积水深度指示等级划分产品制作流程图

图5-28 积水深度预报文本产品制作流程图

③主要数据模型(表5-18)。

**积水深度预报文本产品数据模型列表** 表5-18

| 表名 | 名称 | 代码 | 数据类型 | 非空字段 |
|---|---|---|---|---|
| 预报文本产品表 | 产品编号 | PRODID | NUMBER(10) | NOT NULL |
| | 预报时间 | BEGINTIME | DATE | NOT NULL |
| | 预报类型 | PTYPE | VRACHAR2(2) | NOT NULL |
| | 文本文件相对路径 | FILEPATH | VARCHAR2(256) | NOT NULL |
| | 文本文件名 | FILENAME | VARCHAR2(256) | NOT NULL |

续上表

| 表名 | 名称 | 代码 | 数据类型 | 非空字段 |
|---|---|---|---|---|
| 预报基础信息表 | 编号 | ID | NUMBER(10) | NOT NULL |
| | 预报类型 | PTYPE | VRACHAR2(2) | NOT NULL |
| | 预报标准描述 | PDESCRIP | VARCHAR2(256) | NOT NULL |
| | 图标路径 | PICOPATH | VARCHAR2(256) | NOT NULL |

(6)产品展示。

①功能描述。

交通干线积水深度预报预警子系统产品展示中,使用不同的界面展示相应的产品。首先根据不同的产品进入不同的显示界面,获取产品信息,将产品显示在界面上。显示文本界面显示的产品有:积水深度预警文本产品,积水深度预报文本产品、积水深度指数等级划分产品。使用GIS终端展示的产品为积水深度预警色斑图产品。

②处理流程(图5-29)。

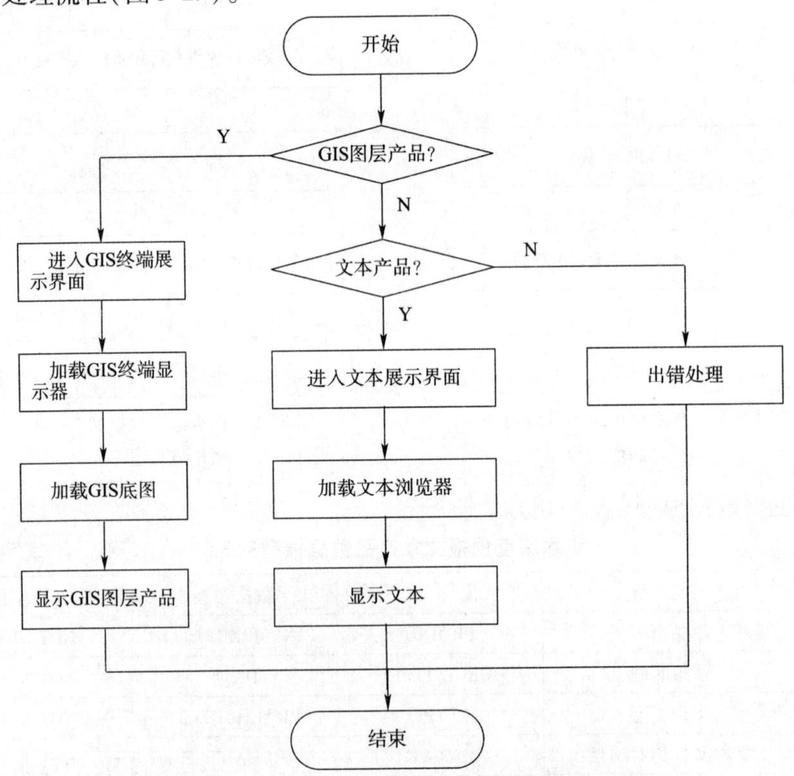


图5-29 交通干线积水深度预报预警子系统产品展示流程图

③主要数据模型。

参见本子系统中各类产品设计的主要数据模型。

(7)气象服务产品加工业务平台扩展接口

①功能描述。

气象服务产品加工业务平台是以插件的形式提供扩展的。交通干线积水深度预报预警子系统按照插件的规则实现注册接口,首先获取插件主体程序句柄,保存主体程序服务接口用来使用主体程序提供的服务接口,构建插件描述信息以及接口,调用主体程序的注册接口完成插件的注册。本子系统中需要实现各类产品制作相应的接口以及插件的创建、销毁接口,主要包括:积水深度预警色斑图产品制作接口、积水深度预警文本产品制作接口、积水深度指数等级划分产品制作接口、积水深度预报文本产品制作接口、产品展示接口。

②处理流程(图5-30)。

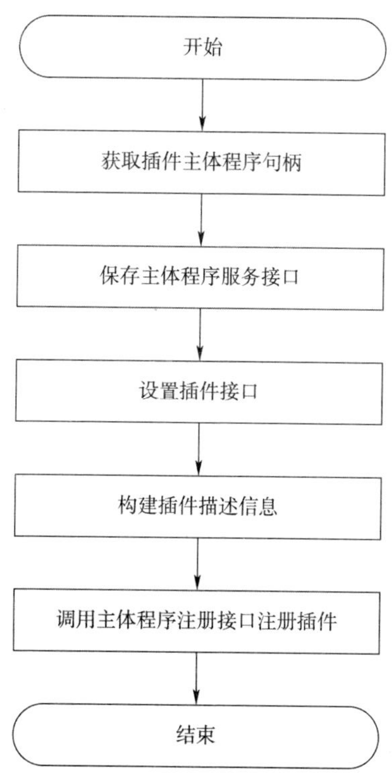


图5-30 交通干线积水深度预报预警产品制作子系统插件注册流程图

③主要数据模型(表5-19)。

交通干线积水深度预报预警产品制作子系统插件数据模型列表　　表 5-19

| 表名 | 名　称 | 代　码 | 数据类型 | 非空字段 |
|---|---|---|---|---|
| 插件信息表 | 名称 | NAME | VARCHAR(64) | NOT NULL |
| | 版本 | VERSION | VARCHAR(8) | NOT NULL |
| | 创建插件接口 | CREATEFUNC | VARCHAR(32) | NOT NULL |
| | 销毁插件接口 | CESTROYFUNC | VARCHAR(32) | NOT NULL |
| | 主体程序服务接口 | SERVICEFUNC | VARCHAR2(32) | NOT NULL |
| | 插件注册接口 | REGISTERFUNC | VARCHAR2(32) | NOT NULL |
| | 插件描述信息 | DESC | VARCHAR2(100) | NOT NULL |

5)交通沿线大气能见度预报预警子系统

(1)功能结构设计。

交通沿线大气能见度预报预警子系统主要功能是完成大气能见度相关预报预警产品的制作。气象服务产品库提供大气能见度观测数据以及预报预警数据,本子系统对大气能见度数据进行处理后形成各类产品。经过对需求的分析,每种产品都有着各自的特点及制作方法,按照产品种类将系统分为如下模块:卫星大雾预警产品制作、大雾预警指数等级划分产品制作、站点大气能见度预报产品制作、具体路段大气能见度预报产品制作、大气能见度指数等级划分产品制作、产品展示、气象服务产品加工业务平台扩展接口。功能结构如图 5-31 所示。

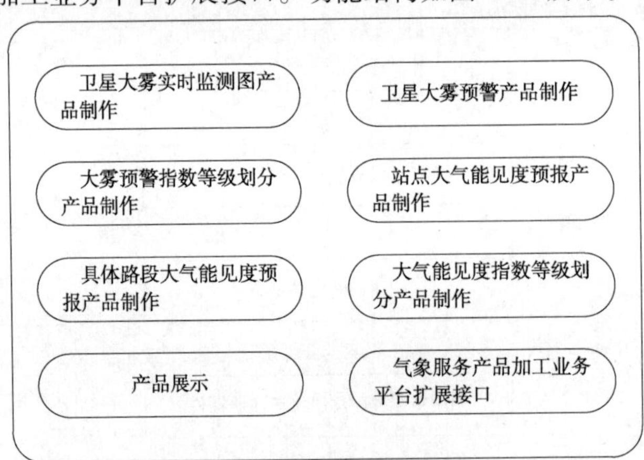


图 5-31　交通沿线大气能见度预报预警子系统功能结构图

(2)卫星大雾实时监测图产品制作。

①功能描述。

获取卫星资料数据,根据所需范围进行数据裁剪,得到指定区域的卫星资料,并根据定标数据块进行定标,得到反射率及亮度温度;最后利用定标之后的卫星数

据根据下面描述的阈值法进行云雾分离，得到雾的监测分布图。

本模块中利用光谱分析法与纹理、结构模板法结合的方法进行云雾分离，其中，阈值法为基础，因此首先需要确定监测阈值，包括可见光反射率阈值、热红外亮度温度阈值、热红外与中红外亮温差阈值、热红外分裂窗通道亮温差阈值、中红外反射辐射阈值。

②处理流程（图 5-32）。

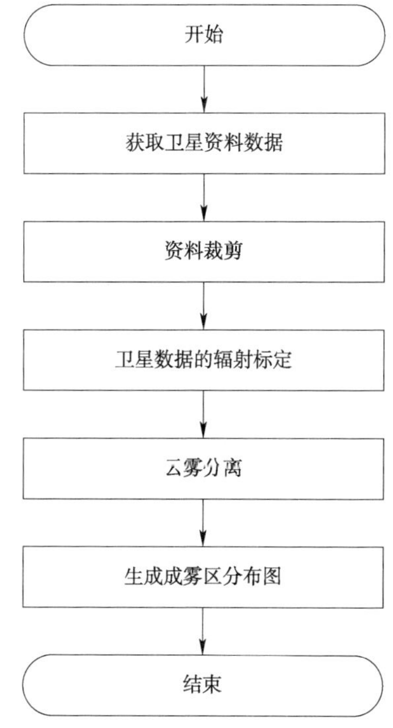


图 5-32 卫星大雾实时监测图产品制作流程图

③主要数据模型（表 5-20）。

**卫星大雾实时监测图产品数据模型列表** 表 5-20

| 表名 | 名　称 | 代　码 | 数据类型 | 非空字段 |
| --- | --- | --- | --- | --- |
| 卫星大雾实时监测图表 | 产品编号 | PRODID | NUMBER(10) | NOT NULL |
| | 卫星编号 | SETLITEID | VARCHAR(32) | NOT NULL |
| | 监测时间 | BEGINTIME | DATE | NOT NULL |
| | 文件相对路径 | FILEPATH | VARCHAR2(256) | NOT NULL |
| | 文件名 | FILENAME | VARCHAR2(256) | NOT NULL |

(3)卫星大雾预警产品制作。

①功能描述。

卫星大雾预警产品是结合卫星大雾的级别和预警基础信息生成的文本信息。首先从物联网支持平台获取大雾预警级别,根据级别查询预警基础信息,将预警标准描述、预防办法等信息与卫星大雾预警文本模板内容相结合,最后生成预警内容。预留人工编辑接口,可以实现对预警信息的完善。

②处理流程(图5-33)。

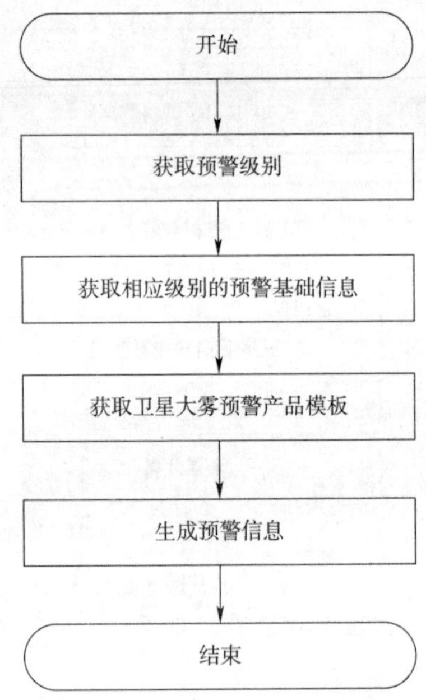


图5-33　卫星大雾预警产品制作流程图

③主要数据模型(表5-21)。

卫星大雾预警产品数据模型列表　　表5-21

| 表名 | 名　称 | 代　码 | 数据类型 | 非空字段 |
|---|---|---|---|---|
| 预警基础信息表 | 预警名称 | ALMNAME | VARCHAR2(50) | NOT NULL |
| | 图标路径 | ICONPATH | VARCHAR2(256) | NOT NULL |
| | 预警种类 | ALMTYPE | VARCHAR2(30) | NOT NULL |
| | 预警级别 | ALMLVL | VARCHAR2(20) | NOT NULL |
| | 标准描述 | STANDARD | VARCHAR2(256) | NOT NULL |
| | 预防方法 | PREVENTIVE | VARCHAR2(50) | NOT NULL |

续上表

| 表名 | 名　称 | 代　码 | 数据类型 | 非空字段 |
|---|---|---|---|---|
| 预警信息表 | 预警编码 | ALMID | VARCHAR2(50) | NOT NULL |
| | 预警种类 | ALMTYPE | VARCHAR2(30) | NOT NULL |
| | 预警级别 | ALMLVL | VARCHAR2(20) | NOT NULL |
| | 发布时间 | PTIME | DATE | NOT NULL |
| | 预防措施 | YFCS | VARCHAR2(100) | NOT NULL |
| | 预警内容 | CONTENT | VARCHAR2(300) | NOT NULL |
| | 预警解除时间 | RELVTIME | DATE | NOT NULL |

(4)大雾预警指数等级划分产品制作。

①功能描述。

大雾预警指数等级划分产品是结合卫星大雾预警指数级别和大雾预警指数基础信息生成的文本信息。首先从物联网支持平台获取大雾预警指数级别,根据级别查询预警基础信息,将大雾预警指数基础信息与大雾预警指数等级相关联并生成大雾预警等级划分信息。

②处理流程(图5-34)。

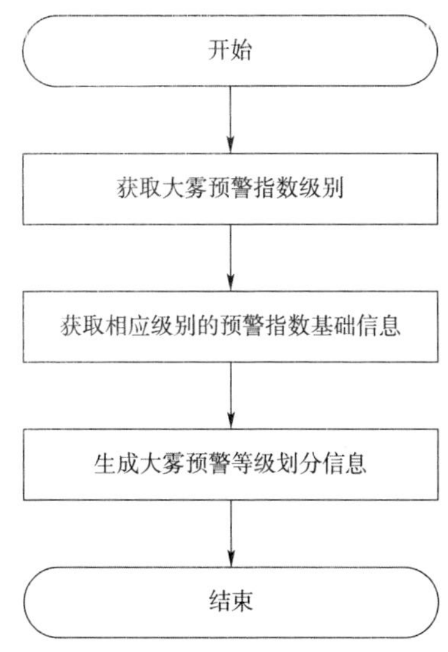


图5-34　大雾预警指数等级划分产品制作流程图

③主要数据模型(表5-22)。

**大雾预警指数等级划分产品数据模型列表** 表5-22

| 表名 | 名　称 | 代　码 | 数据类型 | 非空字段 |
| --- | --- | --- | --- | --- |
| 大雾预警指数基础信息表 | 大雾预警指数ID | IDXID | NUMBER(10) | NOT NULL |
| | 预报级别 | FCLVL | NUMBER(1) | NULL |
| | 预报时间 | PTIME | DATE | NULL |
| | 预报等级标准 | IDLEXP | VARCHAR2(100) | NULL |
| | 大雾预警指数图标路径 | IDXICONPATH | VARCHAR2(100) | NULL |
| | 大雾预警指数文字说明 | IDXDESC | VARCHAR2(100) | NULL |
| 大雾预警指数等级划分信息表 | 大雾预警指数ID | IDXID | NUMBER(10) | NOT NULL |
| | 预报发布时间 | PTIME | DATE | NOT NULL |
| | 预报发布方式 | PType | VARCHAR2(2) | NOT NULL |

(5)站点大气能见度预报产品制作

①功能描述。

站点大气能见度预报产品是使用不同颜色标示出各个站点大气能见度的色斑图产品,用不同的颜色表示不同站点的大气能见度。首先从物联网支持平台获取各个站点大气能见度信息,按照国家大气能见度指数分级标准计算不同级别,为不同级别配置不同的颜色,生成大气能见度等级分布图层信息并结合道路GIS地理信息生成站点大气能见度预报产品图层。

②处理流程(图5-35)。

③主要数据模型(表5-23)。

**站点大气能见度预报产品数据模型列表** 表5-23

| 表名 | 名　称 | 代　码 | 数据类型 | 非空字段 |
| --- | --- | --- | --- | --- |
| 站点大气能见度预报产品表 | 产品编号 | PRODID | NUMBER(10) | NOT NULL |
| | 生成时间 | BEGINTIME | DATE | NOT NULL |
| | 图层文件相对路径 | FILEPATH | VARCHAR2(256) | NOT NULL |
| | 图层文件名 | FILENAME | VARCHAR2(256) | NOT NULL |

(6)具体路段大气能见度预报产品制作

①功能描述。

具体路段大气能见度预报产品是符合交通带状分布的色斑图产品,用不同的颜色表示不同路段的大气能见度。首先从物联网支持平台获取各个路段大气能见度信息,按照国家大气能见度指数分级标准计算不同级别,为不同级别配置不同的颜色,生成大气能见度等级分布图层信息并结合道路 GIS 地理信息生成交通带状大气能见度预报产品图层。

②处理流程(图 5-36)。

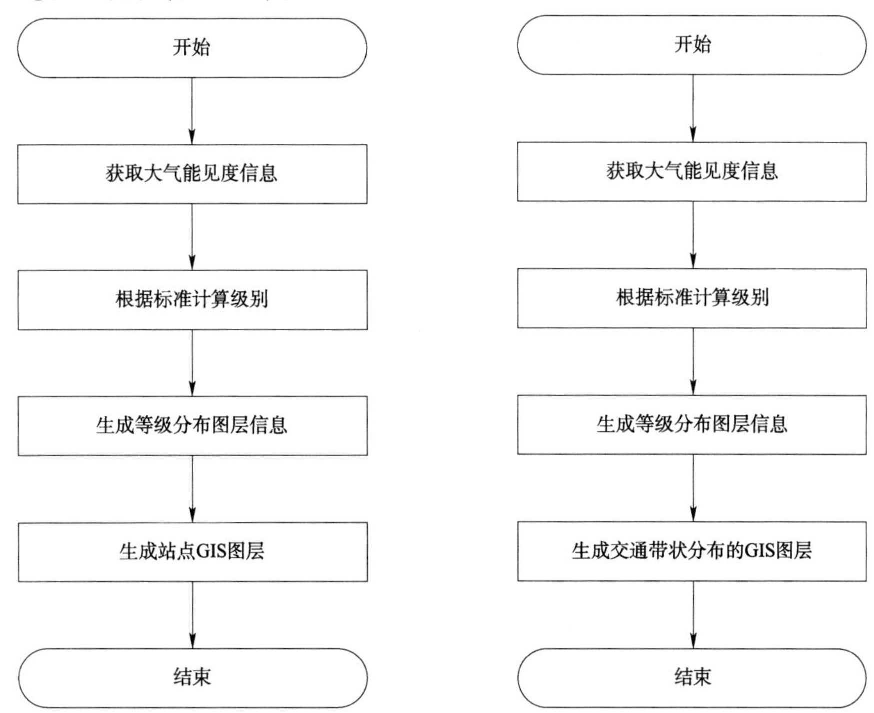


图 5-35 站点大气能见度预报产品制作流程图　　图 5-36 具体路段大气能见度预报产品制作流程图

③主要数据模型(表 5-24)。

**具体路段大气能见度预报产品数据模型列表**　　表 5-24

| 表名 | 名　称 | 代　码 | 数据类型 | 非空字段 |
|---|---|---|---|---|
| 具体路段大气能见度预报产品表 | 产品编号 | PRODID | NUMBER(10) | NOT NULL |
| | 生成时间 | BEGINTIME | DATE | NOT NULL |
| | 图层文件相对路径 | FILEPATH | VARCHAR2(256) | NOT NULL |
| | 图层文件名 | FILENAME | VARCHAR2(256) | NOT NULL |

(7)大气能见度指数等级划分产品制作

①功能描述。

大气能见度指数等级划分产品是结合卫星大气能见度指数级别和大气能见度指数基础信息生成的文本信息。首先从物联网支持平台获取大气能见度指数级别，根据级别查询大气能见度指数基础信息，将大气能见度指数基础信息与大气能见度指数等级相关联并生成大气能见度指数等级划分信息。

②处理流程（图5-37）。

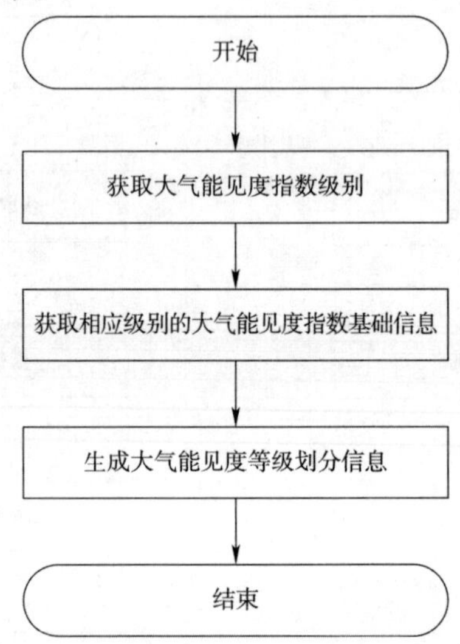


图5-37　大气能见度指数等级划分产品制作流程图

③主要数据模型（表5-25）。

**大气能见度预报产品数据模型列表**　　表5-25

| 表名 | 名　称 | 代　码 | 数据类型 | 非空字段 |
|---|---|---|---|---|
| 大气能见度指数基础信息表 | 大气能见度指数ID | IDXID | NUMBER(10) | NOT NULL |
| | 预报级别 | FCLVL | NUMBER(1) | NULL |
| | 预报时间 | PTIME | DATE | NULL |
| | 预报等级标准 | IDLEXP | VARCHAR2(100) | NULL |
| | 大气能见度指数图标路径 | IDXICONPATH | VARCHAR2(100) | NULL |
| | 大气能见度指数文字说明 | IDXDESC | VARCHAR2(100) | NULL |
| 大气能见度指数等级划分信息表 | 大气能见度指数ID | IDXID | NUMBER(10) | NOT NULL |
| | 预报发布时间 | PTIME | DATE | NOT NULL |
| | 预报发布方式 | PType | VARCHAR2(2) | NOT NULL |

（8）产品展示

①功能描述。

在界面展示交通沿线大气能见度预报预警子系统生成的产品，使用不同的界

面展示相应的产品，对于文本产品则显示文本内容，使用 GIS 终端展示 GIS 图层产品以及地图底图，使用图片浏览器展示图片产品。首先根据不同的产品进入不同的显示界面，获取产品信息，将产品显示在界面上。本子系统中以文本展示的产品包括：卫星大雾预警产品、大雾预警等级划分产品、大气能见度指数等级划分产品。以图片展示的产品包括：卫星大雾实时监测图产品。以 GIS 终端展示的产品包括：站点大气能见度预报产品、具体路段大气能见度预报产品。

②处理流程（图 5-38）。

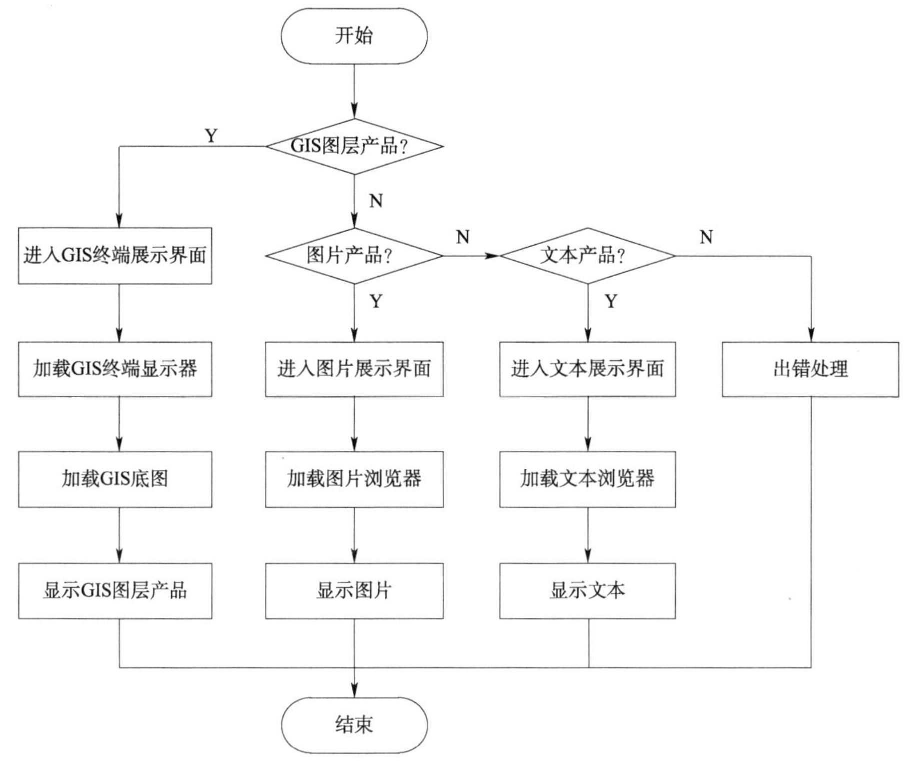


图 5-38　交通沿线大气能见度预报预警子系统产品展示流程图

③主要数据模型。

参见本子系统中各类产品设计的主要数据模型。

(9)气象服务产品加工业务平台扩展接口

①功能描述。

气象服务产品加工业务平台是以插件的形式提供扩展的。本子系统按照插件的规则实现注册接口，首先获取插件主体程序句柄，保存主体程序服务接口用来使用主体程序提供的服务接口，构建插件描述信息以及接口，调用主体程序的注册接口完成插件的注册。本子系统中，实现卫星大雾实时监测图产品制作接口、卫星大雾预警产品制作接口、大雾预警指数等级划分产品制作接口、站点大气能见度预报产品制作接口、具体路段大气能见度预报产品制作接口、大气能见度指数等级划分产品制作接口、产品展示接口，同时实现插件的创建、销毁接口。

②处理流程(图5-39)。

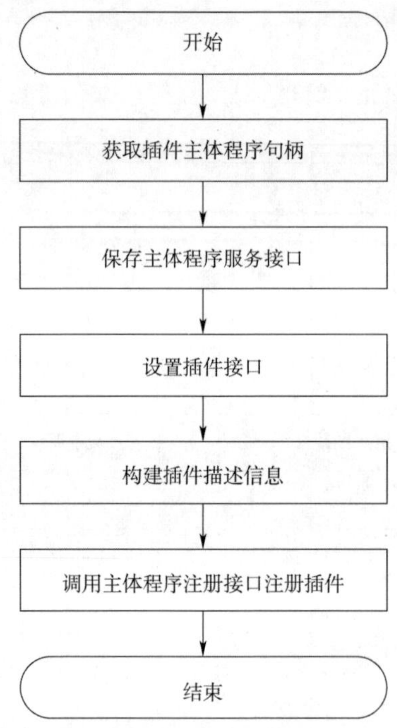


图5-39　交通沿线大气能见度预报预警子系统插件注册流程图

③主要数据模型(表5-26)。

**交通沿线大气能见度预报预警子系统插件数据模型列表**　　表5-26

| 表名 | 名　称 | 代　码 | 数据类型 | 非空字段 |
|---|---|---|---|---|
| 插件信息表 | 名称 | NAME | VARCHAR(64) | NOT NULL |
| | 版本 | VERSION | VARCHAR(8) | NOT NULL |
| | 创建插件接口 | CREATEFUNC | VARCHAR(32) | NOT NULL |
| | 销毁插件接口 | CESTROYFUNC | VARCHAR(32) | NOT NULL |
| | 主体程序服务接口 | SERVICEFUNC | VARCHAR2(32) | NOT NULL |
| | 插件注册接口 | REGISTERFUNC | VARCHAR2(32) | NOT NULL |
| | 插件描述信息 | DESC | VARCHAR2(100) | NOT NULL |

6)交通干线积雪、结冰预报预警子系统

(1)功能结构设计。

交通干线积雪、结冰预报预警子系统主要完成自动站气象实时观测数据、地面观测实况、数值预报产品以及交通干线相关地理信息综合计算分析,得出交通干线积雪、结冰预报产品,同时根据积水深度的情况制作相应的预警产品。交通干线积水深度预报预警子系统设计如下几个模块:未来3h逐小时路面结冰文本产品制作、未来3h逐小时路面积雪文本产品制作、未来3h逐小时路面结冰色斑图产品制作、未来3h逐小时路面积雪色斑图产品制作、交通干线积雪预警指数等级划分产品制作、交通干线结冰预警指数等级划分产品制作、道路结冰预警文本制作、道路积雪预警文本制作、产品展示、气象服务产品加工业务平台扩展接口。功能结构如图5-40所示。

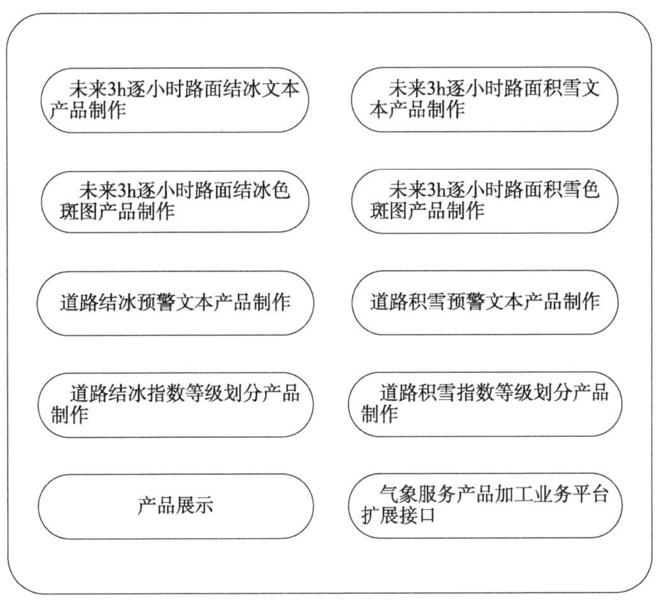

图5-40 交通干线积雪结冰预报预警子系统功能结构图

(2)未来3h逐小时路面结冰文本产品制作。

①功能描述。

交通干线积雪、结冰预报预警子系统通过物联网支持平台分别接入气象自动站观测数据、数值预报产品,从中提取气温和固态降水数据,结合道路交通信息分析得出未来3h路面结冰预报信息数据,然后以文字进行加工,结合制作模板生成未来3h逐小时路面结冰文本产品。

②处理流程(图5-41)。

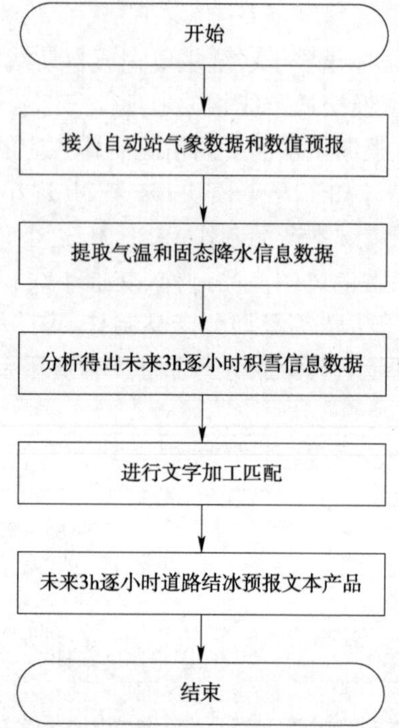


图5-41 未来3h逐小时路面结冰文本产品制作流程图

③主要数据模型(表5-27)。

**未来3h逐小时路面结冰文本产品数据模型列表** 表5-27

| 表名 | 名 称 | 代 码 | 数据类型 | 非空字段 |
|---|---|---|---|---|
| 预报文本产品表 | 产品编号 | PRODID | NUMBER(10) | NOT NULL |
| | 预报时间 | BEGINTIME | DATE | NOT NULL |
| | 预报类型 | PTYPE | VRACHAR2(2) | NOT NULL |
| | 文本文件相对路径 | FILEPATH | VARCHAR2(256) | NOT NULL |
| | 文本文件名 | FILENAME | VARCHAR2(256) | NOT NULL |
| 预报基础信息表 | 编号 | ID | NUMBER(10) | NOT NULL |
| | 预报类型 | PTYPE | VRACHAR2(2) | NOT NULL |
| | 预报标准描述 | PDESCRIP | VARCHAR2(256) | NOT NULL |
| | 图标路径 | PICOPATH | VARCHAR2(256) | NOT NULL |

(3)未来3h逐小时路面积雪文本产品制作。

①功能描述。

交通干线积雪、结冰预报预警子系统通过物联网支持平台分别接入气象自动站观测数据、数值预报产品,从中提取气温和固态降水数据,结合道路交通信息分析得出未来 3h 路面积雪预报信息数据,然后以文字进行加工,结合制作模板生成未来 3h 逐小时路面结冰文本产品。

②处理流程(图 5-42)。

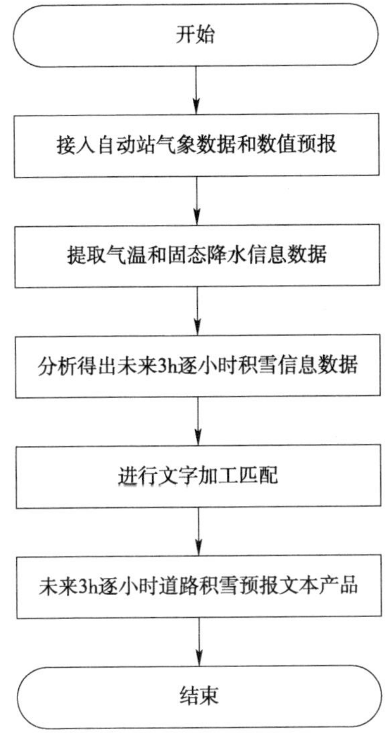


图 5-42　未来 3h 逐小时路面积雪文本产品制作流程图

③主要数据模型(表 5-28)。

**未来 3h 逐小时路面积雪文本产品数据模型列表**　　表 5-28

| 表名 | 名　称 | 代　码 | 数据类型 | 非空字段 |
|---|---|---|---|---|
| 预报文本产品表 | 产品编号 | PRODID | NUMBER(10) | NOT NULL |
| | 预报时间 | BEGINTIME | DATE | NOT NULL |
| | 预报类型 | PTYPE | VRACHAR2(2) | NOT NULL |
| | 文本文件相对路径 | FILEPATH | VARCHAR2(256) | NOT NULL |
| | 文本文件名 | FILENAME | VARCHAR2(256) | NOT NULL |

续上表

| 表名 | 名称 | 代码 | 数据类型 | 非空字段 |
|---|---|---|---|---|
| 预报基础信息表 | 编号 | ID | NUMBER(10) | NOT NULL |
| | 预报类型 | PTYPE | VRACHAR2(2) | NOT NULL |
| | 预报标准描述 | PDESCRIP | VARCHAR2(256) | NOT NULL |
| | 图标路径 | PICOPATH | VARCHAR2(256) | NOT NULL |

(4)未来3h逐小时路面结冰色斑图产品制作。

①功能描述。

交通干线积雪、结冰预报预警子系统通过物联网支持平台分别接入气象自动站观测数据、数值预报产品,从中提取逐小时的气温和固态降水数据,对数据进行表面分析计算生成面状路面结冰图层数据,然后利用产品配色管理进行各类颜色渲染,结合道路交通信息生成未来3h路面逐小时路面结冰色斑图带状分布GIS图层产品。

②处理流程(图5-43)。

③主要数据模型(表5-29)。

**未来3h逐小时路面结冰色斑图产品数据模型列表** 表5-29

| 表名 | 名　　称 | 代　　码 | 数据类型 | 非空字段 |
|---|---|---|---|---|
| 预报预警色斑图表 | 产品编号 | PRODID | NUMBER(10) | NOT NULL |
| | 预报时间 | BEGINTIME | DATE | NOT NULL |
| | 发布时间 | PTIME | DATE | NOT NULL |
| | 文件相对路径 | FILEPATH | VARCHAR2(256) | NOT NULL |
| | 文件名 | FILENAME | VARCHAR2(256) | NOT NULL |
| | 色斑图表示类型 | TYPE | NUMBER(10) | NOT NULL |

(5)未来3h逐小时路面积雪色斑图产品制作。

①功能描述。

交通干线积雪、结冰预报预警子系统通过物联网支持平台分别接入气象自动站观测数据、数值预报产品,从中提取逐小时的气温和固态降水数据,对数据进行表面分析计算,生成面状路面积雪图层数据,然后利用产品配色配以各类颜色渲染,结合道路交通信息生成未来3h路面逐小时路面积雪色斑图的符合交通带状分

布的 GIS 图层产品。

②处理流程(图 5-44)。

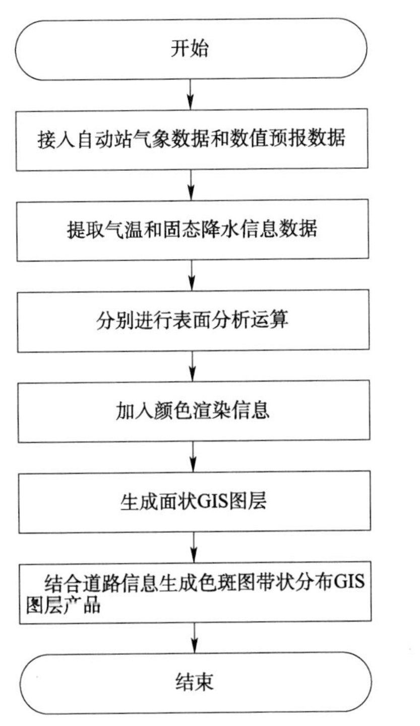


图 5-43 未来 3h 逐小时路面结冰色斑图产品制作流程图

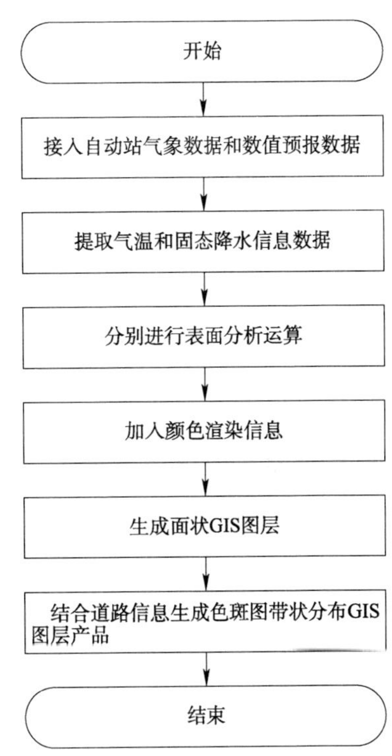


图 5-44 未来 3h 逐小时路面积雪色斑图产品制作流程图

③主要数据模型(表 5-30)。

**未来 3h 逐小时路面积雪色斑图产品数据模型列表** 表 5-30

| 表名 | 名　称 | 代　码 | 数据类型 | 非空字段 |
|---|---|---|---|---|
| 预报预警色斑图表 | 产品编号 | PRODID | NUMBER(10) | NOT NULL |
| | 预报时间 | BEGINTIME | DATE | NOT NULL |
| | 发布时间 | PTIME | DATE | NOT NULL |
| | 文件相对路径 | FILEPATH | VARCHAR2(256) | NOT NULL |
| | 文件名 | FILENAME | VARCHAR2(256) | NOT NULL |
| | 色斑图表示类型 | TYPE | NUMBER(10) | NOT NULL |

(6)道路结冰预警文本制作。

①功能描述。

交通干线积雪、结冰预报预警子系统通过物联网支持平台分别接入气象自动站观测数据、数值预报产品,分析得出市区结冰数据,然后结合道路交通信息,匹配相应的预警文字信息和预警图标,结合制作模板加工包装生成道路结冰预警文本产品。

②处理流程(图5-45)。

③主要数据模型(表5-31)。

**道路结冰预警文本产品数据模型列表** 表5-31

| 表名 | 名　称 | 代　码 | 数据类型 | 非空字段 |
|---|---|---|---|---|
| 预警基础信息表 | 预警名称 | ALMNAME | VARCHAR2(50) | NOT NULL |
| | 图标路径 | ICONPATH | VARCHAR2(256) | NOT NULL |
| | 预警种类 | ALMTYPE | VARCHAR2(30) | NOT NULL |
| | 预警级别 | ALMLVL | VARCHAR2(20) | NOT NULL |
| | 标准描述 | STANDARD | VARCHAR2(256) | NOT NULL |
| | 预防方法 | PREVENTIVE | VARCHAR2(50) | NOT NULL |
| 预警信息表 | 预警编码 | ALMID | VARCHAR2(50) | NOT NULL |
| | 预警种类 | ALMTYPE | VARCHAR2(30) | NOT NULL |
| | 预警级别 | ALMLVL | VARCHAR2(20) | NOT NULL |
| | 发布时间 | PTIME | DATE | NOT NULL |
| | 预防措施 | YFCS | VARCHAR2(100) | NOT NULL |
| | 预警内容 | CONTENT | VARCHAR2(300) | NOT NULL |
| | 预警解除时间 | RELVTIME | DATE | NOT NULL |

(7)道路积雪预警文本制作。

①功能描述。

交通干线积雪、结冰预报预警子系统通过物联网支持平台分别接入气象自动站观测数据、数值预报产品,分析得出市区降雪数据,然后结合道路交通信息,匹配相应的预警文字信息和预警图标,结合制作模板加工包装生成道路积雪预警文本产品。

②处理流程(图5-46)。

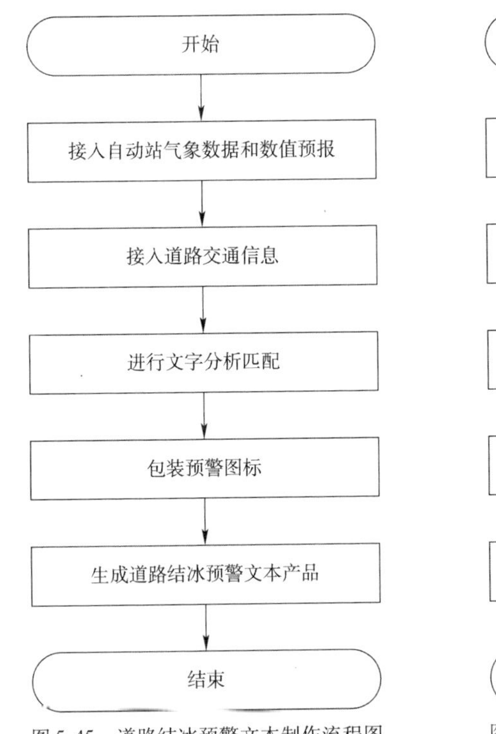


图 5-45 道路结冰预警文本制作流程图

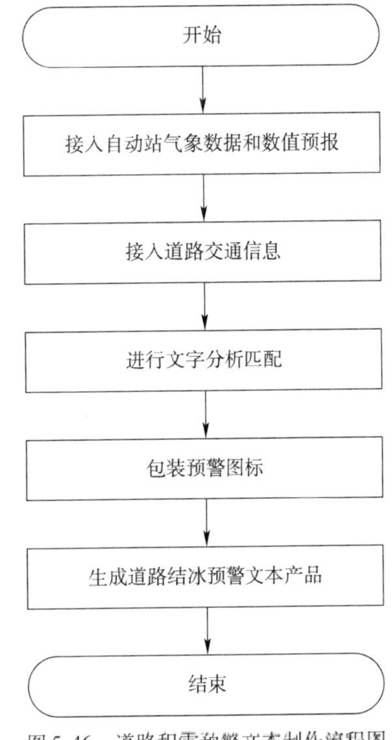


图 5-46 道路积雪预警文本制作流程图

③主要数据模型(表 5-32)。

**道路积雪预警文本数据模型列表** 表 5-32

| 表名 | 名　称 | 代　码 | 数据类型 | 非空字段 |
|---|---|---|---|---|
| 预警基础信息表 | 预警名称 | ALMNAME | VARCHAR2(50) | NOT NULL |
| | 图标路径 | ICONPATH | VARCHAR2(256) | NOT NULL |
| | 预警种类 | ALMTYPE | VARCHAR2(30) | NOT NULL |
| | 预警级别 | ALMLVL | VARCHAR2(20) | NOT NULL |
| | 标准描述 | STANDARD | VARCHAR2(256) | NOT NULL |
| | 预防方法 | PREVENTIVE | VARCHAR2(50) | NOT NULL |
| 预警信息表 | 预警编码 | ALMID | VARCHAR2(50) | NOT NULL |
| | 预警种类 | ALMTYPE | VARCHAR2(30) | NOT NULL |
| | 预警级别 | ALMLVL | VARCHAR2(20) | NOT NULL |
| | 发布时间 | PTIME | DATE | NOT NULL |
| | 预防措施 | YFCS | VARCHAR2(100) | NOT NULL |
| | 预警内容 | CONTENT | VARCHAR2(300) | NOT NULL |
| | 预警解除时间 | RELVTIME | DATE | NOT NULL |

(8)交通干线积雪预警指数等级划分产品制作。

①功能描述。

交通干线积雪预报预警子系统通过物联网支持平台分别接入气象自动站观测数据、数值预报产品,得出市区积雪数据,然后结合道路交通信息进行加权计算,综合评价得出积雪指数。再将得到的指数匹配文字和预警图标信息,加入到已有配置模板加工生成积雪预警指数等级划分产品。

②处理流程(图5-47)。

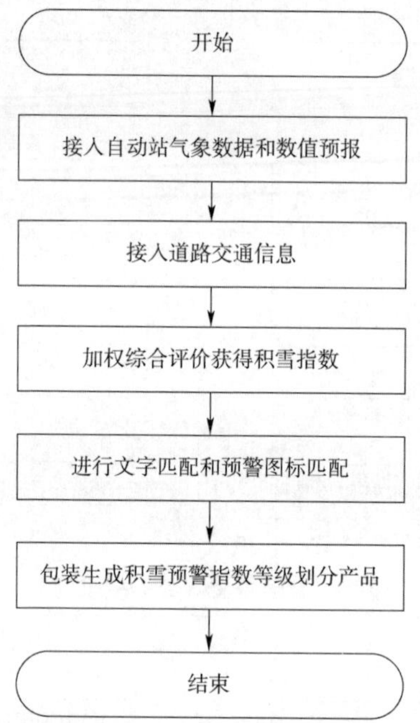


图5-47　积雪预警指数等级划分产品制作流程图

③主要数据模型(表5-33)。

**交通干线积雪预警指数等级划分产品数据模型列表**　　表5-33

| 表名 | 名　称 | 代　码 | 数据类型 | 非空字段 |
|---|---|---|---|---|
| 积雪指数等级划分基础信息表 | 积雪指数编号 | IDXID | NUMBER(10) | NOT NULL |
| | 指数等级级别 | FCLVL | NUMBER(1) | NOT NULL |
| | 时间 | PTIME | DATE | NOT NULL |
| | 指数等级标准 | IDLEXP | VARCHAR2(100) | NOT NULL |
| | 积雪指数等级图标路径 | IDXICONPATH | VARCHAR2(100) | NOT NULL |
| | 积雪指数等级文字说明 | IDXDESC | VARCHAR2(100) | NOT NULL |
| | 预报发布方式 | PType | VARCHAR2(2) | NOT NULL |

续上表

| 表名 | 名　称 | 代　码 | 数据类型 | 非空字段 |
|---|---|---|---|---|
| 积雪预警等级划分产品表 | 编号 | ID | NUMBER(10) | NOT NULL |
| | 积雪预警等级 | FCLVL | NUMBER(1) | NOT NULL |
| | 发布时间 | PTIME | DATE | NOT NULL |
| | 产品文件名 | PFILENAME | VARCHAR2(256) | NOT NULL |
| | 产品文件相对路径 | PFILEPATH | VARCHAR2(256) | NOT NULL |

(9)交通干线结冰预警指数等级划分产品制作。

①功能描述。

交通干线积雪、结冰预报预警子系统通过物联网支持平台分别接入气象自动站观测数据、数值预报产品，提取出气温低于0℃的数据和降水数据，然后结合道路交通信息进行加权计算，综合评价得出结冰指数。再将得到的指数匹配文字和预警图标信息，加入到已有配置模板加工生成结冰预警指数等级划分产品。

②处理流程(图5-48)。

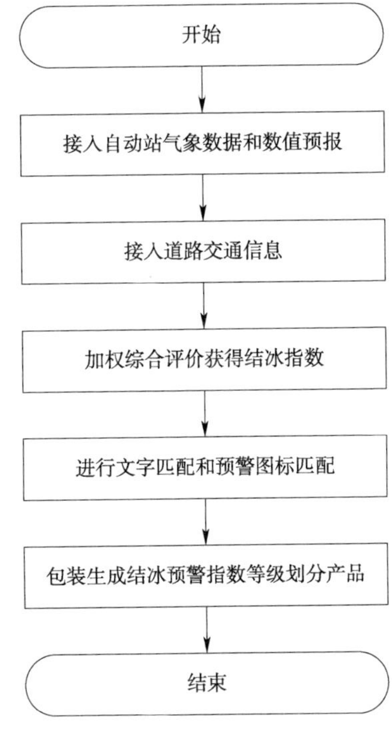


图5-48　结冰预警指数等级划分产品制作流程图

③主要数据模型(表5-34)。

交通干线结冰预警指数等级划分产品数据模型列表　　表5-34

| 表名 | 名　称 | 代　码 | 数据类型 | 非空字段 |
|---|---|---|---|---|
| 结冰指数等级划分基础信息表 | 结冰指数编号 | IDXID | NUMBER(10) | NOT NULL |
| | 指数等级级别 | FCLVL | NUMBER(1) | NOT NULL |
| | 时间 | PTIME | DATE | NOT NULL |
| | 指数等级标准 | IDLEXP | VARCHAR2(100) | NOT NULL |
| | 结冰指数等级图标路径 | IDXICONPATH | VARCHAR2(100) | NOT NULL |
| | 结冰指数等级文字说明 | IDXDESC | VARCHAR2(100) | NOT NULL |
| | 预报发布方式 | PType | VARCHAR2(2) | NOT NULL |
| 结冰预警等级划分产品表 | 编号 | ID | NUMBER(10) | NOT NULL |
| | 结冰预警等级 | FCLVL | NUMBER(1) | NOT NULL |
| | 发布时间 | PTIME | DATE | NOT NULL |
| | 产品文件名 | PFILENAME | VARCHAR2(256) | NOT NULL |
| | 产品文件相对路径 | PFILEPATH | VARCHAR2(256) | NOT NULL |

(10)产品展示。

①功能描述。

在界面展示本子系统生成的产品,使用不同的界面展示相应的产品,对于文本产品则显示文本内容,使用GIS终端展示GIS图层产品以及地图底图。首先根据不同的产品进入不同的显示界面,获取产品信息,将产品显示在界面上。交通干线积雪、结冰预报预警子系统中以文本展示的产品包括:未来3h逐小时路面结冰文本产品、未来3h逐小时路面积雪文本产品、道路结冰预警文本产品、道路积雪预警文本产品、交通干线积雪预警指数等级划分产品、交通干线结冰预警指数等级划分产品。以GIS终端展示的产品包括:未来3h逐小时路面结冰色斑图产品、未来3h逐小时路面积雪色斑图产品。

②处理流程(图5-49)。

③主要数据模型。

参见本子系统中各类产品设计的主要数据模型。

(11)气象服务产品加工业务平台扩展接口。

①功能描述。

气象服务产品加工业务平台是以插件的形式提供扩展的。交通干线积雪、结

冰预报预警子系统按照插件的规则实现注册接口，首先获取插件主体程序句柄，保存主体程序服务接口用来使用主体程序提供的服务接口，构建插件描述信息以及接口，调用主体程序的注册接口完成插件的注册。本子系统中实现了各类产品制作相应的接口以及插件的创建、销毁接口。实现的接口包括：未来3h逐小时路面结冰文本产品制作接口、未来3h逐小时路面积雪文本产品制作接口、未来3h逐小时路面结冰色斑图产品制作接口、未来3h逐小时路面积雪色斑图产品制作接口、交通干线积雪预警指数等级划分产品制作接口、交通干线结冰预警指数等级划分产品制作接口、道路结冰预警文本制作接口、道路积雪预警文本制作接口、产品展示接口。

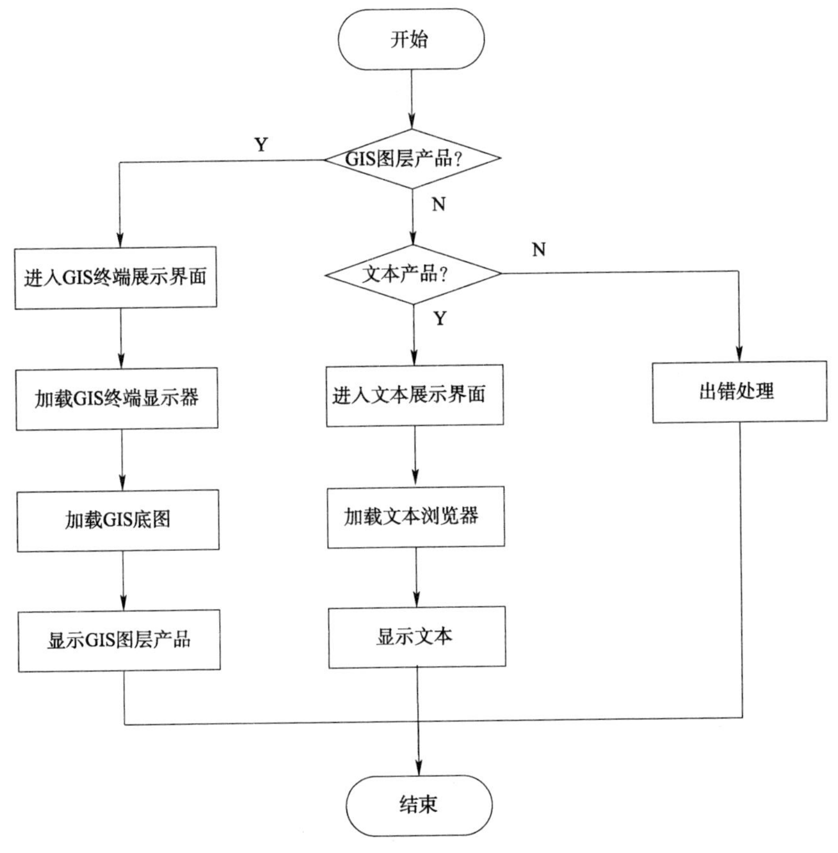


图5-49 交通干线积雪结冰预报预警子系统产品展示流程图

②处理流程（图5-50）。

③主要数据模型（表5-35）。

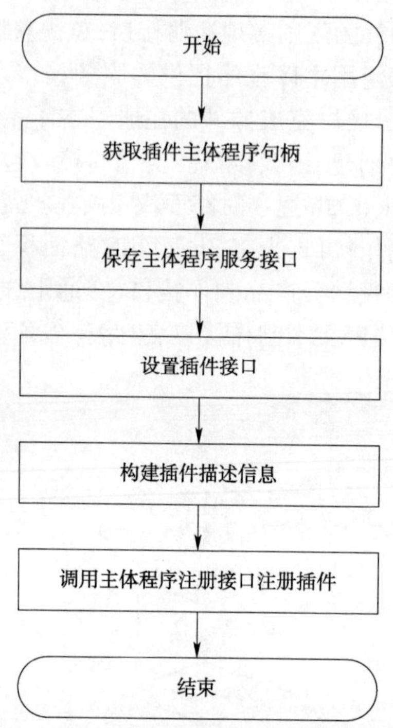


图 5-50　交通干线积雪结冰预报预警子系统插件注册流程图

**交通干线积雪、结冰预报预警子系统插件数据模型列表**　　表 5-35

| 表名 | 名　称 | 代　码 | 数据类型 | 非空字段 |
|---|---|---|---|---|
| 插件信息表 | 名称 | NAME | VARCHAR(64) | NOT NULL |
| | 版本 | VERSION | VARCHAR(8) | NOT NULL |
| | 创建插件接口 | CREATEFUNC | VARCHAR(32) | NOT NULL |
| | 销毁插件接口 | CESTROYFUNC | VARCHAR(32) | NOT NULL |
| | 主体程序服务接口 | SERVICEFUNC | VARCHAR2(32) | NOT NULL |
| | 插件注册接口 | REGISTERFUNC | VARCHAR2(32) | NOT NULL |
| | 插件描述信息 | DESC | VARCHAR2(100) | NOT NULL |

7)交通沿线大风(侧向风)预报预警子系统

(1)功能结构设计。

交通沿线大风(侧向风)预报预警子系统主要功能是完成交通沿线大风(侧向风)相关预报预警产品的制作。气象服务产品库提供交通沿线大风观测数据以及预报预警数据,本子系统对风场数据进行处理后形成各类产品。经过对需求的分析,每种产品都有着各自的特点及制作方法,按照产品种类将系统分为如下模块:交通沿线

大风预警产品制作、交通沿线大风预报产品制作、大风预警指数等级划分产品制作、产品展示、气象服务产品加工业务平台扩展接口。功能结构图,如图5-51所示。

(2)交通沿线大风预警产品制作。

①功能描述。

交通沿线大风预警产品是结合卫星大雾的级别和预警基础信息生成的文本信息。首先从物联网支持平台获取交通沿线大风预警级别,根据级别查询预警基础信息,将预警标准描述、预防办法等信息与卫星大雾预警文本模板内容相结合,为交通沿线不同的路段生成相应的预警信息。预留人工编辑接口,可以实现对预警信息的完善。

②处理流程(图5-52)。

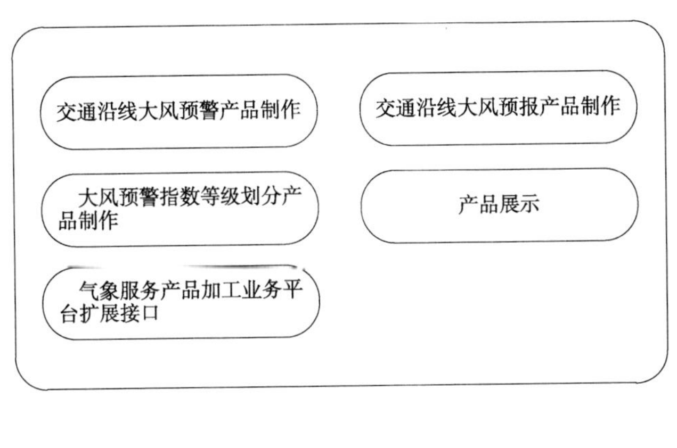


图5-51 交通沿线大风(侧向风)预报预警子系统功能结构图

开始
↓
获取交通沿线大风预警级别
↓
获取相应级别的预警基础信息
↓
获取大风预警产品模板信息
↓
生成不同路段的预警信息
↓
结束

图5-52 交通沿线大风预警产品制作流程图

③主要数据模型(表5-36)。

交通沿线大风预警产品数据模型列表 表5-36

| 表名 | 名 称 | 代 码 | 数据类型 | 非空字段 |
|---|---|---|---|---|
| 预警基础信息表 | 预警名称 | ALMNAME | VARCHAR2(50) | NOT NULL |
| | 图标路径 | ICONPATH | VARCHAR2(256) | NOT NULL |
| | 预警种类 | ALMTYPE | VARCHAR2(30) | NOT NULL |
| | 预警级别 | ALMLVL | VARCHAR2(20) | NOT NULL |
| | 标准描述 | STANDARD | VARCHAR2(256) | NOT NULL |
| | 预防方法 | PREVENTIVE | VARCHAR2(50) | NOT NULL |

续上表

| 表名 | 名　称 | 代　码 | 数据类型 | 非空字段 |
|---|---|---|---|---|
| 交通沿线预警信息表 | 路段 ID | ROADID | VARCHAR2(50) | NOT NULL |
| | 预警编码 | ALMID | VARCHAR2(50) | NOT NULL |
| | 预警种类 | ALMTYPE | VARCHAR2(30) | NOT NULL |
| | 预警级别 | ALMLVL | VARCHAR2(20) | NOT NULL |
| | 发布时间 | PTIME | DATE | NOT NULL |
| | 预防措施 | YFCS | VARCHAR2(100) | NOT NULL |
| | 预警内容 | CONTENT | VARCHAR2(300) | NOT NULL |
| | 预警解除时间 | RELVTIME | DATE | NOT NULL |

(3)交通沿线大风预报产品制作。

①功能描述。

交通沿线大风预报产品是符合交通带状分布的色斑图产品,用不同的颜色表示不同路段的风速等级。首先从物联网支持平台获取风场预报数据,按照国家风速等级标准计算不同级别,为不同级别配置不同的颜色,生成风场图层信息并结合道路 GIS 地理信息生成交通带状交通沿线大风预报产品图层。

②处理流程(图 5-53)。

③主要数据模型(表 5-37)。

**交通沿线大风预报产品数据模型列表**　　表 5-37

| 表名 | 名　称 | 代　码 | 数据类型 | 非空字段 |
|---|---|---|---|---|
| 交通沿线大风预报产品表 | 产品编号 | PRODID | NUMBER(10) | NOT NULL |
| | 生成时间 | BEGINTIME | DATE | NOT NULL |
| | 预报时次 | INITTIME | DATE | NOT NULL |
| | 预报时效 | FTIME | CHAR(5) | NOT NULL |
| | 图层文件相对路径 | FILEPATH | VARCHAR2(256) | NOT NULL |
| | 图层文件名 | FILENAME | VARCHAR2(256) | NOT NULL |

(4)大风预警指数等级划分产品制作。

①功能描述。

大风预警指数等级划分产品是结合卫星大风预警指数级别和大风预警指数基础信息生成的文本信息。首先从物联网支持平台获取大风预警指数级别,根据级别查询大风预警指数基础信息,将大风预警指数基础信息与大风预警指数等级相关联并生成大风预警指数等级划分信息产品。

②处理流程(图5-54)。

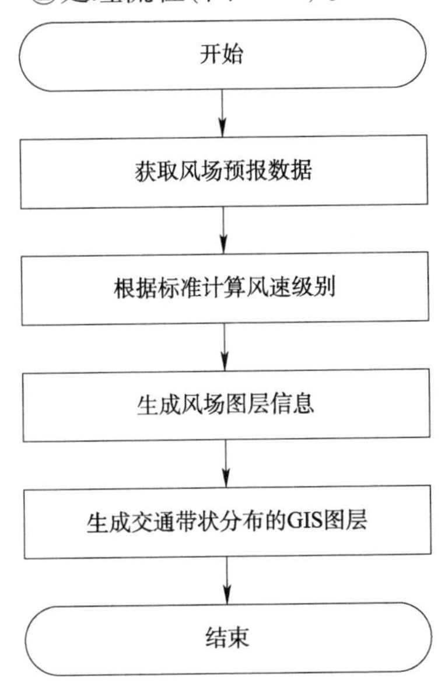


图5-53 交通沿线大风预报产品制作流程图

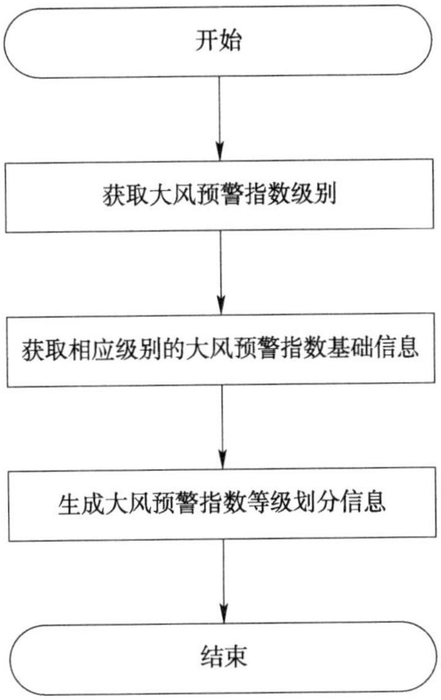

开始

获取大风预警指数级别

获取相应级别的大风预警指数基础信息

生成大风预警指数等级划分信息

结束

图5-54 大风预警指数等级划分产品制作流程图

③主要数据模型(表5-38)。

**大风预警指数等级划分产品数据模型列表** 表5-38

| 表名 | 名　称 | 代　码 | 数据类型 | 非空字段 |
|---|---|---|---|---|
| 大风预警指数基础信息表 | 大风预警能见度指数ID | IDXID | NUMBER(10) | NOT NULL |
| | 预报级别 | FCLVL | NUMBER(1) | NULL |
| | 预报时间 | PTIME | DATE | NULL |
| | 预报等级标准 | IDLEXP | VARCHAR2(100) | NULL |
| | 大风预警指数图标路径 | IDXICONPATH | VARCHAR2(100) | NULL |
| | 大风预警指数文字说明 | IDXDESC | VARCHAR2(100) | NULL |
| 大风预警指数等级划分信息表 | 路段ID | ROADID | NUMBER(50) | NOT NULL |
| | 大风预警指数ID | IDXID | NUMBER(10) | NOT NULL |
| | 预报发布时间 | PTIME | DATE | NOT NULL |
| | 预报发布方式 | PType | VARCHAR2(2) | NOT NULL |

(5)产品展示。

①功能描述。

在界面展示本子系统生成的产品,使用不同的界面展示相应的产品,对于文本产品则显示文本内容，使用 GIS 终端展示 GIS 图层产品以及地图底图。首先根据不同的产品进入不同的显示界面，获取产品信息，将产品显示在界面上。交通沿线大风（侧向风）预报预警子系统中以文本展示的产品包括：交通沿线大风预警产品、大风预警指数等级划分产品。以 GIS 终端展示的产品为交通沿线大风预报产品。

②处理流程（图 5-55）。

③主要数据模型。

参见本子系统中各类产品设计的主要数据模型。

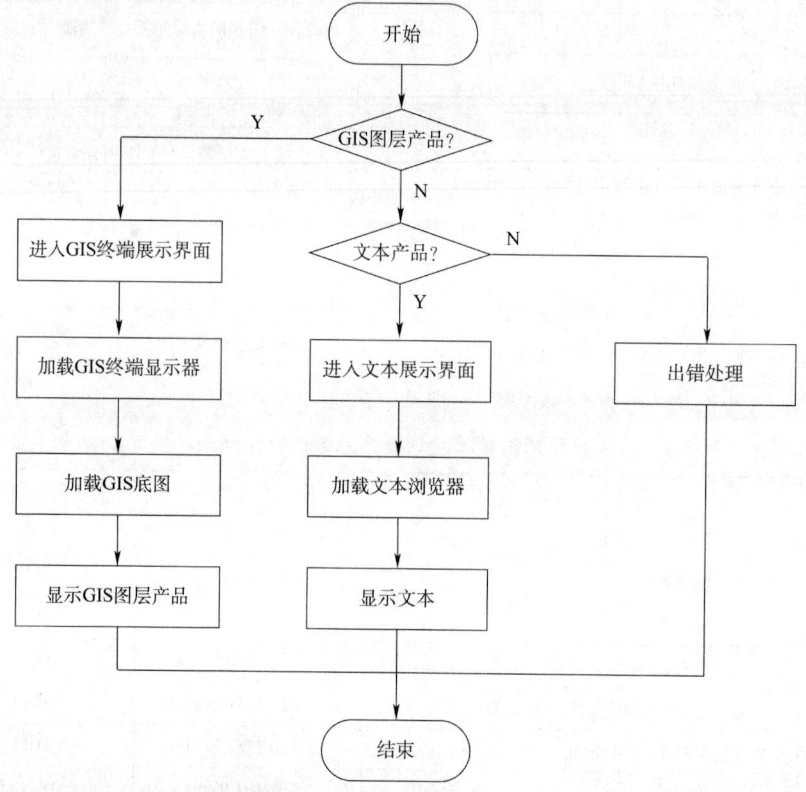


图 5-55　交通沿线大风（侧向风）预报预警子系统产品展示流程图

（6）气象服务产品加工业务平台扩展接口。

①功能描述。

气象服务产品加工业务平台是以插件的形式提供扩展的。交通沿线大风（侧向风）预报预警子系统按照插件的规则实现注册接口，首先获取插件主体程序句柄，保存主体程序服务接口用来使用主体程序提供的服务接口，构建插件描述信息以及接口，调用主体程序的注册接口完成插件的注册。交通沿线大风（侧向风）预

报预警子系统中需要实现交通沿线大风预警产品制作接口、交通沿线大风预报产品制作接口、大风预警指数等级划分产品制作接口以及产品展示接口，同时需要实现插件的创建、销毁接口。

②处理流程（图5-56）。

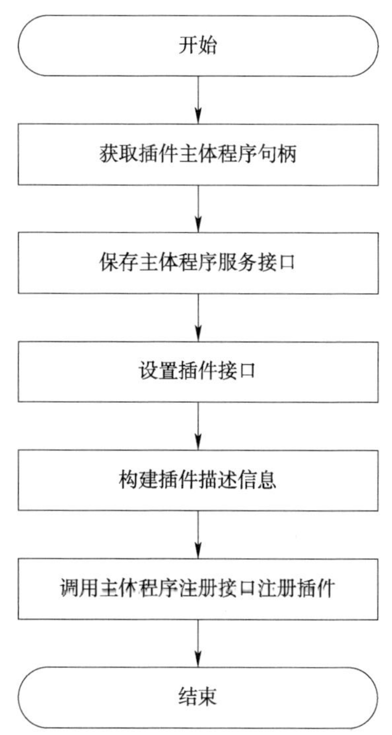


图5-56　交通沿线大风（侧向风）预报预警子系统插件注册流程图

③主要数据模型（表5-39）。

交通沿线大风（侧向风）预报预警子系统数据模型列表　　表5-39

| 表名 | 名　称 | 代　码 | 数据类型 | 非空字段 |
|---|---|---|---|---|
| 插件信息表 | 名称 | NAME | VARCHAR(64) | NOT NULL |
| | 版本 | VERSION | VARCHAR(8) | NOT NULL |
| | 创建插件接口 | CREATEFUNC | VARCHAR(32) | NOT NULL |
| | 销毁插件接口 | CESTROYFUNC | VARCHAR(32) | NOT NULL |
| | 主体程序服务接口 | SERVICEFUNC | VARCHAR2(32) | NOT NULL |
| | 插件注册接口 | REGISTERFUNC | VARCHAR2(32) | NOT NULL |
| | 插件描述信息 | DESC | VARCHAR2(100) | NOT NULL |

8)交通干线路面摩擦系数预报子系统

(1)功能结构设计。

交通干线路面摩擦系数预报子系统主要功能是完成交通干线路面摩擦系数预报模型的建立、摩擦系数指数等级划分产品的制作和高速公路不同荷载下的限制车速产品制作、产品展示、气象服务产品价格业务平台扩展接口。气象服务产品库提供路面摩擦系数、路面积滞水、结冰、积冰、温度、相对湿度等观测数据,将这些数据输入路面摩擦系统预报模型,经过对天气、路面温度、轮胎状态、路面磨损与摩擦系数分析,计算得出实际的摩擦系数。根据车辆荷载与摩擦系数计算出限制车速以及制作摩擦系数指数等级划分产品和高速公路不同荷载下的限制车速产品。功能结构图,如图5-57。

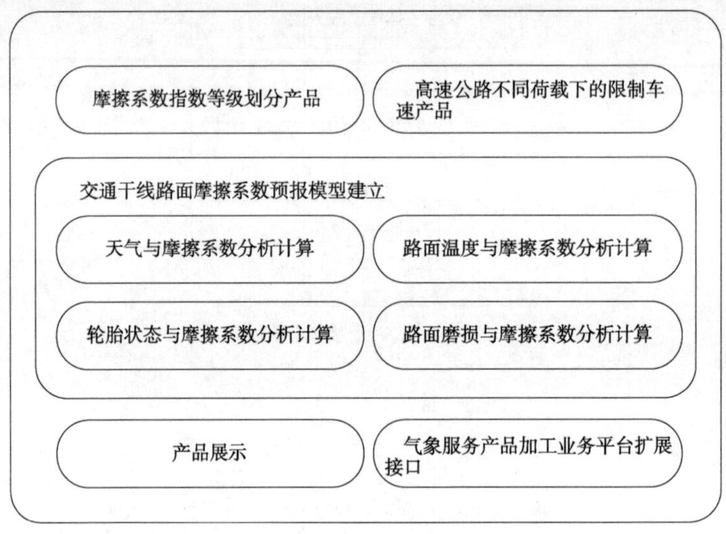


图5-57　交通干线路面摩擦系数预报子系统功能结构图

(2)交通干线路面摩擦系数预报模型计算。

①功能描述。

利用物联网支持平台提供的气象观测数据和预报数据,建立了交通干线路面摩擦系数预报模型,利用该模型能够计算出各个路段在某气象条件下的摩擦系数。

该模型综合考虑了天气因素(包括潮湿、积水、结冰等天气因素)、路面温度、轮胎状态、路面磨损情况对摩擦系数的影响。首先分别计算在各个因素的影响下的摩擦系数值,对各个因素计算结果配备不同的权重系数,最后综合各种因素的结果计算得出实际的摩擦系数。

②处理流程(图 5-58)。

③主要数据模型(表 5-40)。

交通干线路面摩擦系数预报制作数据模型列表　　表 5-40

| 表名 | 名　称 | 代　码 | 数据类型 | 非空字段 |
|---|---|---|---|---|
| 交通干线摩擦系数信息表 | 路段编码 | ROADID | VARCHAR2(50) | NOT NULL |
| | 预报时间 | INITTIME | DATE | NOT NULL |
| | 预报时效 | FTIME | DATE | NOT NULL |
| | 摩擦系数 | MCXS | NUMBER(4) | NOT NULL |

(3)高速公路不同荷载下的限制车速产品制作。

①功能描述。

高速公路不同荷载下的限制车速产品是使用不同的颜色表示出高速公路上不同限速的色斑图。获取高速公路对应的摩擦系数预报数据,计算不同路段在一定荷载下的限速并生成图层信息,最后生成交通带状分布特点的 GIS 图层。

②处理流程(图 5-59)。

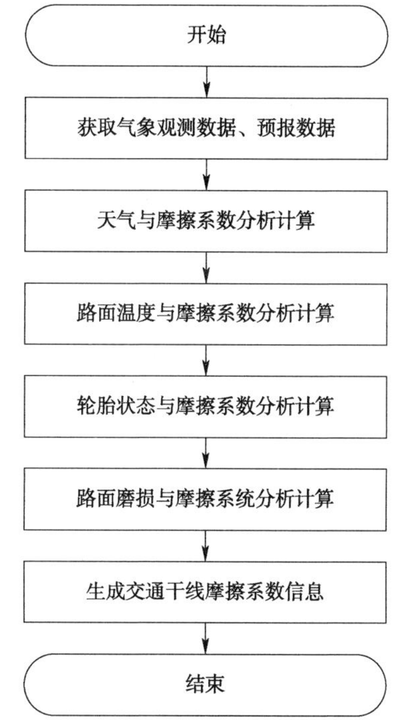


图 5-58　交通干线路面摩擦系数预报模型计算流程图

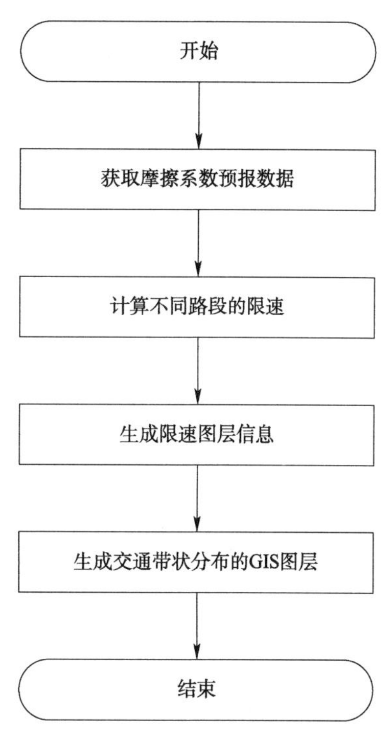


图 5-59　限制车速产品制作流程图

③主要数据模型(表5-41)。

高速公路不同荷载下的限制车速产品数据模型列表　　表5-41

| 表名 | 名　称 | 代　码 | 数据类型 | 非空字段 |
|---|---|---|---|---|
| 高速公路摩擦系数及限制车速信息表 | 路段ID | ROADID | VARCHAR2(50) | NOT NULL |
| | 预报时间 | INITTIME | DATE | NOT NULL |
| | 预报时效 | FTIME | DATE | NOT NULL |
| | 荷载 | HZZL | NUMBER(4) | NOT NULL |
| | 图层文件相对路径 | FILEPATH | VARCHAR2(256) | NOT NULL |
| | 图层文件名 | FILENAME | VARCHAR2(256) | NOT NULL |

(4)摩擦系数指数等级划分产品制作。

①功能描述。

摩擦系数指数等级划分产品是按照需求中描述的摩擦系数与摩擦指数等级划分关系,计算出不同路段相应的摩擦系数等级。获取各路段摩擦系数数据,根据摩擦系数指数基础信息,将摩擦系数指数基础信息与摩擦系数指数等级相关联并生成摩擦系数指数等级划分信息。

②处理流程(图5-60)。

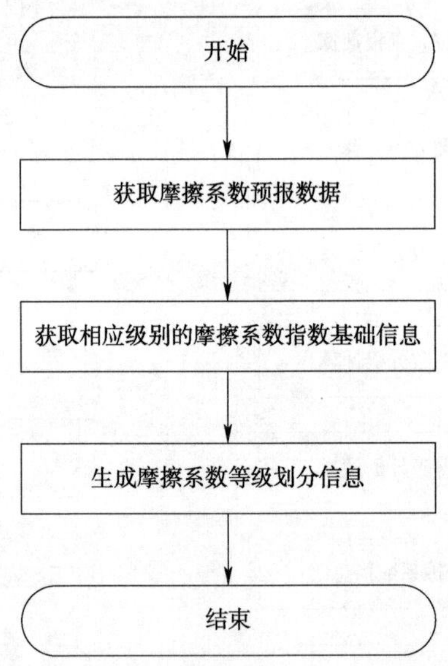


图5-60　摩擦系数指数等级划分产品制作流程图

③主要数据模型(表5-42)。

**摩擦系数指数等级划分产品数据模型列表** 表 5-42

| 表名 | 名　称 | 代　码 | 数据类型 | 非空字段 |
|---|---|---|---|---|
| 摩擦系数指数基础信息表 | 摩擦系数指数 ID | IDXID | NUMBER(10) | NOT NULL |
| | 预报级别 | FCLVL | NUMBER(1) | NULL |
| | 预报时间 | PTIME | DATE | NULL |
| | 预报等级标准 | IDLEXP | VARCHAR2(100) | NULL |
| | 摩擦系数指数图标路径 | IDXICONPATH | VARCHAR2(100) | NULL |
| | 摩擦系数指数文字说明 | IDXDESC | VARCHAR2(100) | NULL |
| 摩擦系数指数等级划分信息表 | 路段 ID | ROADID | NUMBER(50) | NOT NULL |
| | 荷载 | HEIZAI | NUMBER(10) | NOT NULL |
| | 摩擦系数指数 ID | IDXID | NUMBER(10) | NOT NULL |
| | 预报发布时间 | PTIME | DATE | NOT NULL |
| | 预报发布方式 | PType | VARCHAR2(2) | NOT NULL |

(5)产品展示。

①功能描述。

在界面展示本子系统生成的产品,使用不同的界面展示相应的产品,首先根据不同的产品进入不同的显示界面,获取产品信息,将产品显示在界面上。交通干线路面摩擦系数预报子系统中,摩擦系数指数等级划分产品以文本形式展示,高速公路不同荷载下的限制车速产品则是以 GIS 图层进行终端展示。

②处理流程(图 5-61)。

③主要数据模型。

参见本子系统中各类产品设计的主要数据模型。

(6)气象服务产品加工业务平台扩展接口。

①功能描述。

气象服务产品加工业务平台是以插件的形式提供扩展的。交通干线路面摩擦系数预报子系统按照插件的规则实现注册接口,首先获取插件主体程序句柄,保存主体程序服务接口用来使用主体程序提供的服务接口,构建插件描述信息以及接口,调用主体程序的注册接口完成插件的注册。本子系统中实现了高速公路不同荷载下的限制车速产品制作接口和摩擦系数指数等级划分产品制作接口,同时实现插件的创建、销毁接口。

②处理流程(图 5-62)。

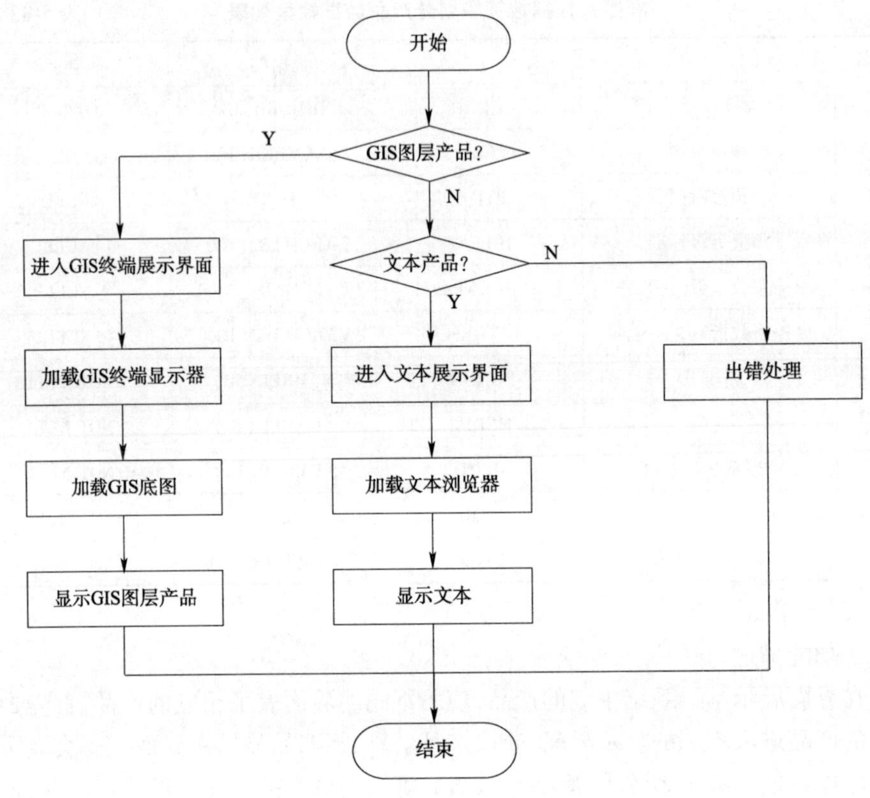


图5-61　交通干线路面摩擦系数预报子系统产品展示流程图

③主要数据模型(表5-43)。

交通干线路面摩擦系数预报子系统插件数据模型列表　　表5-43

| 表名 | 名　称 | 代　码 | 数据类型 | 非空字段 |
|---|---|---|---|---|
| 插件信息表 | 名称 | NAME | VARCHAR(64) | NOT NULL |
| | 版本 | VERSION | VARCHAR(8) | NOT NULL |
| | 创建插件接口 | CREATEFUNC | VARCHAR(32) | NOT NULL |
| | 销毁插件接口 | CESTROYFUNC | VARCHAR(32) | NOT NULL |
| | 主体程序服务接口 | SERVICEFUNC | VARCHAR2(32) | NOT NULL |
| | 插件注册接口 | REGISTERFUNC | VARCHAR2(32) | NOT NULL |
| | 插件描述信息 | DESC | VARCHAR2(100) | NOT NULL |

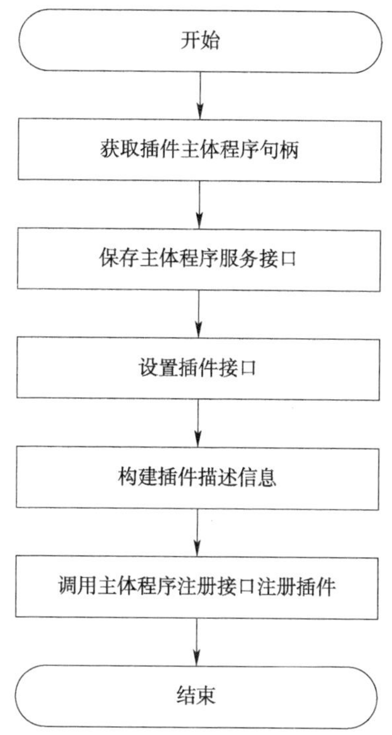


图 5-62　交通干线路面摩擦系数预报子系统插件注册流程图

9)交通干线路面温度预报子系统

(1)功能结构设计。

交通干线积水深度预报预警子系统主要利用自动站气象实时观测数据、地面观测实况、数值预报产品,分析得出各个交通站点路面温度预报数据信息,然后行以文字形式和图像形式进行处理,最终得出各个路面温度预报产品。交通干线路面温度预报子系统功能结构,如图 5-63 所示。

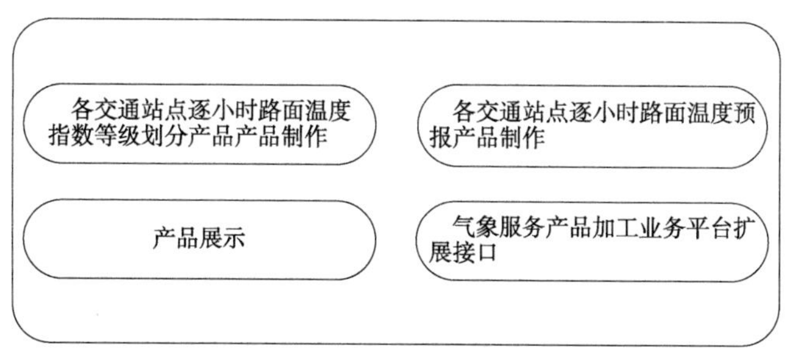


图 5-63　交通干线路面温度预报子系统功能结构图

(2)各交通站点逐小时路面温度预报产品制作。

①功能描述。

交通干线积雪、结冰预报预警子系统分别接入气象自动站观测数据、数值预报产品,综合分析提取出逐小时路面温度预报数据,然后将温度预报数据以文字形式进行处理,结合现有产品模板加工生成逐小时各交通站点路面温度预报产品。

②处理流程(图5-64)。

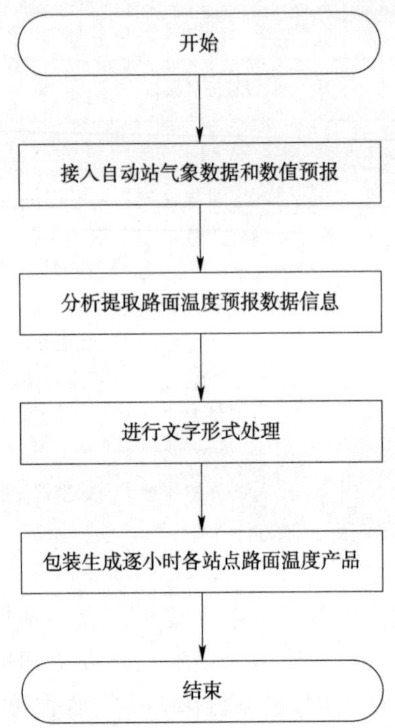


图5-64　交通站点逐小时路面温度预报产品制作流程图

③主要数据模型(表5-44)。

交通站点逐小时路面温度预报产品数据模型列表　　表5-44

| 表名 | 名　称 | 代　码 | 数据类型 | 非空字段 |
| --- | --- | --- | --- | --- |
| 预报文本产品产品表 | 产品编号 | PRODID | NUMBER(10) | NOT NULL |
| | 预报时间 | BEGINTIME | DATE | NOT NULL |
| | 预报类型 | PTYPE | VRACHAR2(2) | NOT NULL |
| | 文本文件相对路径 | FILEPATH | VARCHAR2(256) | NOT NULL |
| | 文本文件名 | FILENAME | VARCHAR2(256) | NOT NULL |

续上表

| 表名 | 名　　称 | 代　　码 | 数据类型 | 非空字段 |
|---|---|---|---|---|
| 预报基础信息表 | 编号 | ID | NUMBER(10) | NOT NULL |
| | 预报类型 | PTYPE | VRACHAR2(2) | NOT NULL |
| | 预报标准描述 | PDESCRIP | VARCHAR2(256) | NOT NULL |
| | 图标路径 | PICOPATH | VARCHAR2(256) | NOT NULL |

(3)各交通站点逐小时路面温度指数等级划分产品制作。

①功能描述。

交通干线路面温度预报子系统通过物联网支持平台分别接入气象自动站观测数据、数值预报产品,分析提取出逐小时路面温度预报数据,然后结合道路交通信息进行加权计算,综合评价得出路面温度指数。再将得到的指数匹配文字信息加入到产品制作模板,加工生成路面温度指数等级划分产品。

②处理流程(图5-65)。

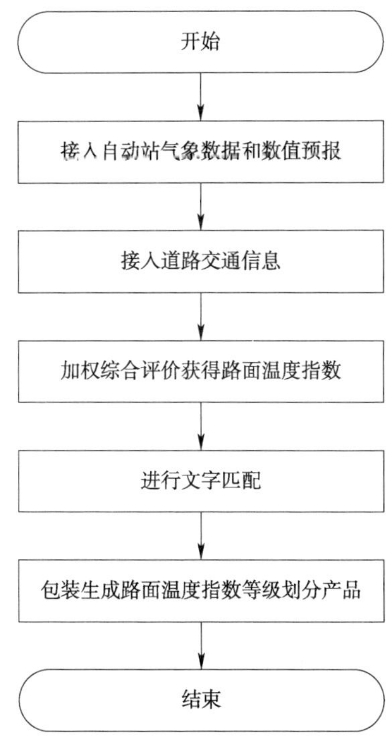


图5-65　交通站点逐小时路面温度指示等级划分产品制作流程图

③主要数据模型(表5-45)。

各交通站点逐小时路面温度指数等级划分产品数据模型列表　　表5-45

| 表名 | 名　称 | 代　码 | 数据类型 | 非空字段 |
|---|---|---|---|---|
| 路面温度指数等级划分基础信息表 | 路面温度指数编号 | IDXID | NUMBER(10) | NOT NULL |
| | 指数等级级别 | FCLVL | NUMBER(1) | NOT NULL |
| | 时间 | PTIME | DATE | NOT NULL |
| | 指数等级标准 | IDLEXP | VARCHAR2(100) | NOT NULL |
| | 结冰指数等级图标路径 | IDXICONPATH | VARCHAR2(100) | NOT NULL |
| | 结冰指数等级文字说明 | IDXDESC | VARCHAR2(100) | NOT NULL |
| | 预报发布方式 | PType | VARCHAR2(2) | NOT NULL |
| 路面温度等级划分产品表 | 编号 | ID | NUMBER(10) | NOT NULL |
| | 路面温度等级 | FCLVL | NUMBER(1) | NOT NULL |
| | 发布时间 | PTIME | DATE | NOT NULL |
| | 产品文件名 | PFILENAME | VARCHAR2(256) | NOT NULL |
| | 产品文件相对路径 | PFILEPATH | VARCHAR2(256) | NOT NULL |

(4)产品展示。

①功能描述。

交通干线路面温度预报子系统的产品主要是文本形式，在界面展示本子系统生成的产品，根据不同的产品进入不同的显示界面，分别获取产品信息，将各交通站点逐小时路面温度预报产品、各交通站点逐小时路面温度指数等级划分产品以文本形式显示在界面上。

②处理流程(图5-66)。

③主要数据模型。

参见本子系统中各类产品设计的主要数据模型。

(5)气象服务产品加工业务平台扩展接口。

①功能描述。

气象服务产品加工业务平台是以插件的形式提供扩展的。交通干线路面温度预报子系统按照插件的规则实现注册接口，首先获取插件主体程序句柄，保存主体程序服务接口用来使用主体程序提供的服务接口，构建插件描述信息以及接口，调用主体程序的注册接口完成插件的注册。本子系统中需要实现各交通站点逐小时路面温度预报产品制作接口，各交通站点逐小时路面温度指数等级划分产品制作接口，插件的创建、销毁接口。

②处理流程(图5-67)。

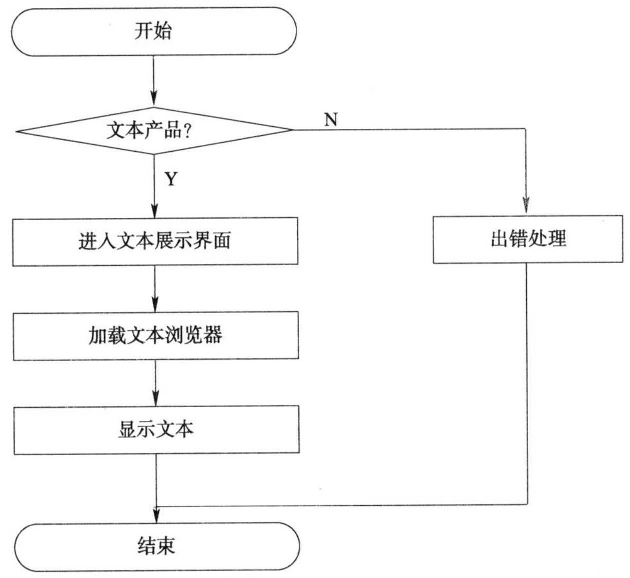


图 5-66 交通干线路面温度预报产品展示流程图

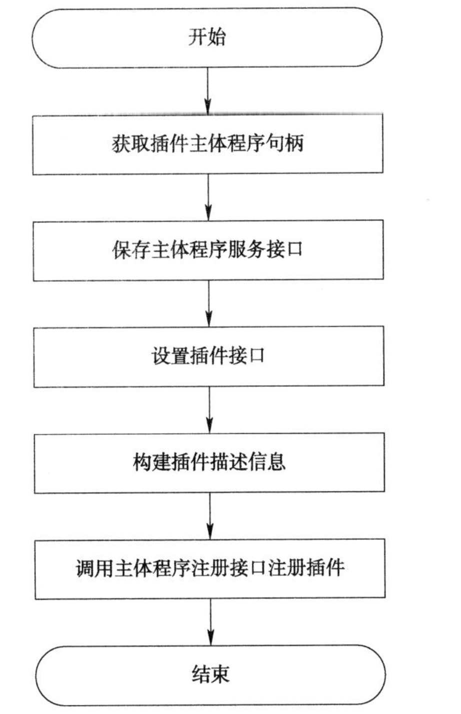


图 5-67 交通干线路面温度预报子系统插件注册流程图

③主要数据模型(表5-46)。

交通干线路面温度预报子系统插件数据模型列表　　　　表5-46

| 表名 | 名　称 | 代　码 | 数据类型 | 非空字段 |
|---|---|---|---|---|
| 插件信息表 | 名称 | NAME | VARCHAR(64) | NOT NULL |
| | 版本 | VERSION | VARCHAR(8) | NOT NULL |
| | 创建插件接口 | CREATEFUNC | VARCHAR(32) | NOT NULL |
| | 销毁插件接口 | CESTROYFUNC | VARCHAR(32) | NOT NULL |
| | 主体程序服务接口 | SERVICEFUNC | VARCHAR2(32) | NOT NULL |
| | 插件注册接口 | REGISTERFUNC | VARCHAR2(32) | NOT NULL |
| | 插件描述信息 | DESC | VARCHAR2(100) | NOT NULL |

## 5.3 关键技术及创新点

道路交通气象信息预报系统首次为道路交通提供专业的气象预报,系统利用北京市交通委提供的路网图层,加工制作的个性化产品交通干线积水深度预报预警信息,交通干线积雪、结冰预报预警信息,交通干线能见度预报预警信息,交通干线大风(侧向风)预报预警信息,交通干线路面摩擦系数预报信息,为提升北京市整体交通安全应急处置能力,为极端天气下对全市交通事故发生风险的安全防范、全市交通突发事故应急指挥辅助决策支持和对全市交通安全应急保障资源快速统筹调度提供有力的专业支撑服务。

交通干线积水深度预报算法:

利用气象局提供的105区域图层数据进行拓扑计算,获得各区域内的站点数据,对区域内的站点数据进行加权平均计算,获得各区域的积水深度值,生成105区域范围内的色斑图层数据,按照颜色分级标准生成PNG图片。

通过资料获取到的道面自动站数据和路网数据,得出整个道路积水数据,然后结合交通道路相关信息对积水数据进行表面分析和插值计算面状图层,并同时调用产品配色管理进行颜色渲染,匹配预警配置信息,生成道路积水风险指数预报GIS图层,得到预报图产品。算法如下:

### 5.3.1 基本控制方程

模型以城市地表与明渠河道水流运动为主要模拟对象,基本控制方程以平面二维非恒定流的基本方程为骨架。同时,针对小于离散网格尺度的排水渠涌或河道,在二维模型中结合采用了一维明渠非恒定流方程的算法。

二维非恒定流基本方程如下:

连续方程

$$\frac{\partial H}{\partial t}+\frac{\partial M}{\partial x}+\frac{\partial N}{\partial y}=q \tag{5-1}$$

动量方程

$$\frac{\partial M}{\partial t}+\frac{\partial(uM)}{\partial x}+\frac{\partial(vM)}{\partial y}+gH\frac{\partial Z}{\partial x}+g\frac{n^2u\sqrt{u^2+v^2}}{H^{1/3}}=0 \tag{5-2}$$

$$\frac{\partial N}{\partial t}+\frac{\partial(uN)}{\partial x}+\frac{\partial(vN)}{\partial y}+gH\frac{\partial Z}{\partial y}+g\frac{n^2v\sqrt{u^2+v^2}}{H^{1/3}}=0 \tag{5-3}$$

式中:$H$——水深;

$Z$——水位;$Z=Z_0+H$,其中 $Z_0$ 为底高程;

$q$——源汇项,包括有效降雨量和排水强度两项;

$M$、$N$——$x$、$y$ 方向上的单宽流量,且 $M=Hu$,$N=Hv$;

$u$、$v$——流速在 $x$、$y$ 方向上的分量;

$n$——糙率;

$g$——重力加速度。

一维非恒定流基本控制方程:

$$\frac{\partial Q}{\partial t}+\frac{\partial}{\partial l}\left(\frac{Q^2}{A}\right)+gA\frac{\partial H}{\partial l}=-gAS_{\mathrm{f}} \tag{5-4}$$

式中:$Q$——截面流量;

$l$、$A$——计算断面的过水面积;

$S_{\mathrm{f}}$——摩阻坡降,由曼宁公式可得:

$$S_{\mathrm{f}}=\frac{U^2n^2}{R^{4/3}}=\frac{n^2Q|Q|}{A^2R^{4/3}} \tag{5-5}$$

宽顶堰溢流公式:

$$Q_{\mathrm{j}}=m\sigma_{\mathrm{s}}\sqrt{2g}H_{\mathrm{j}}^{3/2} \tag{5-6}$$

式中:$Q_{\mathrm{j}}$——堰顶单宽流量;

$m$——宽顶堰溢流系数;

$\sigma_{\mathrm{s}}$——淹没系数;

$H_{\mathrm{j}}$——堰顶上游水位。

### 5.3.2 无结构不规则网格技术

传统的洪水演算中,一般均采用规则矩形网格或拟一致的三角形网格对计算区域进行剖分。但是城市局部地区地形复杂，各种建筑物，特别是各种防洪工程措施，对暴雨径流影响较大。为了更好地反映城市暴雨径流的特点，模型应用有限体积法的思想，采用无结构不规则网格设计计算区域。网格可以设计成三边形、四边形或五边形。网格各边定义成通道，其法线方向可以为任意方向，如图 5-68 所示。按照有限体积法，取单元网格为控制体，在网格中心处计算水位 $H$，在网格周边通道的中点处计算流量 $Q$。其中，水位具有网格平均值的含义，流量具有通道平均值的含义。另外，水位和流量在时间上采取时间交错计算方式，见图 5-69。

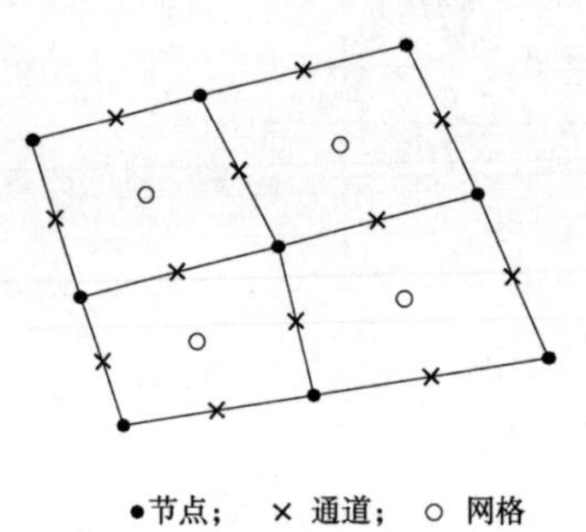


图 5-68　$H$ 和 $Q$ 的空间布置方式

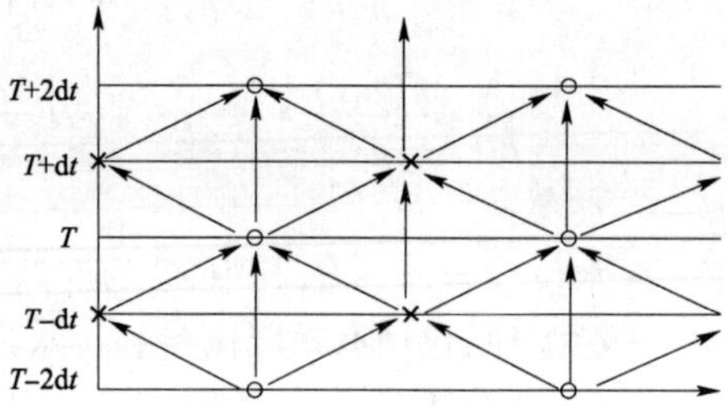

T+2dt
T+dt
T
T−dt
T−2dt
× 通道； ○ 网格

图 5-69　$H$ 和 $Q$ 的时间交错计算方式

1）交通干线能见度预报算法

从北京市交通委提供的路网数据中读取交通干线点数据。利用插值算法，将能见度数据插值到交通干线上。分析插值后的数据解析路段名称、经度、纬度、能见度数据，生成不同路段上的能见度预报文本文件；利用路段数据进行拓扑计算，生成符合路网带状分布的色斑图层数据文件，按照颜色分级标准生成 PNG 图片。算法描述如下。

图 5-70 中的，线 1 和曲面 2 表示某个方程在空间的分布，很明显它们不能将空间的所有点涵盖进去，尤其是比较偏远的点（如 $c$ 点）。黑点表示历史上出现的能见度事件，那么未来的能见度一定会出现在空间的某一个点（★点），假设为 $a$ 点，当和 $b$ 点的前期条件最相似时，它应该是离 $b$ 点（★点）距离最近（★点），可以把 $b$ 点的能见度值近似地认为是 $a$ 点的能见度值，虽然它们之间有一定的误差（这种误差可以认为是线性的），当样本长度无限长时，这种误差可以忽略不计。两点之间的距离在数学上可以用欧氏距离表示为：

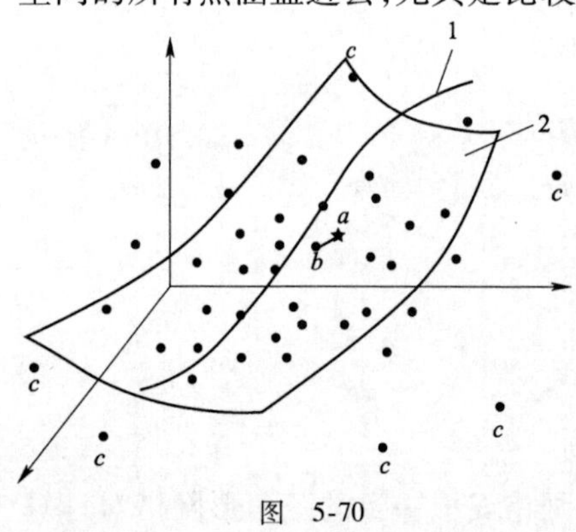


图　5-70

$$D_{ij}(H)=\sqrt{\frac{1}{n}\sum_{k=1}^{n}(h_{ik}-h_{jk})^2} \tag{5-7}$$

式中：$D_{ij}(H)$——要计算的两点之间的距离；

$h_{ik}$——未来要出现的要素值；

$h_{jk}$——历史上的要素值，可考虑 $n$ 种要素值，当两点之间的距离最小时，可以认为它们的能见度值最接近。

2）交通干线积雪、结冰预报算法

从北京市交通委提供的路网数据中读取交通干线点数据，利插值算法，将预报数据插值到交通干线上。解析插值后的数据生成积雪、结冰预报图层数据，利用路网数据进行拓扑计算，生成符合路网带状分布的色斑图层数据文件，按照颜色分级标准生成 PNG 图片。

采用降雪量与积雪深度的关系建立统计预报模型，详细算法说明如下。

（1）当温度≥0℃时。

白天积雪深度预报方程（图 5-71）：

$$\begin{cases}y=1.1169x+1.5899\\R^2=0.6777\end{cases} \tag{5-8}$$

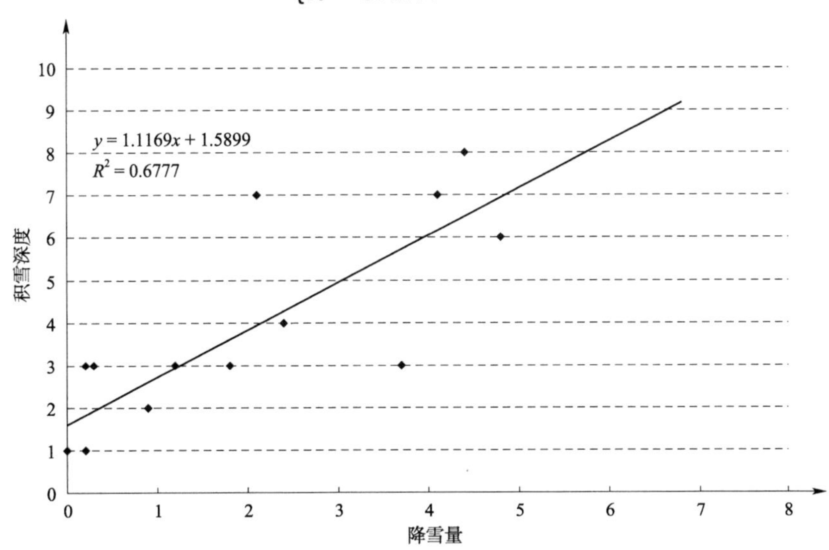


图 5-71　最高气温≥0℃时白天降雪量与积雪深度的散点图

白天至夜间积雪深度预报方程（图 5-72）：

$$\begin{cases}y=0.4302x+1.8273\\k^2=0.5913\end{cases} \tag{5-9}$$

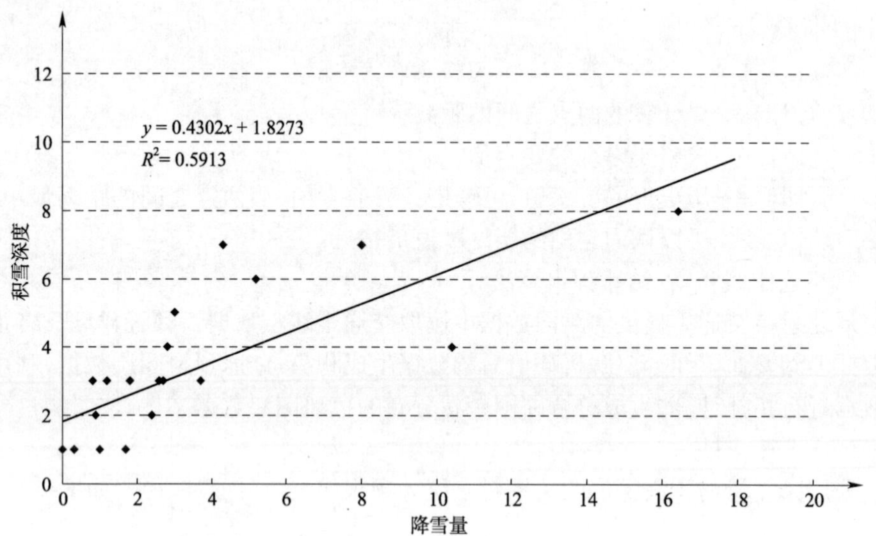


图 5-72　最高气温≥0℃时日降雪量(0 时 ~ 次日 20 时)与积雪深度的散点图

(2)当温度 <0℃时。

白天积雪深度预报方程(图 5-73)：

$$\begin{cases} y = 1.5674x + 2.1517 \\ k^2 = 0.4364 \end{cases} \tag{5-10}$$

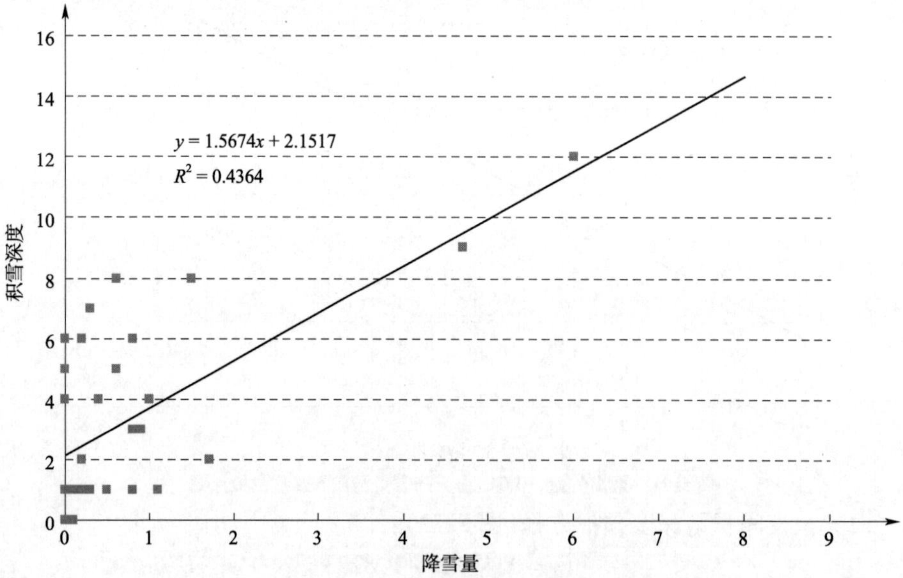

y = 1.5674x + 2.1517
$R^2 = 0.4364$

图 5-73　最高气温 <0℃时白天积雪深度的散点图

夜间积雪深度预报方程(图 5-74)：

$$\begin{cases} y = 1.712x + 1.1383 \\ k^2 = 0.7536 \end{cases} \tag{5-11}$$

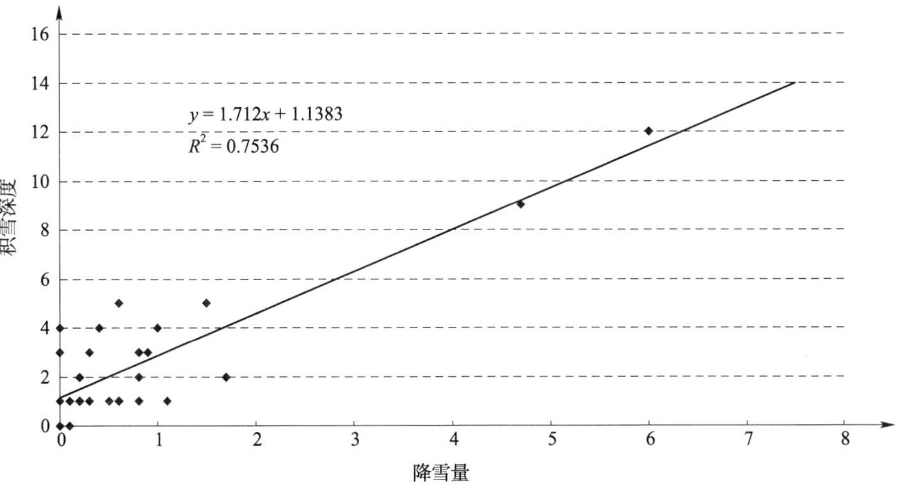


图 5-74　最高气温 <0℃时夜间降雪量与积雪深度的散点图

白天至夜间积雪深度预报方程(图 5-75)：

$$y = 1.4206x + 0.9632 \tag{5-12}$$

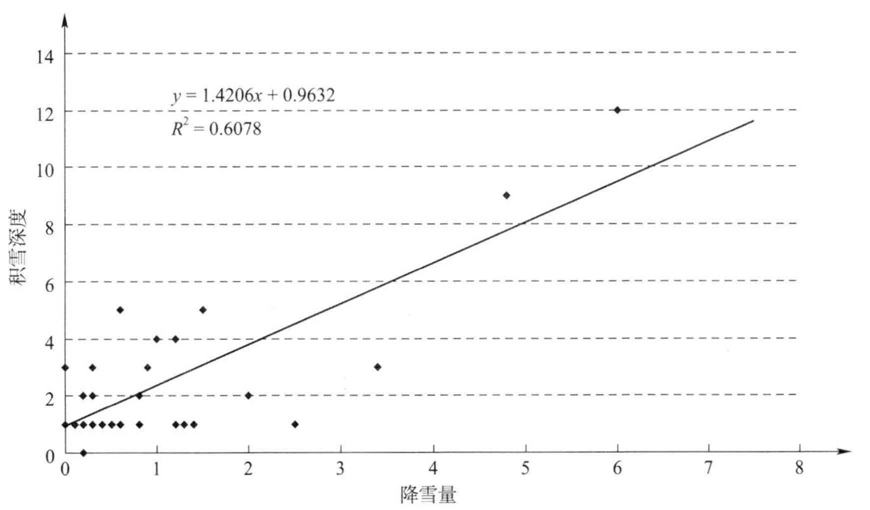


图 5-75　最高气温 <0℃时日降雪量(20 时 ~ 次日 20 时)与积雪深度的散点图

因此,对于积雪深度的具体计算公式如下:当最高气温 >0℃时,积雪深度的拟

合公式为：

$$y = -0.0344x^2 + 0.9408x + 0.995 \tag{5-13}$$

式中，$y$ 是积雪深度；$x$ 为降水量。

当最高气温 $<0$℃时，其拟合公式为：

$$y = 1.4206x + 0.9632 \tag{5-14}$$

式中，$y$ 是积雪深度；$x$ 为降水量。

# 6 道路高边坡监测

## 6.1 北京市道路高边坡概况

北京市山区公路两侧由于山高路陡、基岩出露，且部分地段两侧基岩破碎，时常发生崩滑，同时，山区公路两侧有泥石流沟出口，如遇汛期泥石流发生，公路恰恰成为泥石流的主要危害区，部分山区国道受采空塌陷影响严重。目前，北京山区公路易发的地质灾害有泥石流、崩塌、滑坡等。泥石流监测的主要方法包括降雨监测、地表水位水量监测及低声监测等。崩塌监测是通过采用崩滑预警雷达、四路位移预警仪、伸缩仪等仪器进行。滑坡监测采用方法有地表裂缝位移监测、深部位移监测、GPS 监测、三维激光扫描仪、地下水位监测（监测地下水的水温、水位、水压等）、地下水渗压监测、岩土层含水率监测、降水量监测等。因此，急需在易发生地质灾害的山区公路高边坡，部署位移、压力等传感器，通过位移、压力等传感器，实时获取不稳定边坡崩塌、滑坡等隐患数据，以便实时监控不稳定边坡崩塌、滑坡等隐患变化量。

## 6.2 基于物联网技术的公路高边坡监测技术

### 6.2.1 三维激光扫描及建模技术

三维激光扫描技术以其快速、高精度、全方位等特点，弥补了传统地质测量中的一些不足，有效地解决了地质工作中二维纸质资料缺乏直观理解、高危险地方不方便数据采集等问题。为了更直观地了解和掌握危岩体特征及结构面参数，更加合理地布设崩塌监测仪器，采用先进的三维激光扫描仪对密云监测路段进行扫描，并基于自主的三维建模技术，对点云数据进行预处理、表面重建等操作，最终建立该监测路段的三维结构模型，如图 6-1 ~ 图 6-3 所示。

图 6-1　三维模型光滑效果

图 6-2　边坡三维场景展示

### 6.2.2　小型化崩塌裂缝伸缩仪的研制

监测路段高边坡岩性为花岗岩，由于前期发生过崩塌灾害，造成现有的岩石较为破碎，在崩塌监测设备安装的过程中，如果出现大的扰动就可能诱发新的崩塌。但是，由于传统的崩塌裂缝监测设备体积较大，并且在施工过程中扰动较大，不太适用于本地区情况。鉴于此，研制了一种轻便、小型化的崩塌裂缝伸缩仪。该仪器采用短距离无线组网方式进行通信，采用高性能锂聚合物电池供电及太阳能电池充电，具有施工扰动小的特点，能很好地满足测量精度要求及施工安全要求。裂缝伸缩仪现场安装，如图 6-4 所示。

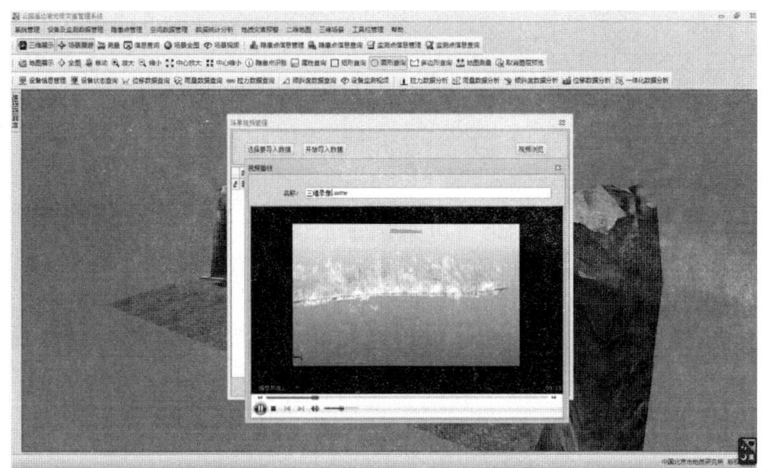

图 6-3 边坡三维场景分析

图 6-4 裂缝伸缩仪现场安装图

### 6.2.3 分布式实时监测技术

分布式实时监测技术，通过无线网络路由器和协调器，与无线传感器终端机构成了基于本地无线的 Zigbee 传感器网络，该技术克服了密云监测路段移动手机信号比较弱的缺点，实现了监测数据的集中发送，保证了监测数据的顺利接收。

ZigBee 是一种新兴的近距离、低复杂度、低功耗、低数据速率、低成本的无线网络技术，主要用于近距离无线连接。它基于 IEEE 802.15.4 协议栈建立，支持三种主要的自组织无线网络类型，即星形结构、网状结构和簇状结构，具有强大的设备联网功能和系统可靠性。

Zigbee 技术具有技术特点：

(1)数据传输速率低：只有 10～250kbit/s，专注于低传输应用。

(2)功耗低:在低耗电待机模式下,两节普通5号干电池可使用六个月到两年,免去了充电或者频繁更换电池的麻烦。

(3)成本低:ZigBee数据传输速率低,协议简单,所以大大降低了成本。

(4)可靠性高:采用碰撞避免机制,为需要固定带宽的通信业务预留了专用时隙,避免了发送数据时的竞争和冲突。

(5)网络容量大:ZigBee网络可以采用星形、网状、串状结构,而且可以通过任一节点连接组成更大的网络结构,理论上最大可连接节点多达64000个。每个ZigBee网络最多可支持255个设备。

(6)时延短:通常时延都在15~30ms。

(7)安全性高:ZigBee提供了数据完整性检查和鉴权功能,采用AES-128加密算法。

(8)工作频段灵活:使用频段为2.4GHz、868MHz(欧洲)及915MHz(美国),均为免执照频段。

(9)通用性和开放性强:ZigBee标准协议,使ZigBee设备间的通信非常容易。

### 6.2.4 多参数崩塌监测技术

为了保证不同监测设备监测结果之间的相互验证,选取裂缝位移、危岩体倾斜度、松散岩块撞击导致拉力变化以及雨量等监测参数。同时,在监测路段安装了视频监控装置以及现场预警装置,当某一监测点的监测参数发生变化时,可以通过打开现场监控视频进行验证。而且当某一监测参数超过临界值时,也可实现现场的声光报警,如图6-5~图6-10所示。

图6-5 崩塌裂缝伸缩计

图6-6 崩塌防护网加拉力计

图 6-7 自动雨量站

图 6-8 一体化视频监控站

图 6-9 危岩体倾斜监测仪

图 6-10 预警警示装置

## 6.3 场外地址灾害监测设备布设设计方案

### 6.3.1 监测内容

针对拟监测路段崩塌灾害的发育特点,本系统功能定位是以提高政府的监测预警能力为主,兼顾科研及为应急服务的功能;以监测危岩体变形及其影响因素为主。在广泛调研的基础上,选取适宜监测区特点的监测方法和手段,本次工作主要进行危岩体裂缝位移监测和降雨量监测。采取实时的连续性观测。

监测设备的选取本着有效精准、耐用经济的原则,本次工作主要选取崩塌监测无线预警系统及一体化自动雨量站。

本系统拟实施监测内容包括危岩体裂缝变形监测、降雨量监测(触发式崩塌监测)。

监测内容如下:

(1)危岩体裂缝变形监测

表面位移(裂缝)测量是危岩体崩塌自动监测的重点内容,选点主要考虑危岩体上部后缘,兼顾局部阶梯面有明显裂缝处,主要用于突发性崩塌监测预警。

(2)降雨量监测(触发式崩塌监测)

降雨是崩塌地质灾害一个重要的直接触发因素。根据目前北京市崩塌地质灾害发育的特点,崩塌与降雨具有一定的相关性。因此对降雨实施长序列、稳定监测是崩塌监测的必要内容。

本次监测将采用一体化雨量自动监测站用于野外环境的降雨自动监测,该一体化雨量自动监测站具有雨量数据智能采集、长期固态存储和远距离传输功能,可通过无线实现近距离显示、人工置数及设备配置。采用一体化结构,具有体积小、安装灵活方便、操作简单、技术先进、功能齐全、运行稳定可靠、成本低廉等特点。

### 6.3.2 监测系统设计原则

(1)少而精

在监测内容的选择上,本系统主要进行崩塌变形监测及相关因素监测,变形监测包括崩塌危岩体裂缝位移监测以及倾斜监测,相关因素监测主要指对诱发因素降雨量的监测。

(2)重点突出

在监测仪器的布设位置上,重点考虑崩塌危岩体中变形速率大、易产生严重危害、对整个崩塌的稳定性其关键作用以及破坏变形具有代表性的地段或块体。

(3)类型多样化

在同一个监测点上,采用多种监测设备,如在同一危岩体上同时安装崩塌预警伸缩仪和危岩体倾斜监测仪,对危岩体的裂缝变形及倾斜角度变化进行监测。

### 6.3.3 监测技术方案设计

1)监测总体方案

系统由现场崩塌在线监测站、本地无线与 GPRS/GSM 网络、3G EVDO 数据网络、TOCC 中心组成,见图 6-11。

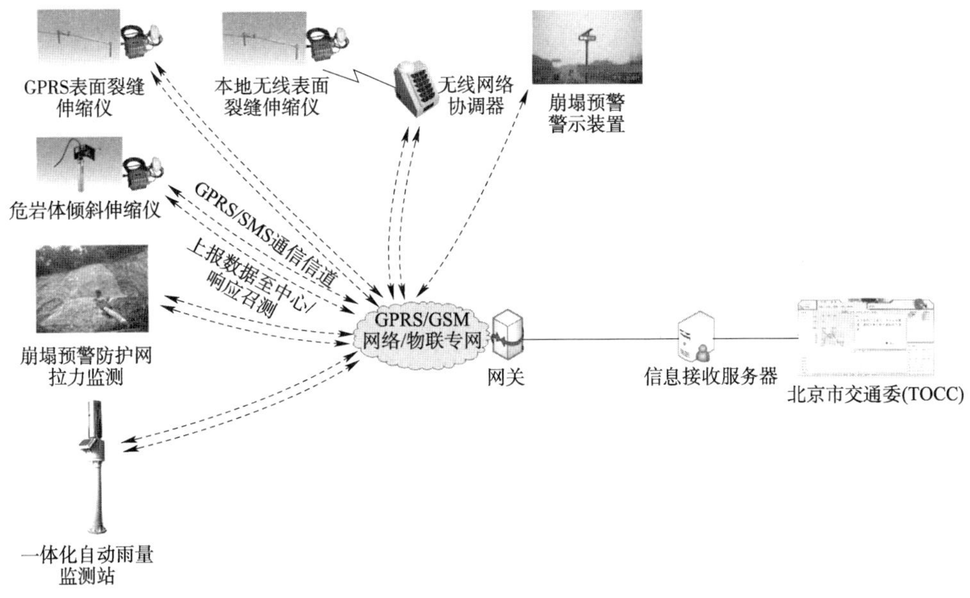


图6-11 高边坡总体监测方案系统架构图

2)设备选型

本系统拟实施监测内容包括危岩体裂缝变形监测、降雨量监测(触发式崩塌监测)等,主要设备选型及其主要性能指标如下:

(1)危岩体崩塌裂缝伸缩仪。

表面位移(裂缝)测量是危岩体崩塌自动监测的重点内容,选点主要考虑危岩体上部后缘,兼顾局部阶梯面有明显裂缝处。在本工程中,用于危岩崩塌预警的裂缝伸缩监测仪共有两种通信方式,一种采用 ZigBee 短距离无线通信方式,一种采用 GPRS 传输。

(2)野外网络协调器。

野外网络协调器是无线传感器网络的中心接收设备,具有存储接收到的数据和转发数据的功能;采用一体化结构,可方便地安装于野外环境;采用太阳能电源浮充蓄电池的供电方式,在无日照条件下可连续工作 30 天以上;可实现对设备自身电源电压、工作温度及设备状态的监测,支持多中心工作模式,可向多达 4 个中心站发送数据,并响应中心命令,每个中心站可拥有两种通信信道且互为备份。

(3)一体化雨量自动监测站。

降雨是崩塌地质灾害一个重要的直接触发因素。根据目前北京市崩塌地质灾害的特点,崩塌与降雨具有一定的相关性,因此对降雨实施长序列、稳定监测是崩塌监测的必要内容。监测站用于野外环境的降雨自动监测,具有雨量数据智能采集、长期固态存储和远距离传输功能,可通过无线实现近距离显示、人工置数及设备配置。

(4)崩塌预警防护网。

SNS柔性防护网应用主要是在容易产生山体滑坡、垮塌的山区,为了保护过往的车辆,在需要的部位安装菱形网为主要材料的防护系统。主动防护是菱形网紧贴山体,将松散的石头压在山体上,不让石头跌落,这种方式用于悬崖防护;被动防护是在公路边立一道钢丝绳网和菱形网复合防护层,如有跌落的石头将被防护网挡住,保护下面的车辆等,这种方式用于小坡度山崖防护。

被动防护网系统是将以钢丝绳网为主的栅栏式柔性栏石网设置于斜坡上相应位置,用于拦截斜面坡上的滚落石,以避免其破坏保护的对象,因此有时也称为拦石网;当设置于泥石流区域时,便可形成拦截泥石流体内固体大颗粒的柔性格栅坝。

(5)崩塌预警防护网拉力监测仪。

监测仪包括振弦式钢索计和振弦式无线传感器终端,索力计用于监测钢索的应变,两端的锁紧块(夹具)将其紧紧地固定在钢索上,通过测量钢索的形变及已知的钢索弹性模量来确定钢索的受力变化情况。

(6)危岩体倾斜监测仪。

一体化倾斜仪内置MEMS型倾斜传感器、无线传感器终端的全部测量与通信功能模块,作为独立工作的网络测量节点实现传感器测量、数据储存、采用ZigBee或GPRS组网通信进行工作。

(7)崩塌预警警示装置。

崩塌预警警示装置(定制),包含崩塌预警反光提示牌、LED警示灯以及紧急避险广播喇叭以及GSM无线通信终端。通过接收中心短信预警信息,警示装置自动开启警示灯与广播喇叭,对来往车辆和行人进行有效的安全避险提示。

(8)一体化野外视频监控站。

一体化野外视频监控站设备由一体化摄像机、视频监控主机、太阳能电池板、蓄电池组成,如图6-12所示。

3)主要监测设备安装方式

现场设施建设重点在于降雨量、危岩体表面裂缝和倾斜,以及岩石崩塌的监测。降雨量、表面裂缝监测以及警示装置的布置位置原则如下:

雨量监测:按照气象条件观测要求,雨量观测要求观测场地开阔、45°斜角内不能有任何建筑物和植被遮挡,并且在通信上要求保证 GPRS 数据强度好,并留有位置供太阳能电池板设备架设。

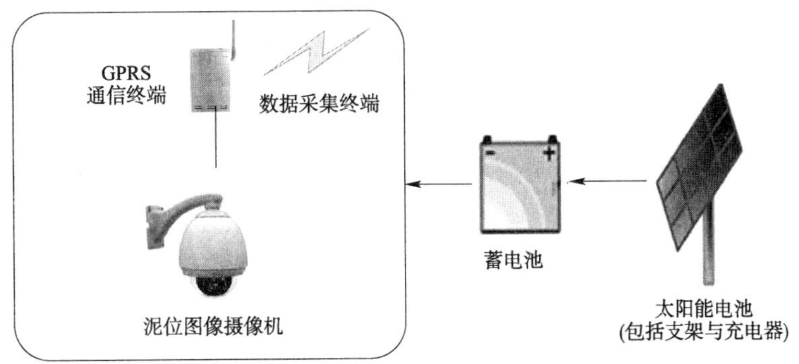


图 6-12 监测站设备组成示意图

危岩体裂缝和倾斜监测:可选择危岩体有明显裂缝处或发现暗裂缝处进行布置,仪器横跨裂缝两边进行布设;倾斜监测选择坡面突出的岩体进行布置,仪器附着在岩体上进行布设。

崩塌预警警示装置:选择公路边坡对面,路边地势平坦的区域布设。

## 6.4 公路高边坡地质灾害监测预警系统技术方案

公路高边坡地质灾害监测预警系统主要用于边坡监测信息接入、处理、分析、传送、储存管理,包括数据采集子系统、数据平台、智能预警子系统和信息服务与发布子系统等,主要功能包括边坡地质灾害预警、统计分析和三维展示。

### 6.4.1 技术体系结构

如图 6-13 所示,可以看出监测数据库不只由各种监测数据组成,还有基地地质、基地地理等基础数据,来自各类 Web 服务的数据,以及其他相关数据,数据格式可以是流式数据、XML、GIS、TIF、文本文件等多种格式。

监测数据是由各种监测装置上的传感器实时采集,通过无线局域网、广域网(未来可以通过专用物联网)传输到数据中心的,由数据采集子系统接口接收。数据采集子系统实时监听数据接收端口,这些数据是通过字节流进行传递的,有必要时还要进行加密和压缩。

基础地质、基础地理数据可以直接保存在数据库中,也可以调用其他数据库中相关数据,亦可以通过调用 Web 服务获得。

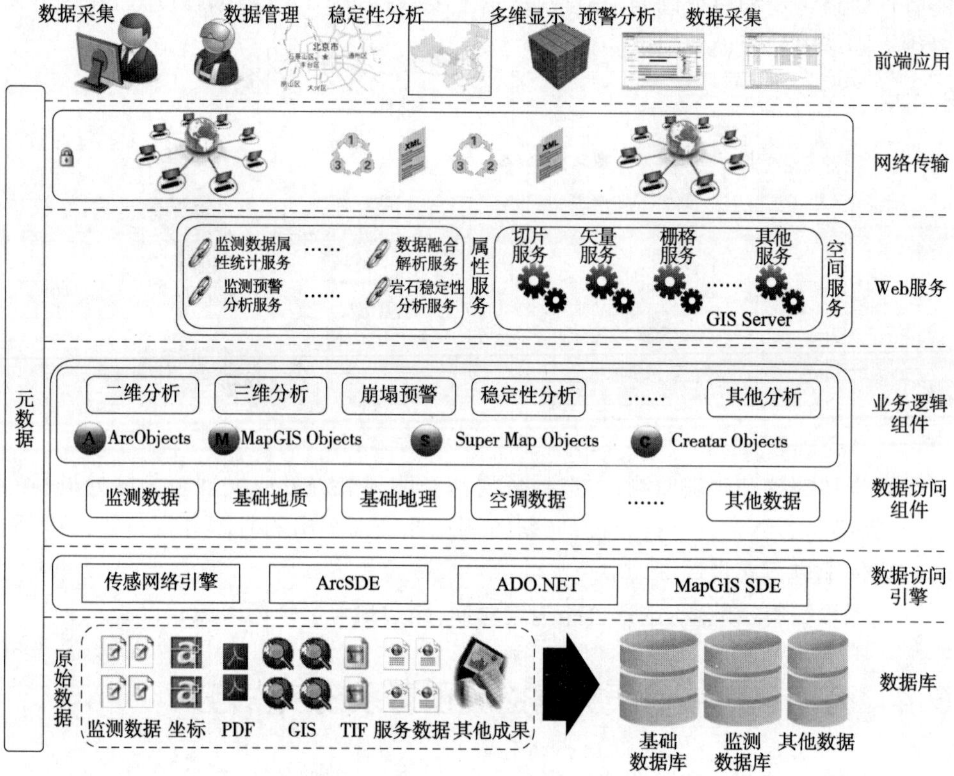

图 6-13　技术体系结构图

Web 服务数据可以是切片、矢量等多种格式的地图服务（WFS、WCS、WMS 等），也可以是 XML 格式的属性数据，亦可以是文档或图片等。这些数据通过相应的适配器或本地代理等进行解析，供给应用程序使用。

业务层包括了数据访问组件、业务逻辑组件，它不但承担了访问各种数据的任务，还可以提供崩塌预警、岩石稳定性分析、二维分析、三维分析、属性统计等的基本功能，并以组件形式进行封装。

服务层则是通过标准 Web 服务进行发布的地图服务、数据服务、计算服务等，它通过对业务层组件的封装，以服务形式通过接口向外提供支持，如边坡稳定性分析、崩塌发展趋势分析、岩石稳定性分析、监测数据长序列分析、地质灾害预测、崩塌可能性推断等，也可以与其他系统的服务进行衔接。复杂的计算可以使用工作流通过调用不同粒度的服务实现。

前端应用主要包括数据采集、数据管理（数据导入、数据导出、数据审计、数据

保存、数据更新等)、二三维一体化显示、监测预警、稳定性分析、灾害预测等业务应用,以及信息服务与数据发布门户等。

## 6.4.2 系统设计

1)系统总体功能结构

由图6-14可以看出系统的总体组成情况,而且可以看出各子系统围绕着数据库互相衔接关系,以及各子系统拥有的功能模块情况。

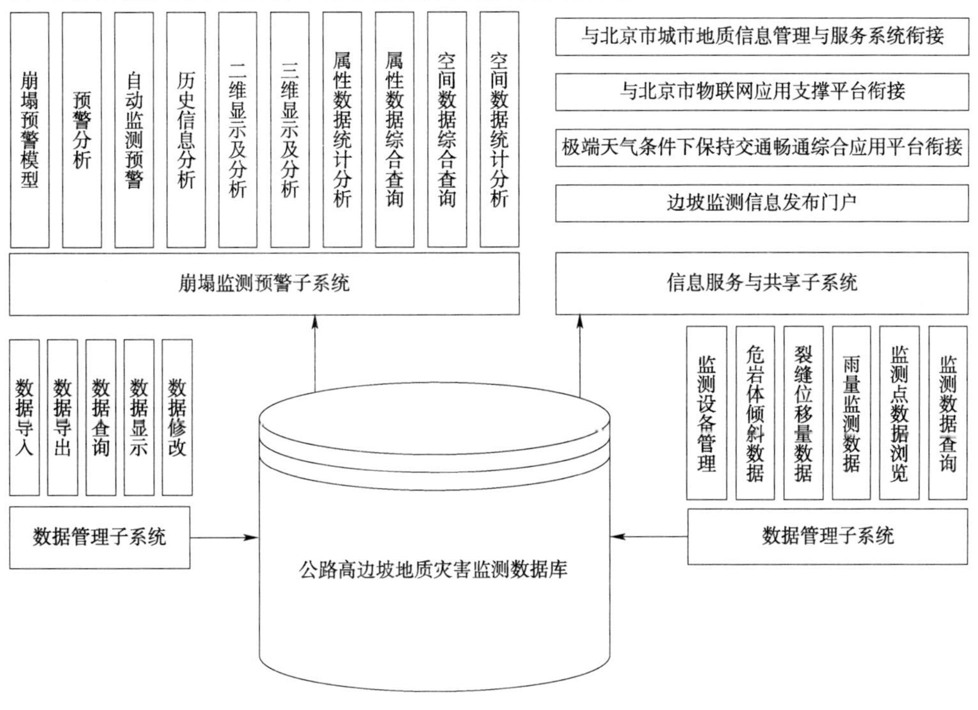


图6-14 系统总体功能结构

2)系统设计原则

(1)充分利旧。

本着“节能减排、充分利旧”的原则,充分考虑和利用北京市地质矿产勘查开发局信息中心已有多台服务器、网络存储、计算机等硬件资源,以及操作系统、开发工具、应用程序等软件资源,尽可能为国家节省资金,减少不必要的投入,避免浪费。

(2)先进性。

系统采用面向对象服务体系结构SOA进行构建,采用先进的GIS技术、自主研发的真三维地理信息系统技术、系统内外存交换技术、组件化软件开发技术等，以保证系统的高性能、高可用性。

(3)实用性。

数据库的建立、系统的开发能满足公路灾害管理与防治部门、相关决策部门对信息查询、信息统计或决策分析的要求，同时系统结构简洁、功能方便、灵活，用户界面友好、指示性信息充分，便于不同层次系统操作人员的管理和使用。

(4)标准化。

系统的建设将严格遵循交通行业、地质行业、国土行业、环境部门等行业和部门的国家标准、行业标准以及地方性实施细则和规范。系统设计遵循统一的信息编码和坐标系统、规范的数据精度与符号系统等，建立一个标准化的监测数据库。

(5)高集成度。

系统的建设涉及基础地理、基础地质、水文地质、环境地质和动态监测等多专业图形、属性、影像、文字等资料的一体化管理，所以必须运用系统工程的方法，实现系统数据库与系统软件功能的集成以及系统与网络环境的集成。采用构件化技术，根据用户需要重组模块。

(6)安全可靠性。

通过主机系统、操作系统、网络传输系统、数据库系统、应用系统等多环节的安全可靠性设计，保证系统 7×24h 可靠、安全地运行。

(7)可扩展性。

系统不但能够实现对相关监测数据的管理、展示与分析等，还可以与其他部委的系统、数据进行衔接，通过网络使用各种共享的数据资源与计算资源，并充分考虑今后突发性地质灾害、活动断裂、土壤环境、地下空间等专业分析系统的对接问题；数据库设计以及系统功能等方面，尽可能留有余地，为今后的功能扩充预留必要的软件接口，当新的模块增加时，现有模块和整个系统结构将不会受到大的影响。

3)技术关键点

(1)监测数据的完整接收。

该系统主要对野外部署的自动实时进行数据采集的传感器数据进行管理、分析，再给出各种预报、预警信息。原始数据的完整性、精度将决定数据分析结构的正确性、可信度。故在接收各种监测数据时，要对这些数据的有效性、完整性进行严格的校验，同时还要保证实时和并发接收数据的速度不受影响。

(2)反演、分析模型的构建。

为了真实模拟野外监测现场情况，可以使用与崩塌有关的各种实时性强、自动

监测的、长时间序列的野外数据，并综合研究区内相关的空间数据、属性数据对监测现场情况展开逼真的反演；建立科学的崩塌预警模型，依托无线网络对各种参数阀值的就地、远程的设定，通过与监测数据的对比、分析，给出有效的、可信的崩塌预警信息，对可能发生的地质灾害进行预测。

(3)数据资源聚合。

为了适应系统扩展性、灵活性要求，系统既可以直接访问保存在数据库中的数据，也可以直接使用来自野外无线采集的监测数据，亦可以接受、解析来自多种格式 Web 服务的数据，也可能是来自组件调用的三维模型结果，故需要解决多元、异构数据资源的快速聚合。

(4)数据融合显示。

由于研究区域内具有各类格式、不同来源的二维和三维数据，如何流畅、快速、多角度地进行多维、形象的展示是亟待解决的重要问题。需要对数据进行各种形式的优化、解释、统一语义、转换、可视化等。

(5)与其他系统的无缝衔接。

目前，北京市地质矿产勘查开发局已经建成了地面沉降监测网管理系统、平原区地下水动态监测网管理系统、城市地质信息管理与服务系统等系统，以及在建的北京城市地质安全保障服务系统、地质资料集群化产业化服务系统等。为了充分利用已有数据库及系统等资源，在建设公路高边坡地质灾害监测系统时，要重点考虑与这些已有数据库及相应系统的衔接，同时亦考虑未来建设的其他数据库及系统。

因业务需求及系统特点，在保证原有系统正常运行的前提下，本系统可以采用数据交换、服务共享两种模式，这些系统实现无缝对接，甚至可以在这些系统组件的基础上直接进行扩展开发(如采用标准 COM 设计并开发的北京市城市地质信息管理与服务系统)，基于组件和源代码采用搭积木的形式实现新系统，从而实现真正的无缝集成。

4)功能模块说明

(1)数据采集子系统。

①监测数据接收模块：用于定时自动获取雨量、裂缝位移量、危岩体倾斜角度变化等崩塌监测参数，并可导入监测数据库。

②监测点管理模块：提供监测点详细信息的查询功能，同时提供对监测点信息的编辑等功能。

③监测设备管理模块：提供监测设备的电压、电量及运行状态的实时显示功能。

④信息查询模块:提供对专业监测采集点的信息、采集到的数据以及设备本身信息进行浏览、查询管理。

(2)数据管理子系统。

数据管理主要实现对入库后的各类基础数据、采集数据等进行查询、浏览、更新等操作,以保证数据的一致性、时效性。

①空间数据管理模块。

对与崩塌监测有关的各类基础空间数据(矢量、栅格等)、专业空间数据等进行图层管理、数据更新等操作。

②属性数据管理模块。

对各类基础属性数据、采集转换后的属性数据进行基本查询、显示、更新等操作。

③数据审计模块。

根据相关数据规范,对数据库中的各类属性数据、空间数据的一致性、正确性等进行检查、核对、判别,以保证数据的可靠性。

④元数据库管理模块。

对描述数据库中各类数据的元数据进行管理,主要包括元数据的增加、查询、修改、导出等操作。

(3)崩塌监测预警子系统。

崩塌监测预警子系统是本项工程核心子系统,它负责实现二、三维数据的展示与分析,属性数据与空间数据的综合统计分析、崩塌预警等功能。

①三维显示及分析。

三维显示及分析基于自主知识产权的三维平台,实现基本的三维展示、漫游、量测等,同时根据采集的长序列数据进行动态的三维模拟及漫游,根据相关的模型、数据进行多种三维展示与分析,进而提供直观、多角度的可视化和分析。

②二维展示及分析。

完成矢量、栅格等格式的二维空间数据的提取、展示、漫游等操作,并结合相关模型与空间数据、属性数据等进行更为全面的分析。

③属性数据综合查询与统计分析。

根据业务要求,实现对库中各类属性数据进行灵活定制输入条件的综合性查询,并按照多种方法进行分别统计,采用表格、图形等进行显示。查询和统计结果可以随时以 Excel、文本文件等格式输出。

④空间数据查询与统计分析。

对矢量、栅格等多种格式的图层进行管理、显示/隐藏等操作,可以按照名称、

状态等条件对空间数据进行各类查询，并且对两个或多个图层之间进行切割、缓冲等多种统计分析。查询与统计结果能够以图片、表格、文件等多种形式输出。

⑤崩塌预警。

通过崩塌预警模型的建立，实现对基于接收到的监测数据进行预警分析，对预警分析结果进行分级。对不同的监测参数，可以设定报警阈值，实现自动监测预警。预警结果可以在系统应用模块中实时加载，对历史报警信息可以进行查询。

⑥与其他系统对接。

实现与北京市城市地质信息管理与服务系统及极端天气条件下保持交通畅通综合应用平台的对接，将预警分析结果及展示界面实时传送到上述两个系统。

(4)信息共享交换与服务子系统。

与极端天气条件下道路交通保畅物联网综合应用平台实现数据交换和应用对接；保证与市物联网应用支撑平台实现数据交换和应用对接。

(5)综合应用数据库。

建立公路高边坡地质灾害综合应用数据库，采集公路高边坡的基础空间数据、灾害点空间数据及专业属性数据。通过配套相关的建库工具，实现数据的自动、半自动或者手动入库的功能。

5)接口设计

(1)接口需求。

公路高边坡地质灾害监测系统不是一个孤立的系统，它是一个通过接口与多个设备、系统、平台进行通信的综合性应用系统。使用的接口主要有野外数据采集接口、城市地质信息服务接口、物联网接口、极端天气应用平台接口等，这些接口主要实现与各系统的数据交换和应用对接。

①野外数据采集接口：通过此接口，可以实时接收来自网络传输的野外实时采集数据，这些数据均来自布设在野外的采用传感器的监测设备。

②城市地质信息服务接口：通过此接口，可以实现与北京市城市地质信息管理与服务系统进行交互，使用其数据和应用。

③物联网接口：通过此接口，可以向北京市物联网应用支撑平台发送或接收各种信息，从而实现数据的共享。

④极端天气应用平台接口：通过此接口，可以与北京市极端天气条件下保持交通畅通综合应用平台进行衔接，实现监测数据等的交换和应用对接。

(2)接口设计。

①数据接口表(表6-1)。

数据接口表

表6-1

| 序号 | 数据项名称 | 接　收 | 共享方式 |
|---|---|---|---|
| 1 | 监测数据 | 监测系统 | 网络传输 |
| 2 | 地质数据 | 监测系统 | Web服务 |
| 3 | 支撑数据 | 监测系统 | 点对点或Web服务 |
| 4 | 道路数据、其他监测数据 | 监测系统 | 点对点或Web服务 |
| 5 | 监测数据 | 各系统或平台 | 点对点或Web服务 |

②应用接口表(表6-2)。

应用接口表

表6-2

| 序号 | 应用名称 | 接　收 | 共享方式 |
|---|---|---|---|
| 1 | 灾害预警、稳定性分析 | 各系统或平台 | Web服务 |
| 2 | 基础地质情况分析 | 各系统或平台 | Web服务 |
| 3 | 监测分析、应急指挥 | 各系统或平台 | Web服务 |
| 4 | 道路情况分析、路径分析 | 各系统或平台 | Web服务 |

③向市物联网应用平台注册传感器编码表(表6-3)。

传感器编码表

表6-3

| 序号 | 传感器名称 | 用　途 | 数据类型 |
|---|---|---|---|
| 1 | 倾斜传感器 | 监测倾斜情况 | 数据流/文本 |
| 2 | 倾斜传感器 | 监测倾斜情况 | 数据流/文本 |
| 3 | 位移传感器 | 监测位移情况 | 数据流/文本 |
| 4 | 位移传感器 | 监测位移情况 | 数据流/文本 |
| 5 | 位移传感器 | 监测位移情况 | 数据流/文本 |
| 6 | 位移传感器 | 监测位移情况 | 数据流/文本 |
| 7 | 力学传感器 | 监测拉力情况 | 数据流/文本 |
| 8 | 雨量传感器 | 监测雨量情况 | 数据流/文本 |
| 9 | 雨量传感器 | 监测雨量情况 | 数据流/文本 |

(3)网络结构设计。

网络结构设计须考虑从传感器到系统、数据库、显示与分析、服务、决策支持等整个过程。崩塌预警防护网拉力监测仪、雨量监测仪、危岩体倾伸缩仪、崩塌预警警示装置、GPRS表面裂缝伸缩仪、无线表面裂缝伸缩仪等部署在野外的传感器网络中的监测设备实时获取各种监测数据,并通过GPRS/SMS通信通道发送到无线

局域网协调器上；由无线局域网协调器分别临时存储这些数据，并可以实时或定时向接收网络的网关转发监测数据；网关接收到无线网络协调器发送来的监测数据后，通过物联专网或互联网、GPRS/GSM等向市交通部门或市地勘部门的接收系统发送；北京市地质矿产勘查开发局监测数据采集系统接收到监测数据后，可以进行自动处理或人工处理，并将通过数据审计处理后的数据存储到数据库中；保存在数据库中的监测数据可以通过服务组件或数据库访问引擎进行提取，并经过各种数据查询、统计分析、预测预警等组件处理，最后经应用程序服务器以表单或网页形式向最终用户进行展示（管理人员、专业分析人员、社会大众等），可以提供实时的在线地质灾害监测服务、二三维多角度分析与展示，为动态决策的制定提供帮助。市交通部门不但可以通过网络直接获取野外监测数据，也可以通过市地勘部门SOA服务器发布的Web服务接口读取监测数据、统计分析、预测预警结果等，而且市地勘部门也可以通过SOA服务器的Web服务接口与多参数系统、北京市物联网平台、极端天气保畅通平台等进行通信，这些系统既可以是在局域网内进行，也可以是政府内网或Internet。数据库（隐含了存储设备）、应用程序服务器机器是新购买的，其他服务器、网络设备等均是使用已有的。

# 7　桥梁健康状况监测

随着交通事业的发展,我国桥梁工程在规模和发展速度上均已取得令全世界瞩目的成就。但是,近年来国内桥梁垮塌事故时有发生,桥梁安全问题再次引起了人们的高度关注。随着环境条件的变化、大量超载车辆的运行、道路材料随时间的老化等因素的影响,桥梁的承载能力状态也在变化同时将会引起一些关键部位的特征参量(如应力、应变、位移、振动、声音)的变化,桥梁承载能力状态的变化将直接影响其安全运营,在物联网时代,可以将各种传感器通过互联网与桥梁结构融合为一个整体系统,定期或实时地采集桥梁运行的各种数据,通过数据融合分析与评价,为桥梁的安全运营、日常养护管理提供科学的决策依据,这是新技术时代桥梁安全和健康监测技术发展的必然趋势。

## 7.1　基于物联网的桥梁健康监测系统设计

### 7.1.1　传感器设备选型与布设

根据极端天气条件下对桥梁结构状态进行实时监测、正常运营和安全性能评定,以及此基础上对危险状态进行预警的需要,桥梁健康监测指标设计为环境、变形、结构三大类别,共计 8 个类型的指标:温度、湿度、倾斜、位移、挠度、应变、裂缝、振动。

重点桥梁健康监测的传感器主要考虑到 8 个监测指标的精度要求、桥梁监测环境、设备维护运营成本要求,并结合桥梁的实际情况,对设备进行选型。传感器的选择主要考虑:稳定性、可更换性、适用性、耐久性、先进性。

根据传感器选型的要求和原则,本工程所选的主要传感器包括:温湿度计、表面式应力计、位移计、固定测斜仪、工程结构体静态挠度测试仪、无线模块发射端、无线模块接收端、GPRS 模块、速度传感器、裂缝监测传感器、速度传感器采集仪、太阳能电池板及电池。

综合考虑布设桥梁的结构形式、监测指标和内容以及传感器本身的特点,在进行仪器设备布设时所遵循的主要原则如下：

(1)结构变形的主控制点。

(2)最大应力分布及变化的位置或构件，如桥梁跨中、四分点等位置。

(3)应力集中而且能够明确测量的部位，如墩顶、拱脚与拱座相接的位置。

(4)可对结构总体温度进行监控的控制点，如桥梁中间位置。

(5)结构自振频率测试的控制点，如桥梁各跨跨中位置。

(6)部分传感器的布设冗余。

设备安装时注意以下几点：

(1)传感器固定螺栓安装质量。

检查标准：孔位下面无钢筋，孔深为螺栓直径的 3 ~5 倍，孔内洁净，灌注植筋胶饱满，螺栓孔垂直于混凝土表面且同一设备的固定螺栓要相互平行。

(2)设备线缆连接。

检查标准：线缆搭接长度不小于 2cm，线序要一致，接头部位要用防水胶布缠紧。

(3)设备初始值调整。

检查标准：设备安装完成之后，要及时调零，置零之后的读数不得超过最大量程的 5%。

(4)挠度拉线安装质量。

检查标准：拉线安装后置于挠度传感器量程中间位置，此时在无车辆通过桥梁的时候，挠度传感器读数应在 2.5mm 之内。

(5)初始读数的读取。

检查标准：在桥上无车辆通过的时候连续读取 3 次设备读数，3 次读数的差不得大于设备允许误差的 2 倍。

### 7.1.2 监测数据采集与传输

桥梁结构健康监测系统需要具有一定的先进性，可以采用智能仪器进行数据采集与控制。

数据采集时间一致性设计：在桥梁结构健康监测系统中多种设备同时运行，不同的设备间存在时间一致性的问题(或相位一致性)，如果不解决这个问题，可能会导致评估出现误差甚至错误。桥梁结构健康监测系统的信号采集拟通过各采集模块与系统进行统一对时，读取同一服务器上的时间，然后与本机器的时间进行对照，以免除时间不一致而带来的数据无法统一处理的问题。

数据采集与传输框图，如图 7-1 所示。通过监控中心预留接口与北京市物联网应用支撑平台主网系统进行对接，最终桥梁健康监测数据进入北京市交通运行协调指挥中心（TOCC）。

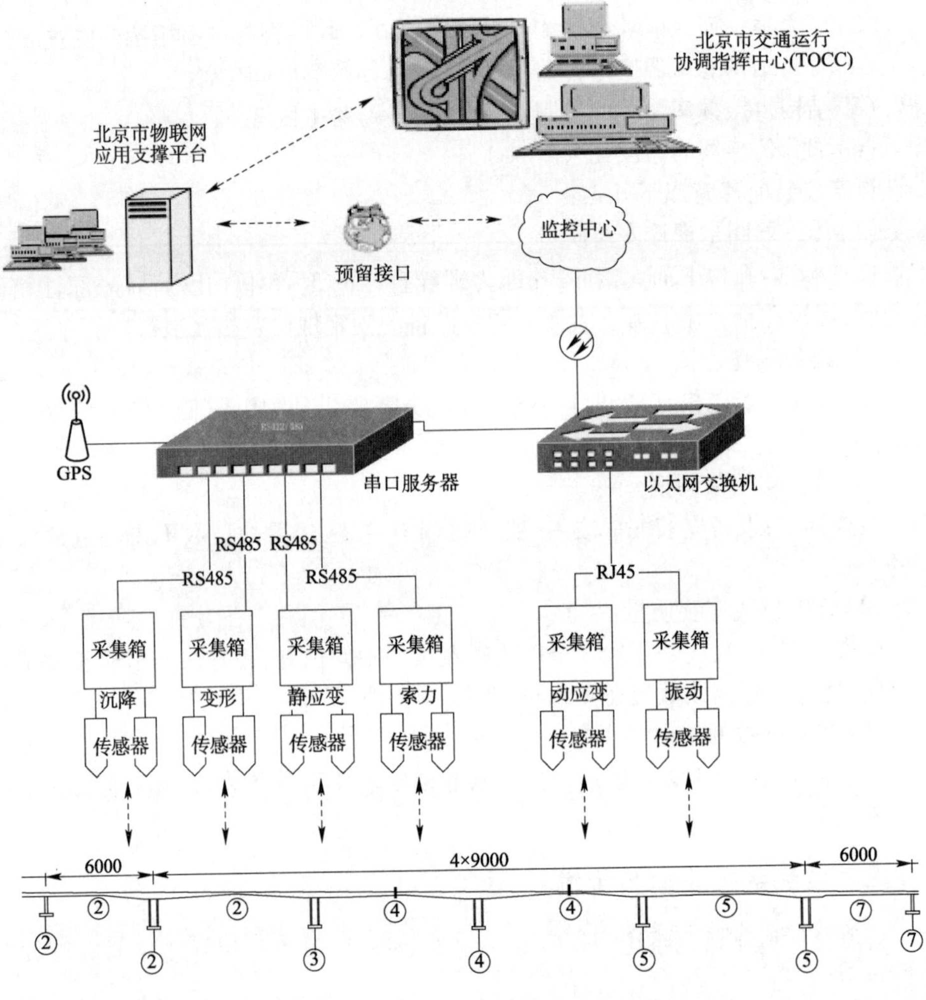

图 7-1　数据采集与传输框图

数据传输系统利用外场数据采集计算机系统对被测物理量量测结果进行预处理（如量测结果的修正换算、主应变计算等），并按规定的格式整理形成数据文件，通过无线数据采集将经预处理后的数据传输至监控分中心。数据处理功能在分中心的结构安全监测计算机系统内完成。数据传输结构根据功能可分为三层：数据采集层、中间传输层及中心网络层，结构示意如图 7-2 所示。

图 7-2 数据传输结构框图

数据采集层主要负责将各种传感器的输出信号经预处理后传输至相应的数据采集设备;中间传输层负责将数据采集设备所采集数字信号传输至采集仪器中存储和转发;而中心网络层则为采集仪器将数据转发至数据发送模块,发送到监控中心的数据接收模块接收和处理,为监测中心数据处理及数据存储提供了一个网络平台。

数据采集层的设备主要包括:各类参数传感器、信号调理设备、A/D 转换设备、数据采集设备以及传输线缆,其传输示意图如图 7-3 所示。每个外场数据采集站均应包含多个监测子系统(环境监测子系统、挠度监测子系统、动力特性及振动水平监测子系统、应变监测子系统、其他专门监测子系统等),每个子系统分别采集所辖范围内的传感器数据,然后通过通信系统集中上传至监控中心,数据采集设备选用工业计算机。桥梁监测网络拓扑,如图 7-4 所示。

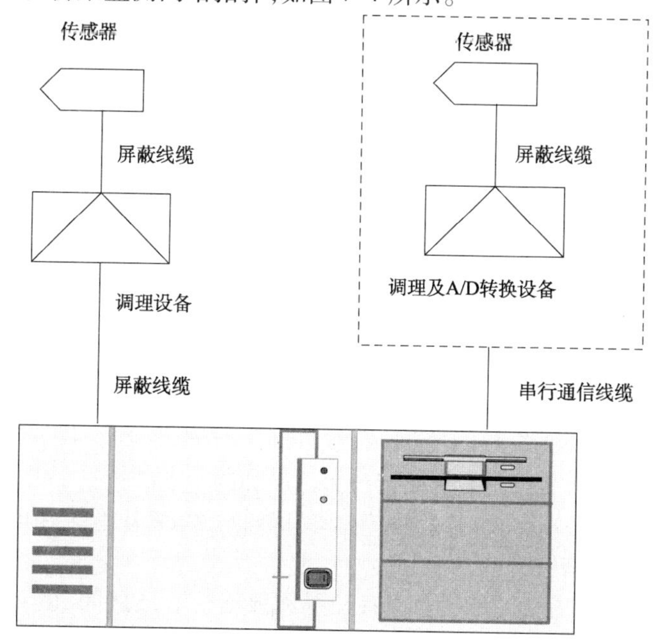


图 7-3 数据采集、信号传输示意图

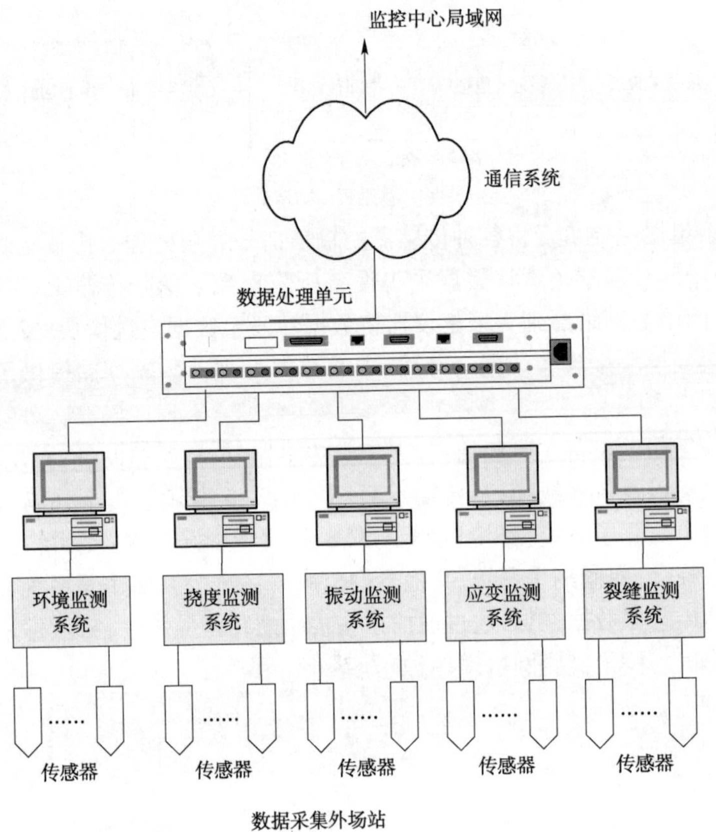


图 7-4　桥梁监测网络拓扑

## 7.2　桥梁健康监测系统总体设计架构

重点桥梁健康状况监测系统包括桥梁状态感知系统、网络传输系统、数据库系统、业务系统等,对桥梁的工作环境的监测、桥梁结构整体性能监测、大桥结构控制断面应力监测以及其他参数的监测,通过数据实时处理分析,反映桥梁的健康状态。重点桥梁健康状况监测系统结构可分四层和两个支撑体系,如图 7-5 所示。

第一层为物理感知层,由各监测传感器和数据感知采集系统构成,完成各监测项目(参数)的测量、转换和数据采集。

第二层为网络传输层,介于物理感知层和数据核心层之间,由无线传输系统、政府专用网络构成,完成采集数据传输到远端数据库服务器系统。本书采用政府专用网络,保证数据的安全性和稳定性。

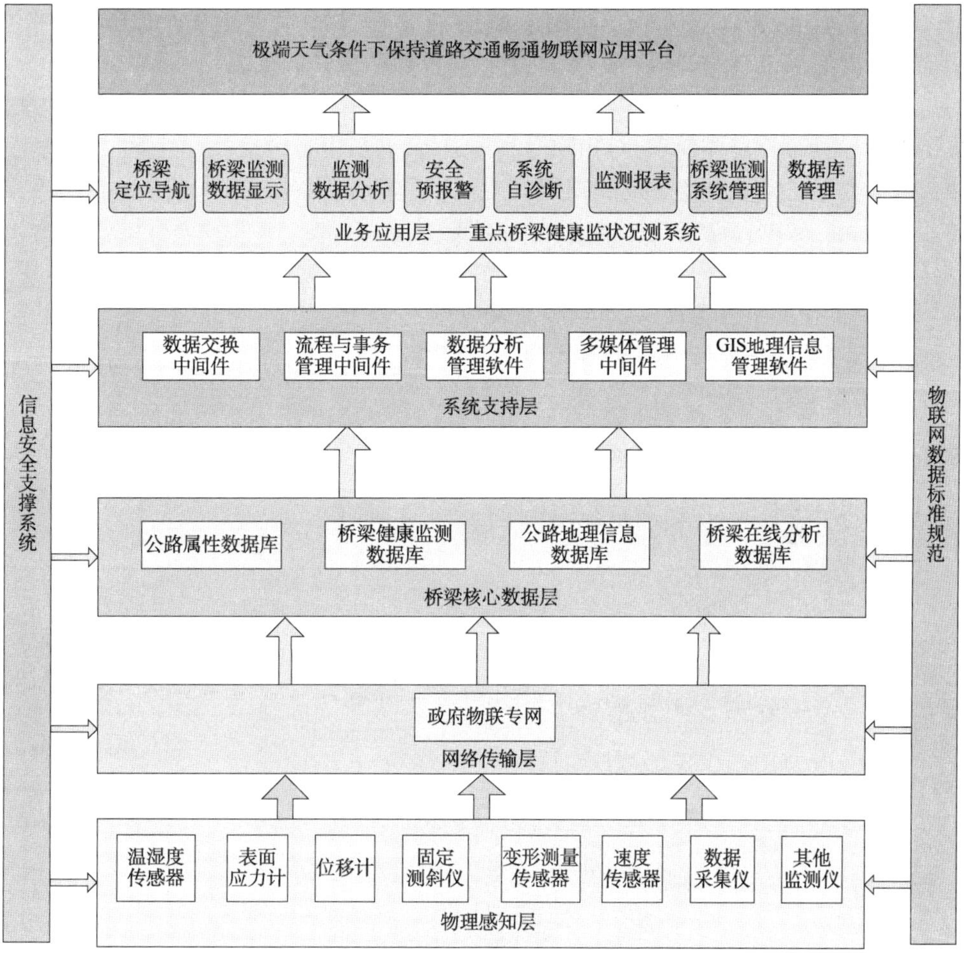

极端天气条件下保持道路交通畅通物联网应用平台

桥梁定位导航 | 桥梁监测数据显示 | 监测数据分析 | 安全预报警 | 系统自诊断 | 监测报表 | 桥梁监测系统管理 | 数据库管理

业务应用层——重点桥梁健康监状况测系统

数据交换中间件 | 流程与事务管理中间件 | 数据分析管理软件 | 多媒体管理中间件 | GIS地理信息管理软件

系统支持层

公路属性数据库 | 桥梁健康监测数据库 | 公路地理信息数据库 | 桥梁在线分析数据库

桥梁核心数据层

政府物联专网

网络传输层

温湿度传感器 | 表面应力计 | 位移计 | 固定测斜仪 | 变形测量传感器 | 速度传感器 | 数据采集仪 | 其他监测仪

物理感知层

信息安全支撑系统

物联网数据标准规范

图 7-5 桥梁健康状况监测系统总体构架框图

第三层为数据核心层，由公路、桥梁基本数据和健康监测数据组成综合桥梁健康监测数据库，为桥梁健康状态分析提供数据支撑，主要完成数据分类存储、交换查询管理。

第四层为系统支撑层，由数据交换中间件、流程与事务管理中间件、数据分析管理软件、多媒体管理中间件、GIS 地理信息管理软件构成。完成对桥梁核心数据层的数据转换，同时支撑业务应用层。

第五层为业务应用层，由各业务系统构成，完成监测数据的分析、预警、显示和输出等，通过监控中心将重要桥梁健康监测信息发布到用户终端。

信息安全支撑系统：网络传输层，提供 VPN、防火墙、网络入侵检测等安全保障;核心数据层,提供数据库访问控制、数据加/解密、操作审计等安全保障;软件支撑层,提供消息传递的加/解密、身份验证、软件服务的访问控制。

物联网数据标准规范支撑体系:按照“极端天气条件下保持道路交通畅通物联网应用示范工程”总体要求,对物联网实体进行编码,内容包括:桥梁属性数据库标准,包括数据对象的分类规范和编码规范;桥梁感知实体数据库标准,包括传感器的定义标准、数据存储格式标准;桥梁应用层数据库标准,制订各个桥梁管理相关业务的标准业务数据内容,以及编码等规范。通过建立物联网数据标准规范体系,实现示范工程的统筹管理、共享交换及资源接入,满足北京市物联网应用支撑平台及极端天气条件下保持道路交通畅通物联网综合应用平台的总体要求,保障两个平台的平稳运行。

### 7.2.1 桥梁健康监测系统硬件结构设计

重点桥梁健康状况监测系统硬件结构,如图 7-6 所示。

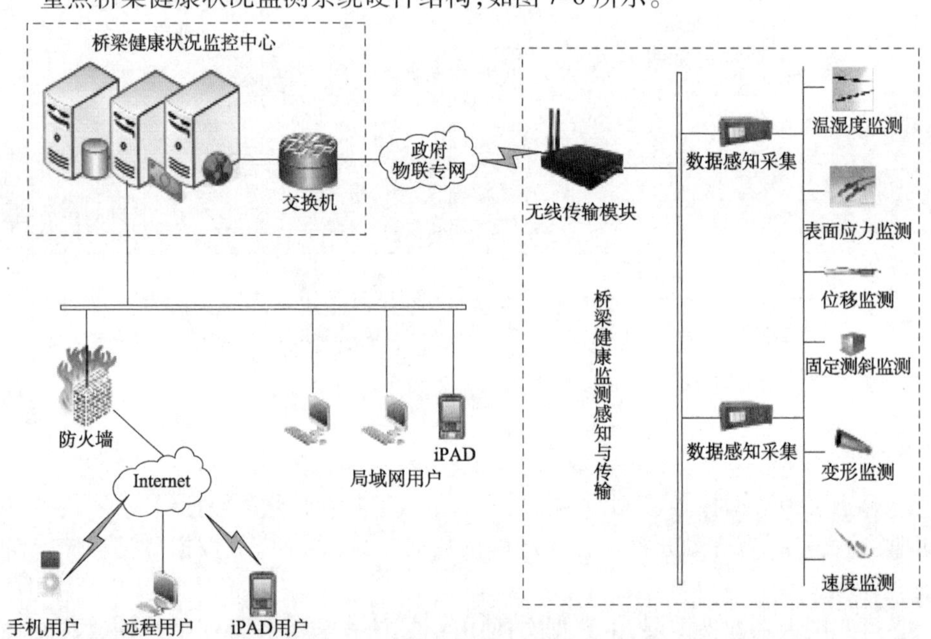


图 7-6 重点桥梁健康状况监测系统硬件结构图

系统硬件结构由 1 个数据中心和 7 个外场网络组成。

数据中心实现外场监测数据接收,计算、存储,数据展示分析功能。数据中心包括应用服务器和数据服务器,数据服务器存储监测实时数据和历史数据。应用服务器部署系统应用程序和数据接收程序。

外场网络实现监测传感器监测数据传输功能，并建立与数据中心的网络连接，实现命令数据传输。外场网络拓扑结构，如图7-7所示。

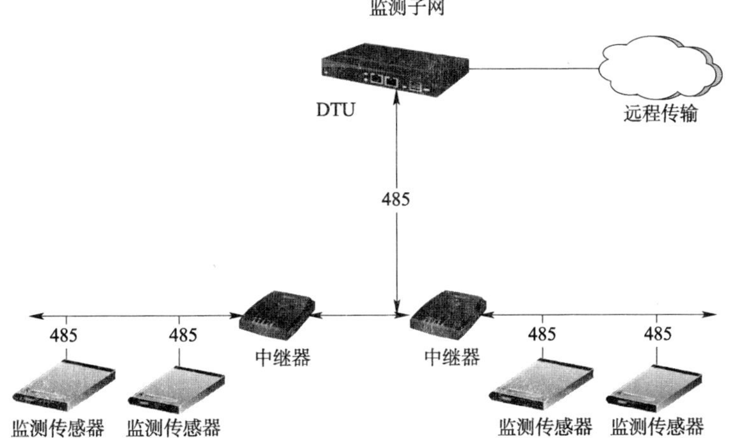


图7-7 外场网络拓扑结构图

以桥跨为单位组成传感器子网，子网内各个传感器通过485总线连接到数据传输模块DTU，DTU通过GPRS网络与数据中心建立通信链路实现数据传输。

## 7.2.2 桥梁健康监测系统软件结构设计

软件系统功能以监测数据显示分析为主，主要包括桥梁定位导航，监测数据显示、趋势分析等功能模块，功能框图如图7-8所示。

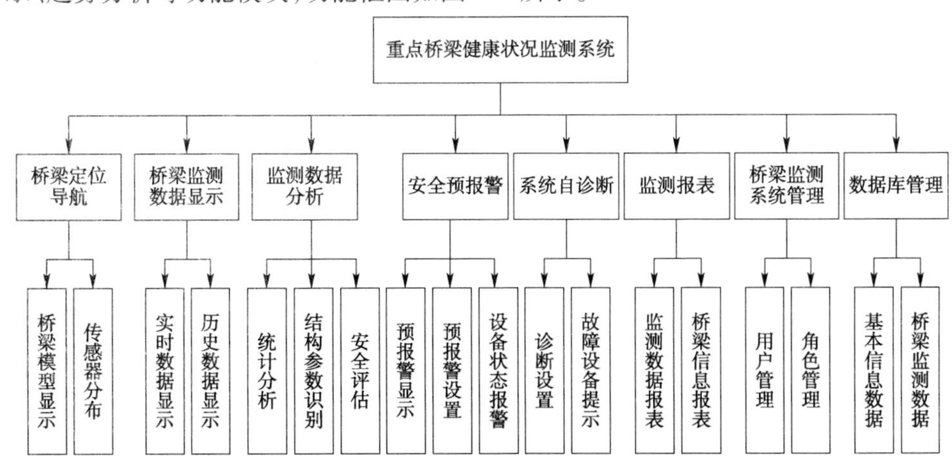


图7-8 系统软件功能设计图

主要功能模块描述如下：

1)定位导航模块

系统首页显示监测桥梁导航,选择桥梁后进入该桥梁监测画面,浏览该桥梁监测数据。

2)桥梁3D导航模块

系统提供监测桥梁列表,通过选择桥梁健康监测数据进行浏览查看、分析等操作。对每座桥梁实现全景导航,以3D方式显示桥梁结构及桥梁监测传感器分布结构。综合管理软件能够通过在网页中嵌入三维图像,形象地反映设备的分布和监测状态,方便用户操作。

3)桥梁监测数据显示模块

对监测的桥梁进行数据分析,完成各类数据处理,包括对温度、湿度、测斜、雨量、GPS进行报表、图形等显示分析。分为实时显示模块和历史数据显示模块,实时显示模块主要显示桥梁监测传感器实时监测数据。历史数据模块以图表方式显示指定时间范围内桥梁监测指标信息,反映桥梁监测指标的历史变化趋势。

实时数据模块根据系统配置的刷新周期,读取并以图形方式显示桥梁各类传感器监测结果,历史数据显示模块根据输入日期,显示某个历史时刻的监测数据。

4)桥梁监测数据分析模块

数据分析功能,主要对数据进行各类分析处理,包括极值、平均值、有效值、均方值、方差、标准差、趋势分析的数据统计分析等功能。

5)桥梁安全预报警模块

对结构安全状况的预报警,当判断出结构存在安全隐患时,系统通过实时界面提示、报表、Email、短信等形式进行预报警,包括报警模块和报警设置模块。报警模块在检测到异常后根据设置进行报警处理,报警设置模块设置各个监测指标的报警值、报警方式等参数。

6)桥梁监测系统自诊断模块

实现对桥梁监测设备管理,包括监测设备列表,发送控制指令。由现场数据采集模块对传感器进行工作状态诊断,对故障设备进行提示,为设备维修和更换提供依据。包括以下模块:

设备状态模块:显示当前设备状态。

设备列表模块:显示桥梁监测设备列表,对可编程设备进行设置管理。

设备报警模块:设置设备报警处理方式,现实故障设备参数信息。

### 7.2.3 桥梁健康预警技术

桥梁结构安全预警的基本原理就是通过收集梁桥基本状况数据、安全监测数

据、维修历史数据,建立梁桥预警数据库(包括数据库、图像库和图形库),实时采集安全监测数据,判断梁桥安全等级、病害程度、病害范围等,然后发布预报,职能部门采取相应措施,最终达到预防安全事故的目的。从预警原理图可知,明确警义是前提,是进行预警的基础;寻找替源是对替情产生原因的分析,是排除警患的基础;分析警兆是关联因素的分析,是预报警度的基础;预报警度是排除替患的根据,而排除警患是预替目标所在。明确警义是预警的起点,它包括警素和警度两个方面。所谓警素是指构成警情的指标,也就是出现了什么样的警情。所谓警度是指警情处于什么状态,也就是它的严重程度。

桥梁安全预警等级划分如下:

本项目拟将预警等级(警度)划分为四级:红色、橙色、黄色和绿色,分别对应于险情状态、警戒状态、异常状态和正常状态。预警原理过程,如图7-9所示。

确定预警指标的阈值需要在细致分析不同类型梁桥的分级指标基础上,根据以下原则按不同类型来进行。

(1)通过影响桥梁安全性能的指标,在众多的指标中选择反映桥梁安全的关键因素,进行定量分级,即确定各安全指标的阈值,评价桥梁的状态。

(2)综合运用现有先进理论,将影响各种桥梁安全性能定量和定性指标进行量化,那些难以定量的指标,可以用赋值的方法进行量化或尽量建立量化和定性之间的相关性。

(3)对每种结构类型进行大量的反复测试,调整影响各种结构类型的桥梁分级指标的临界值,最终确定各种桥梁分级指标阈值。

### 7.2.4 数据分析技术

1)监测数据的预处理

桥梁监测数据通常都由传感器测量记录下来,形成一个数据规模很大的数据"仓库"。这些数据中绝大部分是对后期进行数据分析时有用的数据,但也有一部分数据属于失真数据,例如数据测量缺失、异常的粗大误差、重复数据等。如果把这些数据也录入到数据库中,首先对桥梁状态的评价及预警毫无意义,其次还会造成数据库运行效率大大降低,甚至造成数据库卡死,无法发挥软件处理数据的优势和提高效率的优越性。随着人工智能、机器学习、数据库、统计学等学科的发展,今后对桥梁监测数据的使用已经不满足于传统直接从监测数据反映单一层次桥梁性能指标,而是多层次的数据分析以反映桥梁结构状态。因此,桥梁监测数据的预处理技术,是完成上面要求的基础性工作。

实际工程中的监测数据常常是有噪声、不完全和不一致的多因素共同作用的结果。数据预处理操作的实质是填补遗漏数据、消除异常数据、平滑噪声数据三类。

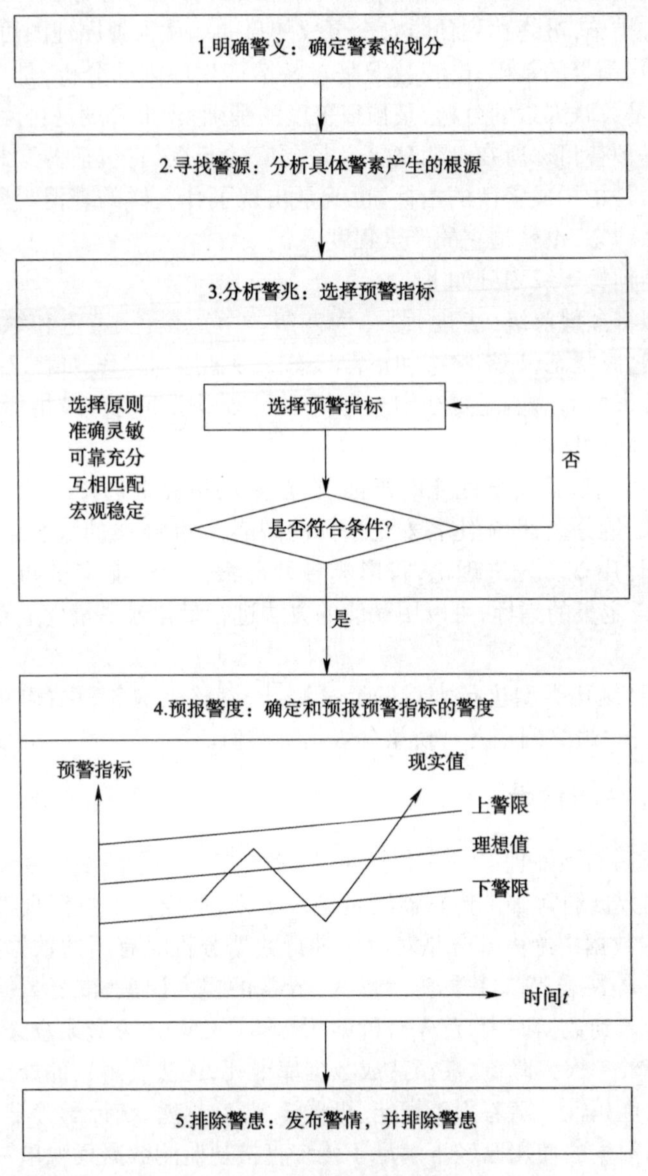


图 7-9 预警原理过程图

(1)遗漏数据的处理。

假设在分析一组荷载试验数据时，发现有多个记录中的属性值为空，例如：某

应变计属性,对于为空的属性值,可以采用以下方法进行遗漏数据处理。

①忽略该条记录。若一条记录中有属性值被遗漏了,则将此条记录排除在数据分析操作之外,当然这种方法并不很有效,尤其是在每个属性遗漏值的记录比例相差较大时。

②手工填补遗漏值。一般来讲,这种方法比较耗时,而且对于存在许多遗漏情况的大规模数据集而言,显然可行性较差。

③利用缺省值填补遗漏值。对一个属性的所有遗漏的值利用一个事先确定好的值来填补。但当一个属性遗漏值较多值,若采用这种方法,就可能误导数据分析进程。因此,这种方法虽然简单,但并不推荐使用,或使用时需要仔细分析填补后的情况,以尽量避免对最终挖掘结果产生较大误差。

④利用均值填补遗漏值。计算一个属性(值)的平均值,并用此值填补该属性所有遗漏的值。

⑤利用最可能的值填补遗漏值。可以使用回归分析、贝叶斯计算公式推断出该条记录特定属性的最大可能的取值。

针对本次重点桥梁健康监测项目,在进行遗漏数据的处理上采用设定在一定时间内(采样时间间隔的 10 倍来填补遗漏值)。

(2)噪声数据处理。

在监测测量中(尤其是动态数据监测中),往往面对的是海量的数据。而所获得的这些数据,往往是我们所需要的真实值和各种各样的干扰或误差噪声等成分叠加在一起的结果。随机噪声在时域上的分布是全局性的,即它在整个观测时段内处处存在。为了从实际观测数据中消除噪声成分而让真实的测量值保留下来,需对噪声数据进行平滑处理。

平滑处理某组测量数据$(x_i,y_i)$$(i=0,1,2,\cdots,n)$时,其目的是要得到一组经平滑处理后的数据$(x_i,\hat{y})$$(i=0,1,2,\cdots,n)$,不是把注意力集中在直接求出的拟合多项式的线性参数,而是能得到 $\hat{y}$ 的平滑计算表示式。平滑处理在数据分析研究中广泛使用,它可以减少测量中统计误差带来的影响,尤其常被用于无法利用多次重复测量来得到其平均值的情况和当 $y_i$ 随 $x_i$ 有徒然变化的那些测量段,例如寻找峰位、峰值或拐点等工作。通过平滑方法进行噪声数据的处理,目前用到的主要有五点二次平滑公式、五点三次平滑公式、七点二次平滑公式等,工程上普遍采用的是五点二次平滑公式,下面仅就这种方法进行说明。

五点二次平滑公式的推导是对待平滑测量点的前两个测量点和后两个测量点的数据,共五个点的测量值用二次三项式拟合,然后取拟合曲线上待平滑测量点的拟合值作为平滑后取值(图 7-10)。

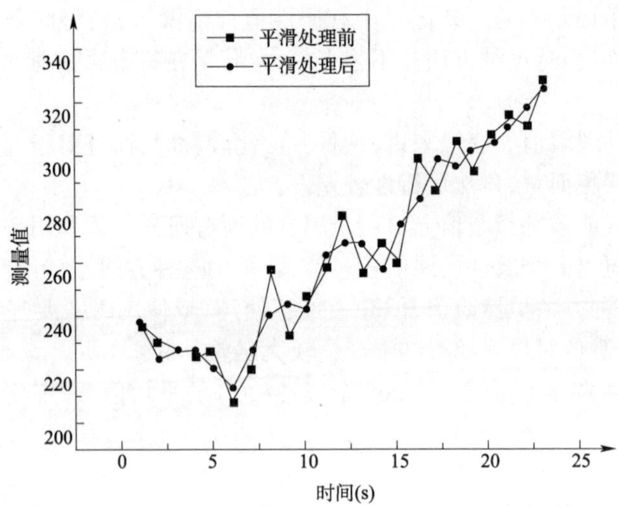


图 7-10　五点二次平滑法去噪处理

移动平滑,即设一组观测值为:$y_0, y_1, \cdots, y_{i-2}, y_{i-1}, y_i, y_{i+1}, y_{i+2}, \cdots, y_{m-2}, y_{m-1}, y_m$,则有五点二次平滑公式。

$y_i(2 \leqslant i \leqslant n)$的平滑修正值为:

$$Y_i = \frac{1}{35}[-3(y_{i+2} + y_{i-2}) + 12(y_{i-1} + y_{i+1}) + 17y_i] \tag{7-1}$$

端点的平滑修正值为:

$$Y_0 = \frac{1}{35}(31y_0 + 9y_1 - 3y_2 - 5y_3 + 3y_4) \tag{7-2}$$

$$Y_1 = \frac{1}{35}(9y_0 + 13y_1 + 12y_2 + 6y_3 - 5y_4) \tag{7-3}$$

$$Y_{m-1} = \frac{1}{35}(-5y_{m-4} + 6y_{m-3} + 12y_{m-2} + 13y_{m-1} + 9y_m) \tag{7-4}$$

$$Y_m = \frac{1}{35}(3y_{m-4} - 5y_{m-3} - 3y_{m-2} + 9y_{m-1} + 31y_m) \tag{7-5}$$

(3)异常数据处理。

桥梁监测数据中的异常值,是指明显不符合桥梁所处受力状态的监测值。处理这样的数据同样要借助对监测数据的平滑处理来实现,只是在进行异常数据的识别时，其所采用的样本点需要的时间较长，一般情况下需要分为3天、7天、15天和30天，这几个时间段。

当对这些时间段的数据进行平滑处理后，计算监测值与平滑后的数值的差值，然后对这些差值采用统计学中剔除粗差的方法进行异常数据识别。

监测数据列中异常数据的识别标准主要有三种：$3\sigma$ 准则、肖维准则、格拉布斯准则。鉴于肖维准则、格拉布斯准则在计算上的复杂性，再考虑到 $3\sigma$ 准则在桥梁监测异常数据识别上已足够，因而，本次北京市重点桥梁健康监测异常数据识别采用 $3\sigma$ 准则进行。

统计理论表明，测量值的偏差超过 $3\sigma$ 的概率小于1%。因此，可以认为偏差超过 $3\sigma$ 的测量值是其他因素或过失造成的，为异常数据。识别的方法是：首先形成一段时间测量值与平滑值之差的一系列数据，算出平均值和标准偏差，把其中最大差值与平均值相比较，若偏差超过 $3\sigma$ 则为异常值。

2）监测数据的分析

桥梁的监测数据大体可分为静态监测数据和动态监测数据两大类。下面分别介绍两种类型数据的分析思路。

（1）静、动态监测数据的时域分析。

静、动态监测数据的时域分析是对实时监测的采集数据，按照数理统计的方法计算相应时间段内的极值、平均值、有效值、均方值、方差、标准差等，计算结果作为初级预警的输入及评估模块调用，并向数据显示模块传送，同时存入处理后数据库中。本文监测数据时域采用的方法为：

①极值：求出各个桥梁监测参数的最大值和最小值，可以查看数据是否有异常值。通过分析每个桥梁参数值的局部方差的变化趋势，可以部分反映桥梁结构的变化，进行健康状况的监测。

②平均值：桥梁监测系统所获得的数据值受很多方面因素的影响（比如受天气、桥梁的荷载、监测系统的运行情况等的影响），有时单个的变量值不能反映桥梁当时的状况，于是以桥梁结构参数或环境参数在不同的时间单位的平均值作为研究对象，这样就可以平滑数据，减小各种因素的影响。平均值由很多条记录计算而来，更符合统计规律。

③有效值：时变量的瞬时值在给定时间间隔内的均方根值。对于周期量，时间间隔为一个周期。

④标准方差：数据的标准方差是数据的一个重要数字特征，它反映了数据的离散程度。在数据规范化处理的过程中，要利用标准方差和平均值来计算数据的规范值。

数据的分析在整个重点桥梁健康监测系统中尚应实现幅域分析显示功能。

(2)静态监测数据的趋势分析。

趋势分析需要应用统计学的回归分析理论进行,为具体应用的便利,在此进行详细说明。

趋势模型法是根据时间序列的变化趋势,建立一个适合的数学方程来模拟时间的趋势变动,推算各时期的趋势值。

长期趋势有直线型和曲线型之分。若各个时期的变化量大体相同,即各时期的增长近似于一个常数时,则趋势近似于一条直线,这时可拟合为一条直线,并可拟直线趋势方程。若各个时期的二级增长量大体相同,即各个时期的逐期增长量的增长近似于一个常数,则趋势线近似于一条抛物线,可以配合抛物线方程。若现象各年(环比:现在的统计周期和上一个统计周期比较增长速度)增长速度大体相同,则近似于一条指数曲线,可以配合指数曲线方程。抛物线和指数曲线或其他曲线,都为曲线型。现实的桥梁监测中,现象发展呈曲线形是大量存在的,简单的直线上升或者简单的下降的情况则比较少见。但研究长期趋势变动的直线型是研究曲线型变动的基础和出发点。下面首先简单介绍直线趋势的测定方法。

①直线趋势方程。这是利用直线回归的方法对原始时间序列拟合直线方程,消除其他成分变动,从而揭示出数列长期直线趋势的方法。直线趋势方程的一般形式为:

$$\hat{y}_t = a + bt \tag{7-6}$$

式中:$\hat{y}_t$——时间序列的趋势值;

$t$——时间;

$a$、$b$——待定参数。

分析长期趋势拟合直线方程的方法有多种,其中最普遍的方法是最小二乘法。其原理在此不赘述。

求解参数 $a$、$b$ 的标准方程为:

$$\begin{cases} \sum_{i=1}^{n} y_i = na + b\sum_{i=1}^{n} t_i \\ \sum_{i=1}^{n} t_i y_i = a\sum_{i=1}^{n} t_i + b\sum_{i=1}^{n} t_i^2 \end{cases} \tag{7-7}$$

解得:

$$\begin{cases} a = \dfrac{\sum_{i=1}^{n} y_i}{n} - \dfrac{b\sum_{i=1}^{n} t_i}{n} = \bar{y} - b\ \bar{t} \\ b = \dfrac{\sum_{i=1}^{n} t_i y_i - \dfrac{1}{n}(\sum_{i=1}^{n} t_i)(\sum_{i=1}^{n} y_i)}{\sum_{i=1}^{n} t_i^2 - \dfrac{1}{n}(\sum_{i=1}^{n} t_i)^2} \end{cases} \tag{7-8}$$

②曲线方程。

A. 多项式曲线方程。多项式曲线仍然可用最小平方法配合曲线趋势方程，根据方程，求得趋势值。多项式曲线方程的一般方程为：

$$y_t = c_0 + c_1 t + c_2 t^2 + \cdots + c_k t^k \tag{7-9}$$

这里以二次曲线方程为例，二次曲线方程为：

$$y_t = a + bt + ct^2 \tag{7-10}$$

方程中有三个待定参数 $a$、$b$、$c$，按最小平方法可得出下列三个标准方程：

$$\begin{cases} \sum_{i=1}^{n} y_i = na + b\sum_{i=1}^{n} t_i + c\sum_{i=1}^{n} t_i^2 \\ \sum_{i=1}^{n} t_i y_i = a\sum_{i=1}^{n} t_i + b\sum_{i=1}^{n} t_i^2 + c\sum_{i=1}^{n} t_i^3 \\ \sum_{i=1}^{n} t_i^2 y_i = a\sum_{i=1}^{n} t_i^2 + b\sum_{i=1}^{n} t_i^3 + c\sum_{i=1}^{n} t_i^4 \end{cases} \tag{7-11}$$

解出 $a$、$b$、$c$ 可得二次曲线趋势方程：

$$\hat{y}_t = a + bt + ct^2$$

B. 指数曲线方程。当自变量 $x$ 做等差的增加或减少时，因变量 $y$ 随之而做等比的增加或减少，拟合指数曲线是合适的。其回归方程模型为：

$$\hat{y} = ab^t \tag{7-12}$$

式中，$a$，$b$ 为待定参数；自变量 $t$ 是参数 $b$ 的指数。

当 $b > 1$ 时，为递增曲线；当 $0 < b < 1$，为递减曲线。

对上式两边取对数，则：

$$\lg\hat{y} = \lg a + t\lg b \tag{7-13}$$

设 $\lg\hat{y} = \hat{y}'$，$\lg a = a'$，$\lg b = b'$

则上述指数模型转化为：

$$\hat{y}' = a' + b't \tag{7-14}$$

可见，经过变量变换，指数曲线方程转化为一元线性回归方程。按最小平方法原理，可得标准方程组：

$$\begin{cases} \sum_{i=1}^{n} y_i' = na' + b' \sum_{i=1}^{n} t_i \\ \sum_{i=1}^{n} t_i y_i' = a' \sum_{i=1}^{n} t_i + b' \sum_{i=1}^{n} t_i^2 \end{cases} \tag{7-15}$$

解出 $a'$和 $b'$后,便可求出 $a$ 和 $b$ 的值。

趋势拟合法在实践中应用范围较广,但是对于那些具有很大的随机误差的监测类型,仅仅用直线或者曲线拟合,是不够准确的。对于具有较大随机误差的监测数据,要建立自回归模型,拟合趋势曲线。

(3)动态数据的频域分析。

动态监测信号的频域分析将时间变量变换成频率变量,揭示了信号内在的频率特性以及信号时间特性与其频率特性之间的密切关系,从而导出了信号的频谱,并由频谱特征明确结构的整体工作性能。

频域分析采用的最主要方法是通过傅里叶变换,将测试的时程信号转化为频域信息。傅里叶变换是将信号进行正交分解,即分解为三角函数或复指数函数的组合。具体分析方法为:

对任意一个周期为 $T$ 的周期信号 $f(t)$,若满足下列狄里赫利条件,则 $f(t)$ 可以展开为:

$$\begin{aligned} f(t) &= a_0 + a_1\cos\omega_1 t + b_1\sin\omega_1 t + a_2\cos 2\omega_1 t + b_2\sin 2\omega_1 t + \cdots + a_n\cos nw_1 t + b_n\sin nw_1 t \\ &= a_0 + \sum_{n=1}^{\infty}(a_n\cos n\omega_1 t + b_n\sin n\omega_1 t) \end{aligned}$$

其中:

$$\omega_1 = \frac{2\pi}{T}$$

$$a_0 = \frac{1}{T}\int_{t_0}^{t_0+T} f(t)\,\mathrm{d}t$$

$$a_n = \frac{2}{T}\int_{t_0}^{t_0+T} f(t)\cos n\omega_1 t\,\mathrm{d}t$$

$$b_n = \frac{2}{T}\int_{t_0}^{t_0+T} f(t)\sin n\omega_1 t\,\mathrm{d}t$$

对于非周期信号,可采用快速傅里叶变换方法进行频谱分析:

$$F(\omega) = \int_{-\infty}^{\infty} f(t)\,\mathrm{e}^{-j\omega t}\,\mathrm{d}t \tag{7-16}$$

相应的逆变化为:

$$f(t) = \frac{1}{2\pi}\int_{-\infty}^{\infty} F(\omega)\,\mathrm{e}^{j\omega t}\,\mathrm{d}\omega \tag{7-17}$$

图 7-11 为一典型振动监测时程曲线,其相应的傅里叶谱如图 7-12 所示。

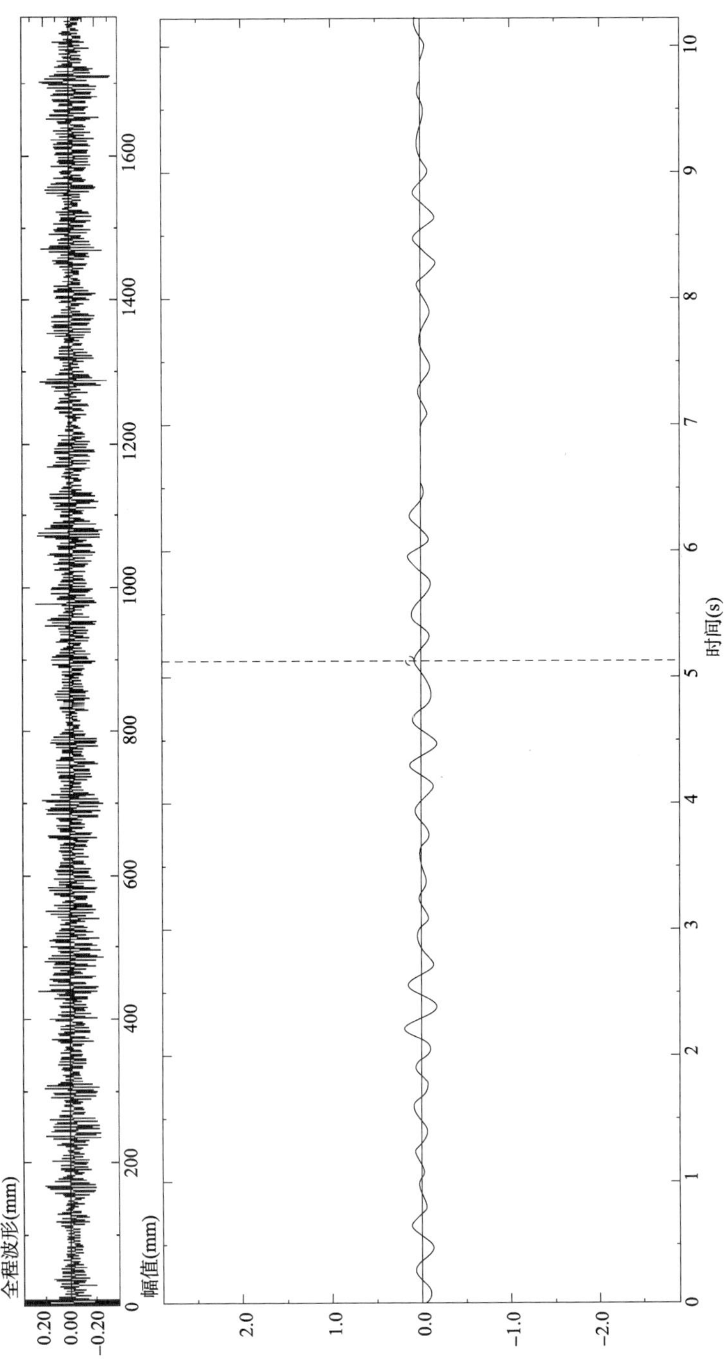


图 7-11　典型振动测试时程曲线

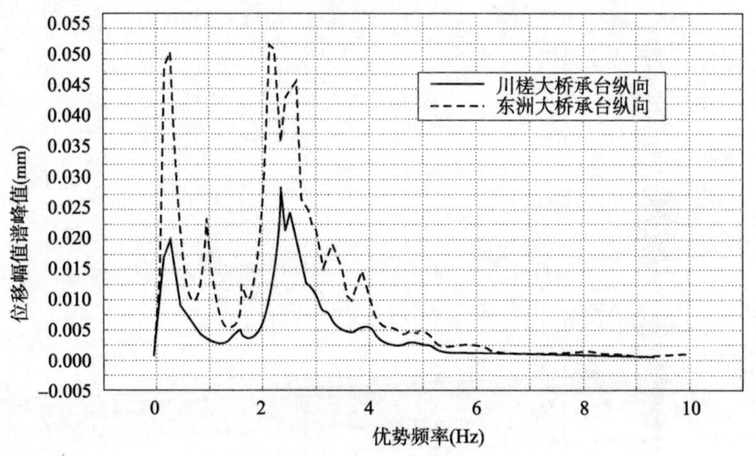


图 7-12　傅里叶谱分析

## 7.3　关键技术创新

通过北京市重点桥梁项目建设，实现了健康监测设备安装和监测数据传输与分析，在该项目形成如下创新：

(1)基于物联网层次架构，根据所监测的桥梁受力特点，在感知层改变有线通信模式，应用无线通信技术、激光传感识别技术，建立了桥梁应力、变形、变位、结构状态监测感知系统，实现数据的在线传输及监控，系统具有良好的拓展性。

(2)针对常用桥梁的使用特性，提出环境监测、变形监测、结构监测指标体系，应用有限元分析技术，对重点桥梁进行受力分析，采用层次分析法，建立安全评价模型。基于预警原理，建立绿、黄、橙、红四级预警机制，合理确定不同桥型、不同监测部位的指标预警阈值，构建的预警模型实用强。

(3)基于 Web 虚拟现实、3D 仿真技术，开发重点桥梁健康状况监测软件系统，功能涵盖数据分析、预警监测、统计分析、设备管理等，实现 3D 虚拟导航、桥梁监测状况可视化动态显示。

# 8 数据交换与共享设计

## 8.1 设计思路

本项目的数据交换与共享通过数据共享交换接口服务子系统实现。该子系统实现编码赋码、物联基础信息共享、物联信息目录共享、与市物联网应用支撑平台共享交换等功能。

编码赋码主要是对感知设备和管理对象的统一编码;物联基础信息共享主要是对各部门感知设备、管理对象基本信息和扩展信息的统一管理,然后共享到市物联网应用支撑平台;物联信息目录共享主要是对各部门共享信息目录和需求信息目录进行统一管理,然后共享到市物联网应用支撑平台;与市物联网应用支撑平台共享交换主要是依托市物联网应用支撑平台,完成本系统与其他各部门实时监测数据的共享交换和页面应用共享。

## 8.2 设计原则

(1)利旧改造原则。

在开发和建设过程中,充分利用市物联网应用支撑平台所提供的平台接口以及各部门已经存在的业务应用系统和接口,减少专业应用接口开发的难度和工作量,防止重复建设。

(2)统一规划原则。

由于接口集成牵涉到各个业务部门,应用和资源种类多样,为保障项目进度和质量,本系统在开发和建设时采取统一规划,本着共建共用的原则,集约建设。

(3)易接入原则。

由于系统牵涉的业务部门较多,在和各部门应用系统对接时尽量采用最简单易行的方式对接。

(4)易扩展原则。

由于系统在使用过程中,业务可能会有所变化,本系统在接口集成过程中采用插件式开发，当接口发生变化时，只需稍作改动即可满足新业务的需求，充分遵循易扩展原则。

## 8.3 编码赋码方案

编码赋码主要是对感知设备、管理对象进行统一编码。

感知设备编码采用“前段码 + 后段码”的结构，其中，前段码 17 位，后段码 55 位，共计 70 位。

管理对象编码采用“前段码 + 后段码”的结构，其中，前段码 17 位，后段码 34 位，共计 51 位。

编码赋码具体业务流程如下：

(1)各单位填写前段码申请单。

(2)将前段码申请单提交到市物联网应用支撑平台审核。

(3)市物联网应用支撑平台对申请单进行审核，审核通过后分配前段码，并对申请单位后段码规则备案。审核不通过则通知申请单位重新填写前段码申请单。

(4)审核通过后，申请单位完成感知设备编码。

## 8.4 物联基础信息共享方案

物联基础信息共享主要是对各部门感知设备、管理对象基本信息和扩展信息进行统一管理，然后共享交换到市物联网应用支撑平台。

物联基础信息共享主要是为各部门提供统一的基于 Web 的物联基础信息管理界面，各部门通过登录该物联基础信息管理系统进行所属感知设备、管理对象的基础信息和扩展信息的登记注册与维护，然后共享交换到市物联网应用支撑平台。

物联基础信息注册共享主要包含信息梳理注册、信息审核、信息发布、信息服务、信息同步五大流程，具体数据流程如图 8-1 所示。

(1)信息梳理登记。

恶劣天气交通保畅物联网综合应用平台系统物联基础信息主要包括管理对象、感知设备基础信息，管理对象、感知设备扩展信息。

各部门登录到物联基础信息管理系统，将梳理好的基础信息和扩展信息分别进行登记注册。注册到物联基础信息管理系统中的数据首先处于信息注册状态，对于注册状态的信息能够进行修改。注册状态的信息等待物联基础信息系统审核，审核不通过需要重新修改。

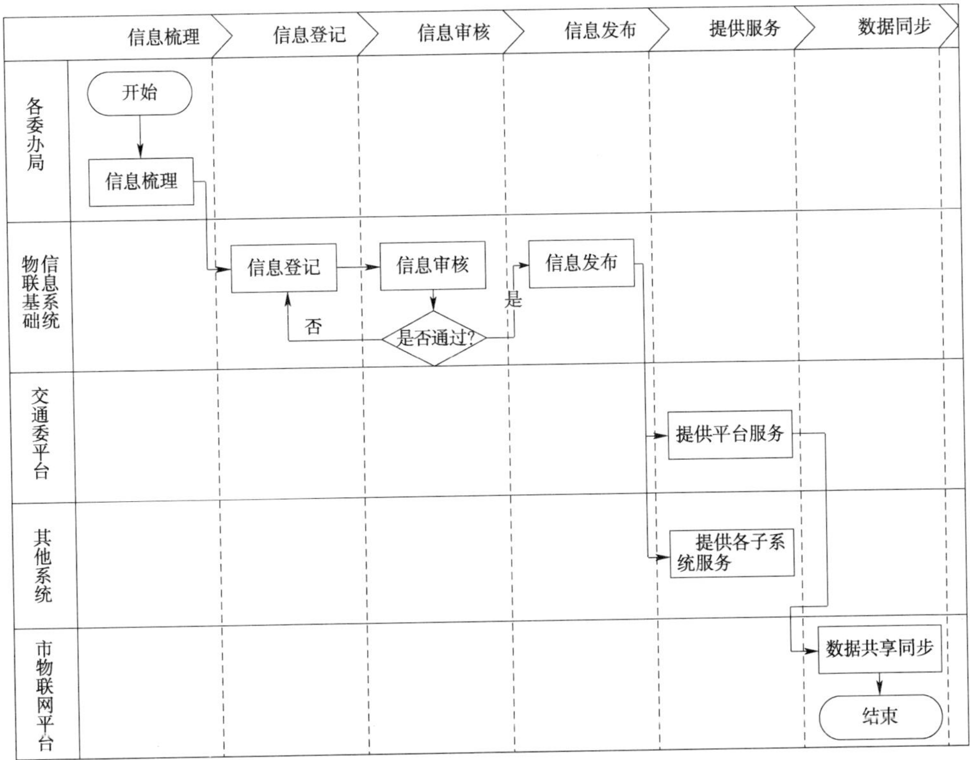


图 8-1 物联基础信息共享流程图

(2)信息审核。

各部门梳理注册的基础信息经提交后处于信息审核状态,经审核通过后才允许发布,审核不通过的信息退回注册部门进行修改。

(3)信息发布。

各部门提交后审核通过的基础信息处于发布状态,能够供恶劣天气交通保畅物联网综合应用平台系统使用。

(4)信息服务。

审核发布后的物联基础信息,通过 Web 服务方式对各业务部门提供物联基础信息服务查询、统计、并对端天气道路交通保畅物联网应用示范系统提供支持。

(5)信息同步。

物联基础信息管理系统通过桥接系统的数据交换前置机器,将发布后的物联基础信息共享交换到市物联网应用支撑平台。

## 8.5 物联信息目录共享方案

物联信息目录共享主要是对各部门共享信息目录和需求信息目录进行统一管理,然后共享交换到市物联网应用支撑平台。

物联信息目录共享主要是为各部门提供统一的基于 Web 的物联信息目录管理界面,各部门通过登录该物联信息目录管理系统进行共享信息目录和需求信息目录的登记注册与维护,然后共享交换到市物联网应用支撑平台。

物联信息目录注册共享主要包含目录资源信息梳理注册、目录资源信息审核、目录资源信息发布、提供目录信息服务、目录资源信息同步五大流程,具体数据流程如图 8-2 所示。

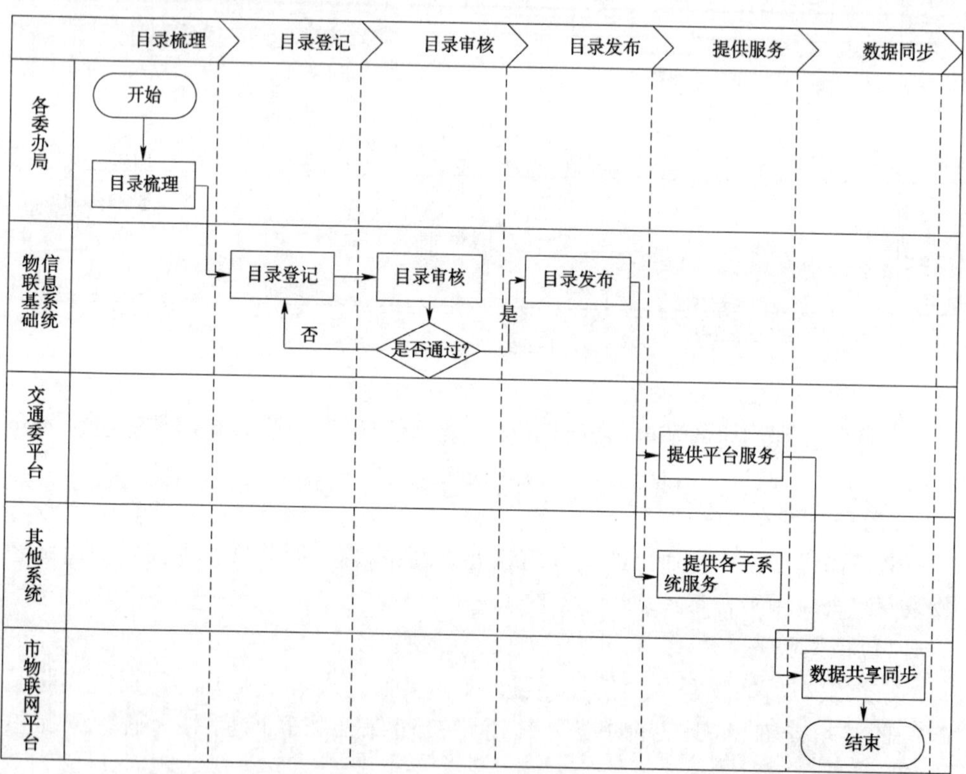


图 8-2　物联信息目录共享流程图

(1)目录资源信息梳理注册。

恶劣天气交通保畅物联网综合应用平台系统物联信息目录主要包括物联综合

信息目录、物联实时信息目录。各部门通过登录到物联信息目录管理系统，将梳理好的共享信息目录、需求信息目录分别进行登记注册。注册到物联信息目录系统的数据首先处于注册状态，对于注册状态的物联信息目录数据能够进行修改，同时等待物联信息目录管理系统审核，审核不通过需要重新修改。

(2)目录资源信息审核。

各部门梳理注册的物联信息目录经提交后处于审核状态，经审核通过后才允许发布，审核不通过的则退回注册部门进行修改。

(3)目录资源信息发布。

各部门提交后审核通过的物联信息目录数据处于发布状态，能够供恶劣天气交通保畅物联网综合应用平台系统物使用。

(4)提供目录信息服务。

审核发布后的物联信息目录，通过 Web 服务方式对各业务部门提供目录信息查询、统计、导航、资源定位等服务，并对恶劣天气交通保畅物联网综合应用平台系统物提供支持。

(5)目录资源信息同步。

物联信息目录管理系统通过桥接系统的数据交换前置机器，将发布后的物联目录信息共享交换到市物联网应用支撑平台。

## 8.6　与市物联网应用支撑平台共享交换方案

与市物联网应用支撑平台共享交换主要是依托市物联网应用支撑平台，完成本系统与其他各部门实时监测数据的共享交换和页面应用共享。

根据《北京市城市安全运行和应急管理领域物联网应用示范工程建设方案联合审查工作办法》，结合项目需求和建设内容，在信息管理与共享方面对物联网实体编码方案、物联基础信息及物联基础信息目录的管理和登记注册方案，以及物联信息统筹管理、共享交换、资源接入的相关技术方案等内容进行对接。

恶劣天气交通保畅物联网综合应用平台与市应急物联网应用支撑平台对接是各相关部门信息与市物联网应用支撑平台之间的共享交换，共包括四部分：编码赋码管理、物联基础信息管理与注册、物联信息目录管理与登记、物联信息共享交换。恶劣天气交通保畅物联网综合应用平台与市应急物联网应用支撑平台对接的框架图如图 8-3 所示。

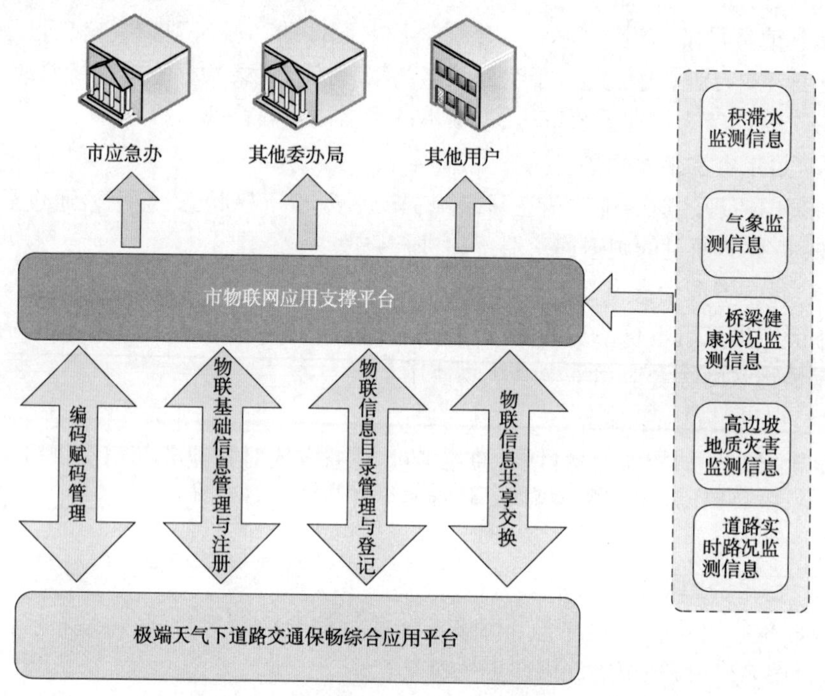


图 8-3　与市物联网应用支撑平台对接示意图

## 8.6.1　实时监测数据共享交换

1)从市物联网应用支撑平台获取的数据

各部门先将采集到的实时监测数据共享到市物联网应用支撑平台,然后由市物联网应用支撑平台转发到本系统。

需要从市物联网应用支撑平台获取的数据,如表 8-1 所示。

从市物联网应用支撑平台获取数据表　　表 8-1

| 类　别 | 数据项名称 |
|---|---|
| 道路交通实时信息 | 道路名称标识、流量、速度、占有率、长车数量、旅行时间 |
| 积滞水传感器实时监测数据 | 监测时间、传感器 ID、传感器类型、降雨量、水位 |
| 道路气象传感器实时监测数据 | 监测时间、传感器 ID、传感器类型、能见度、温度、地面温度、风向、风力、摩擦系数、路面积滞水水位、道路结冰、降雨量、降雪量 |
| 双曲拱桥检测传感器实时监测数据 | 监测时间、传感器 ID、传感器类型、拱顶截面应力、拱顶截面应变、1/4 截面应力、1/4 截面变应、拱顶挠度、拱角水平位移、环境温度 |

续上表

| 类　别 | 数据项名称 |
| --- | --- |
| 刚架拱桥检测传感器实时监测数据 | 监测时间、传感器ID、传感器类型、拱顶实腹段跨中应力、拱顶实腹段跨中应变、主拱腿截面应变、大节点处上弦杆截面应变、斜撑截面应变、拱脚应力、拱脚应变、拱角水平位移、拱片跨中挠度、拱片1/4点挠度、环境温度 |
| 梁桥检测传感器实时监测数据 | 监测时间、传感器ID、传感器类型、应力、应变、转角变位、振动特性参数、裂缝监测、环境温度 |
| 高边坡传感器实时监测数据 | 时间、传感器ID、传感器类型、降水量、地表水位、地表水量、结构应力、结构应变、温度、边坡位移、边坡变形、裂缝、地声 |
| 水务部门积滞水预警数据 | 积滞水预警信息 |
| 气象部门气象预警数据 | 大雾、路面积雪、积冰、暴雨、路面积滞水、路面高温等灾害性天气实况预警 |

具体实现方式为：

(1)各部门通过物联信息目录系统注册要共享实时监测数据的物联信息目录。

(2)恶劣天气交通保畅物联网综合应用平台系统通过物联信息目录系统注册要获取数据的物联信息目录。

(3)恶劣天气交通保畅物联网综合应用平台系统与桥接系统设定数据梳理规则。

(4)各部门负责接收传感器的实时监测数据，然后按照物联目录注册的信息格式共享到市物联网应用支撑平台。

(5)市物联网应用支撑平台将数据按照相应格式转发到桥接系统的数据共享交换前置机。

(6)桥接系统将数据梳理转换成恶劣天气交通保畅物联网综合应用平台系统需要的格式后，传送到恶劣天气交通保畅物联网综合应用平台系统的数据库。

(7)恶劣天气交通保畅物联网综合应用平台系统从数据库获取各部门的实时监测数据。

2)共享数据到市物联网应用支撑平台

恶劣天气交通保畅物联网综合应用平台系统先将数据共享到市物联网应用支撑平台，然后由市物联网应用支撑平台转发给其他部门使用。系统以可配置的方式提供各种共享数据。

具体实现方式为：

(1)恶劣天气交通保畅物联网综合应用平台系统通过物联信息目录系统注册要共享数据的物联信息目录。

(2)桥接系统将要共享的数据发送到数据共享交换前置机。

(3)数据共享交换前置机将接收到的数据,按照相应格式共享到市物联网应用支撑平台。

### 8.6.2 页面应用共享交换

1)从市物联网应用支撑平台获取的页面应用

各部门先将页面应用共享到市物联网应用支撑平台,然后由市物联网应用支撑平台审核并对外发布。

需要从市物联网应用支撑平台获取的页面应用,如表8-2所示。

**从市物联网应用支撑平台获取页面应用表** 表8-2

| 类　别 | 数据项名称 |
|---|---|
| 水务部门页面应用 | 积水点展示、积水点分析、应急排水抢险调度、积水图片展示、城区泵站信息 |
| 道路沿线气象预测页面应用 | 实时天气预报信息、未来3天和7天的天气预报信息、实时道路气象信息、道路气象预测预报信息 |
| 其他页面应用 | 其他页面应用 |

具体实现方式为:

(1)各部门通过物联信息目录系统注册要共享页面应用的物联信息目录。

(2)各部门将要共享的页面应用梳理完毕后,传送到市物联网应用支撑平台进行验证审核,审核通过后对外发布,供其他部门调用。

(3)恶劣天气交通保畅物联网综合应用平台系统通过物联信息目录系统查找要调用的页面应用访问地址。

(4)恶劣天气交通保畅物联网综合应用平台系统通过访问页面应用的地址,将返回的页面信息集成到系统里面展示。

2)共享到市物联网应用支撑平台的页面应用

恶劣天气交通保畅物联网综合应用平台系统先将页面应用共享到市物联网应用支撑平台,然后由市物联网应用支撑平台进行审核并对外发布。系统以可配置的方式提供各种页面应用共享。

具体实现方式为:

(1)通过物联信息目录系统注册要共享页面应用的物联信息目录。

(2)将要共享的页面应用梳理完毕后,传送到市物联网应用支撑平台进行验证审核,审核通过后对外发布,供其他部门调用。

# 9　系统安全设计

## 9.1　设计思路

从安全策略、安全技术、安全管理制度等角度出发，以不低于现有系统安全级别（三级）的标准进行设计。

## 9.2　设计原则

### 9.2.1　总体性与重点性结合的原则

恶劣天气交通保畅物联网综合应用平台建设从安全体系的角度，整体规划本次建设涉及的各种安全要素，有的放矢，重点突出信息/数据的安全、业务服务的可持续性保障和安全管理。

### 9.2.2　前瞻性与实用性结合的原则

随着业务系统应用规模和水平的不断发展变化，新的需求不断增加，系统安全建设既要考虑未来的安全需求和安全技术的发展因素，使选用的安全技术和设备应具备良好的可升级性、可扩展性；同时，更要立足网络系统的实情，注重实用性和可操作性。在安全系统的设计和建设过程中，要尽量采取成熟的、有成功先例的技术，合理选用安全设备和安全软件，优化系统性能价格比，精心设计、科学施工，避免采用过高和华而不实的技术、设备和软件，避免失误和重复劳动，求得资金投入的最大收益。

### 9.2.3　适度性原则

本着实事求是的原则，在安全风险和成本之间寻找平衡点，在使用最好的技术方案的同时，降低成本，从而达到最佳效果。

### 9.2.4 标准与规范化原则

严格遵守国际和国内已经制定的一系列保护信息安全的法律、法规和规定。

## 9.3 安全风险源及风险点分析

### 9.3.1 物理层风险

物理安全是整个恶劣天气交通保畅物联网综合应用平台安全的前提。物理安全主要存在以下几方面风险：

(1)地震、水灾、火灾等自然环境事故造成整个系统毁灭。

(2)电源故障造成设备断电以至操作系统引导失败或数据库信息丢失。

(3)设备被盗、被毁造成数据丢失或信息泄漏。

(4)电磁辐射可能造成数据信息被窃取或偷阅。

(5)报警系统的设计不足可能造成原本可以防止但实际发生了的事故。

### 9.3.2 系统层风险

系统安全通常是指网络操作系统、应用系统的安全。对一个网络系统而言，操作系统或应用系统存在不安全因素，将是黑客攻击得手的关键因素，因为黑客攻击某网络系统，一般都是通过攻击软件扫描该网络系统中主机是否存在安全漏洞，通过可利用的安全漏洞进行攻击并控制这台主机，为以后进一步攻击打下基础。就目前的操作系统或应用系统来说，无论是 Windows 还是其他任何商用操作系统以及其他厂商开发的应用系统，都存在着或多或少的安全漏洞。如果黑客利用这些漏洞对系统进行攻击，结果可想而知。从实际应用考虑，系统的安全漏洞并不是不可避免的，因为系统本身也会有自己的安全配置，只要定期地安装相应系统的补丁，关闭不常用的服务，禁止开放一些不常用而又比较敏感的端口等，那么入侵者要进入内部网是不容易的。

### 9.3.3 应用层风险

应用层的安全往往依赖于网络层、操作系统、数据库的安全，由于应用系统复杂多样，没有特定的安全技术能够完全解决一些特殊应用系统的安全问题。但一些通用的应用程序，如 Web Server 程序、FTP 服务程序、E－mail 服务程序、浏览器、MS Office 办公软件等，这些应用程序自身的安全漏洞和由于配置不当造成的安全漏洞会导致整个网络的安全性下降。

1)软件的漏洞或者"后门"

随着软件类型的多样化,软件上的漏洞日益增加,一些系统软件、桌面软件等都被发现过存在安全隐患。可以说,任何一个软件系统都可能会因为程序员的一个疏忽、设计中的一个缺陷等原因而存在漏洞。

2)资源共享

办公网络应用通常是共享网络资源,比如文件、打印机共享等。由此就可能存在着:职工有意、无意把硬盘中重要信息目录共享,长期暴露在网络邻居上,可能被外部人员轻易偷取或被内部其他工作人员窃取并传播出去,造成泄密。

3)病毒传播风险

网络是病毒传播最好、最快的途径之一。病毒程序可以通过网上下载、电子邮件、使用盗版光盘、人为投放等传播途径潜入内部网。

4)网络管理风险分析

大多数单一性产品难以解决互操作、统一调度、协同管理问题,很难保证策略上的完整性和行动上的一致性。

管理工具的缺乏给网络维护人员带来了很大的难度。

目前软硬件环境比较复杂,缺乏对资源进行有效的管理,降低了网络环境下应用和服务的质量与效率。

### 9.3.4 管理层风险分析

网络安全的管理包括组织建设、制度建设和人员培训三方面内容。组织建设是指建立健全网络安全管理机构,配备相应的管理人员,明确职责分工。制度建设是指建立一整套切实可行的规章制度,使安全管理有章可循。人员培训是对网络管理人员和网络用户进行安全意识培训和技能培训。

组织机构不完整、安全管理制度不健全和人员安全意识不强,都会引起网络安全管理的风险。从以往的经验教训看,有些单位组织机构不健全、规章制度不完整,网络安全管理也就无从谈起。还有些单位有机构、有制度,但没有人去执行和落实,网络安全管理有名无实。在网络安全管理中,人是决定性因素,如果人的安全保密意识差,技术技能低,即使安全产品投资很大,设备非常先进,也无法保障网络的安全。

管理是网络安全得到保证的重要组成部分,责任不明、管理混乱、安全管理制度不健全及缺乏可预防性、操作性等可能引起管理安全的风险。

安全风险源与风险点一览,见表9-1。

安全风险源与风险点一览表　　表 9-1

| 组　件 | 构　件 | 元　素 | 风　险　点 |
|---|---|---|---|
| 物理环境及保障 | 物理环境 | 场地 | 场地选址不当 |
| | | | 场地安全措施不当 |
| | | | 自然灾害 |
| | | 机房 | 机房布局不当 |
| | | | 安全措施不当 |
| | 物理保障 | 电力供应 | 电气干扰 |
| | | 灾难应急 | 灾难应急措施不当 |
| 硬件设施 | 计算机 | 大、中、小型计算机 | 老化 |
| | | | 处理器缺陷/兼容性 |
| | | | 人为破坏 |
| | | | 辐射 |
| | | | 滥用 |
| | | 个人计算机 | 老化 |
| | | | 处理器缺陷/兼容性 |
| | | | 人为破坏 |
| | | | 辐射 |
| | | | 滥用 |
| | 网络设备 | 交换机 | 物理威胁 |
| | | | 欺诈 |
| | | | 拒绝服务 |
| | | | 访问滥用 |
| | | | 不安全的状态转换 |
| | | | 后门 |
| | | | 设计缺陷 |
| 硬件设施 | 网络设备 | 网关设备或路由器 | 人为破坏 |
| | | | 后门 |
| | | | 设计缺陷 |
| | | | 修改配置 |
| | | 中继器 | 老化 |
| | | | 人为破坏 |
| | | | 电磁辐射 |

续上表

| 组　件 | 构　件 | 元　素 | 风 险 点 |
| --- | --- | --- | --- |
| 硬件设施 | 网络设备 | 桥接设备 | 老化 |
| | | | 人为破坏 |
| | | | 电磁辐射 |
| | | 调制解调器 | 自然老化 |
| | | | 人为破坏 |
| | | | 电磁辐射 |
| | | | 后门 |
| | | | 设计缺陷 |
| | 传输介质及转换器 | 同轴电缆 | 电磁辐射 |
| | | | 电磁干扰 |
| | | | 搭线窃听 |
| | | | 人为破坏 |
| | | 双绞线 | 电磁辐射 |
| | | | 电磁干扰 |
| | | | 搭线窃听 |
| | | | 人为破坏 |
| | | 光缆/光端机 | 人为破坏 |
| | | 卫星信道 | 信号窃听 |
| | | | 信道干扰 |
| | | | 破坏收发转换装置 |
| | | 微波信道 | 信号窃听 |
| | | | 信道干扰 |
| | | | 破坏收发转换装置 |
| 硬件设施 | 输入输出设备 | 键盘 | 电磁辐射 |
| | | | 滥用 |
| | | 磁盘驱动器 | 电磁辐射 |
| | | | 滥用 |
| | | 磁带机 | 电磁辐射 |
| | | | 滥用 |
| | | 电话机 | 滥用 |

续上表

<table>
<tr><th>组 件</th><th>构 件</th><th colspan="2">元 素</th><th>风 险 点</th></tr>
<tr><td rowspan="18">硬件设施</td><td rowspan="18">输入输出设备</td><td colspan="2">传真机</td><td>滥用</td></tr>
<tr><td colspan="2" rowspan="4">识别器</td><td>老化</td></tr>
<tr><td>人为破坏</td></tr>
<tr><td>后门</td></tr>
<tr><td>设计缺陷</td></tr>
<tr><td colspan="2" rowspan="3">扫描仪</td><td>辐射</td></tr>
<tr><td>后门</td></tr>
<tr><td>滥用</td></tr>
<tr><td colspan="2">电子笔</td><td>人为破坏</td></tr>
<tr><td colspan="2" rowspan="3">打印机</td><td>辐射</td></tr>
<tr><td>后门</td></tr>
<tr><td>滥用</td></tr>
<tr><td colspan="2" rowspan="2">显示器</td><td>辐射</td></tr>
<tr><td>偷看</td></tr>
<tr><td colspan="2" rowspan="4">终端</td><td>辐射</td></tr>
<tr><td>设计缺陷</td></tr>
<tr><td>后门</td></tr>
<tr><td>自然老化</td></tr>
<tr><td rowspan="10">硬件设施</td><td rowspan="10">存储介质</td><td colspan="2">纸介质</td><td>保管不当</td></tr>
<tr><td rowspan="6">磁盘</td><td rowspan="3">硬盘</td><td>损坏或出错</td></tr>
<tr><td>保管不当</td></tr>
<tr><td>废弃处理不当</td></tr>
<tr><td rowspan="3">软盘</td><td>保管不当</td></tr>
<tr><td>随便使用</td></tr>
<tr><td>废弃处理不当</td></tr>
<tr><td colspan="2" rowspan="3">磁光盘</td><td>保管不当</td></tr>
<tr><td>废弃处理不当</td></tr>
<tr><td>损坏变形</td></tr>
</table>

续上表

| 组　件 | 构　件 | 元　素 | | 风　险　点 |
|---|---|---|---|---|
| 硬件设施 | 存储介质 | 光盘 | 只读 | 损坏 |
| | | | 一次写入 | 保管不当 |
| | | | | 随便使用 |
| | | | | 废弃处理不当 |
| | | | 多次擦写 | 损坏 |
| | | | | 随便使用 |
| | | | | 废弃处理不当 |
| | | 磁带 | | 保管不当 |
| | | | | 废弃处理不当 |
| | | 其他存储介质 | | 保管不当 |
| | | | | 损坏 |
| | | | | 设计缺陷 |
| 硬件设施 | 监控设备 | 摄像机 | | 断电 |
| | | | | 损坏 |
| | | | | 干扰 |
| | | 监视器 | | 断电 |
| | | | | 损坏 |
| | | | | 干扰 |
| | | 电视机 | | 断电 |
| | | | | 损坏 |
| | | | | 干扰 |
| | | 报警装置 | | 断电 |
| | | | | 损坏 |
| | | | | 干扰 |
| 软件设施 | | 计算机操作系统 | | 缺陷 |
| | | | | 后门 |
| | | | | 腐败 |
| | | | | 口令获取 |
| | | | | 特洛伊木马 |
| | | | | 病毒 |
| | | | | 升级缺陷 |

续上表

| 组件 | 构件 | 元素 | 风险点 |
|---|---|---|---|
| 软件设施 | | 网络操作系统 | 缺陷 |
| | | | 后门 |
| | | | 口令获取 |
| | | | 特洛伊木马 |
| | | | 病毒 |
| | | 网络通信协议 | 包监视 |
| | | | 内部网络暴露 |
| | | | 地址欺骗 |
| | | | 序列号攻击 |
| | | | 路由攻击 |
| | | | 拒绝服务 |
| | | | 版本升级缺陷 |
| | | | 鉴别攻击 |
| | | | 地址诊断 |
| | | | 其他缺陷 |
| | | 通用应用软件平台 | 后门 |
| | | | 逻辑炸弹 |
| | | | 恶意代码 |
| | | | 病毒 |
| | | | 蠕虫 |
| | | | 版本升级缺陷 |
| | | | 缺陷 |
| | | 网络管理软件 | 后门 |
| | | | 恶意代码 |
| | | | 缺乏会话鉴别机制 |
| 管理者 | | 系统安全员 | 失职 |
| | | | 蓄意破坏 |
| | | 系统管理员 | 失职 |
| | | | 蓄意破坏 |
| | | 信息安全管理员 | 失职 |

续上表

| 组　件 | 构　件 | 元　　素 | 风　险　点 |
|---|---|---|---|
| 管理者 | | 信息安全管理员 | 蓄意破坏 |
| | | 网络管理员 | 操作失误 |
| | | | 蓄意破坏 |
| | | 信息存储介质保管员 | 失职 |
| | | | 蓄意破坏 |
| | | 操作员 | 操作失误 |
| | | | 蓄意破坏 |
| | | 软硬件维修人员 | 失职 |
| | | | 蓄意破坏 |

## 9.4 安全体系架构的选用

安全体系的规划，选用 ISF(Information Security Framework)安全架构模型进行全面的安全体系分析设计。采用信息安全管理体系标准(ISO 17799)的风险管理思想作为主要指导模型，通过对系统中的风险进行分析，确定系统的风险控制策略，建立全面的安全管理体系，并与 TOCC 现有安全管理体系有机结合。

在 ISF 中，整个安全系统由三个部分组成：组织体系、管理体系和技术体系。一个完整的信息安全体系规划，需要同时考虑这三个部分。ISF 的基本架构，如图 9-1 所示。

| 安全目标 | | | | | | | | | | | |
|---|---|---|---|---|---|---|---|---|---|---|---|
| 机构建设 | 岗位分工 | 制度管理 | 风险管理 | 系统安全管理 | 评估技术 | 鉴别与认证 | 访问控制 | 数据完整性 | 数据保密性 | 检测技术 | 恢复技术 |
| 组织体系 | | 管理体系 | | | 技术体系 | | | | | | |

图 9-1　ISF 基本架构图

## 9.5 安全策略设计

### 9.5.1 总体安全方针

恶劣天气交通保畅物联网综合应用平台总体安全方针是:应用纵深防御战略,从网络、主机和业务应用系统等方面,分层多处设防。以系统承载的业务数据、特别高敏感数据为核心,注重从局部计算环境防止内部的威胁和从各种不同类型的边界区域,联合采用多种安全技术整体防御外部威胁。采取减轻风险的技术途径也就是尽可能减少安全漏洞,尽可能阻止安全威胁,尽可能减小安全事件造成的损失,尽可能加强安全防范手段,通过保护、检测和响应以及强化安全管理等行为把安全风险减小到最低限度。

### 9.5.2 网络安全策略

采取有效措施保护网络设备等硬件实体和通信链路免受自然灾害、人为破坏和搭线攻击。

网络接入应有备份线路。

多处防御:网络防御的重点领域至少应包括各局部计算环境的边界区域、各计算环境局部网络。

多层防御:部署多种防御机制,每一种机制应该包括“保护”和“检测”措施;对于数据中心或其他重要的局部网络,划分 VLAN 分区保护。

加强防止内部威胁的措施。例如,部署强审计设施。

必须采取措施使系统能够及时检测到安全漏洞和入侵,并能够及时作出反应。

将网络管理数据与用户数据分离,以提高网络的可用性。

应对网络管理系统实施良好的配置管理策略,以便有助于灾后的迅速恢复和使用新的安全措施。

### 9.5.3 主机系统安全策略

充分利用主机操作系统的安全机制,防止未授权使用客户机、服务器;对于特别重要的数据库服务器和综合服务网站服务器,可适当采用访问控制增强技术。

确保客户机、服务器遵守安全配置指南并安装了所有适当的安全补丁。

采取恰当的措施防止内部人员和系统的误操作。

### 9.5.4 数据和应用系统安全策略

1)信息的分类保护策略

应用系统处理的数据,主要分为公开、内部和高敏感数据三类。对这三类数据要采取相应的保护策略:高敏感数据的敏感度最高,与之相关的软硬件设施均是重点的安全防护的对象,应用系统应严格控制访问机密数据对象;对其他数据,应用系统应建立完善的访问控制策略,对各类用户或角色要按照“知其所必需”和“最低特权”的原则分配访问信息的权限。

2)信息存储和传输的安全策略

高敏感信息/数据在传输过程中必须采用密码进行保护,所采用的密码算法应符合国家有关部门的要求。

对于存储在计算机系统中的高敏感数据,要充分利用操作系统和数据库管理系统的安全控制策略进行保护,同时对重要数据可根据需要采取相应的密码进行加密保护。

3)身份认证/鉴别策略

所有应用系统和用户终端必须确保用户采用安全的身份鉴别措施。

## 9.6 安全应急方案设计

### 9.6.1 安全应急

绝对的安全是不存在的,对于一个网络系统,即使它的安全性再高,只要它是可用的,就有可能发生安全事件。运维技术人员由于时间和精力的问题,常常对于一些紧急安全事件如病毒爆发、黑客入侵等缺乏及时有效的处理,这样往往会对系统正常运转造成严重的影响。因此建立安全事件应急制度能够保证恶劣天气交通保畅物联网综合应用平台网络及时恢复运营,在攻击发生时和事后进行攻击识别、故障恢复、调查取证等工作,应急安全方案设计是综合信息服务平台安全方面重要的内容之一。

### 9.6.2 安全应急组织结构设计

作为应急响应制度,首先需要一个组织机构来保障,恶劣天气交通保畅物联网综合应用平台进行安全应急响应的人员根据角色和分工定义为四类,其职责描述如下:

1)应急响应领导小组

由相关部门领导组成,其职能是负责恶劣天气交通保畅物联网综合应用平台网络系统应急响应工作,协调各相关部门工作,规划和指导整个网络系统的应急响应工作。

2)应急响应人员

由相关部门人员或与专业安全服务公司共同组成,根据应急响应工作安排,对网络系统进行监控和响应。

3)安全专家组

聘请各个领域的安全专家组成专家组,针对紧急安全故障或疑难问题提供专家级安全支持。

4)协作顾问组

由恶劣天气交通保畅物联网综合应用平台的系统集成商、ISP服务提供商等单位组成,在出现故障时提供相关部分的应急响应支持。

### 9.6.3 安全应急整体设计

应急响应分为两部分工作:监控和响应。通过监控及时发现问题,通过响应来解决故障。一般采用问题升级解决系统,确保恶劣天气交通保畅物联网综合应用平台的安全事件能够在最短的时间内得到解决。

1)监控

监控是恶劣天气交通保畅物联网综合应用平台应急系统的基础,利用现有的产品和技术为全面掌握恶劣天气交通保畅物联网综合应用平台系统运行情况提供依据。监控工作包括以下内容:

(1)监控恶劣天气交通保畅物联网综合应用平台网络系统的运行情况,判断系统运行是否正常。

(2)利用安全产品(如防火墙、网络入侵检测系统、漏洞扫描、安全管理平台、防病毒系统等)进行安全事件的监控和分析。

(3)利用网络管理产品进行网络运行状况的监控和分析。

(4)针对故障问题进行分级,并转入紧急响应流程。

2)响应

通过监控,可以及时地发现潜在和已出现的问题,针对出现的问题故障,恶劣天气交通保畅物联网综合应用平台应急响应人员会根据应急响应制度,提供相应的紧急响应措施,减小故障损失,恢复系统,具体紧急响应的流程和应对遵循如下流程和方法:

应急响应人员需要对发现的问题进行诊断、记录、分析，定义故障级别。一般根据事件造成的损失严重程度把故障问题分为三个级别：

(1)紧急：主页篡改、关键数据和系统遭到破坏事件。

(2)严重：无法正常提供服务，系统运行故障等事件。

(3)一般：发现可疑的攻击迹象或其他类型安全隐患。

故障恢复的对策应遵循最大限度减小故障对用户造成的损失并修复，根据相应的故障级别采用不同的处理方法和流程：

(1)紧急：停止被篡改系统的服务，隔离故障系统，恢复主页或者数据。

(2)严重：隔离系统，判断问题原因，确定导致问题的是安全问题还是系统本身问题。如果为安全问题，通过对网络设备、系统、服务的调整解决问题，如果确认故障为 DDoS 攻击，则协同安全服务公司、系统集成商联络电信接入方从网络方面解决该问题。

(3)一般：记录问题，对信息进行分析、跟踪，提供紧急防范措施。

系统清理：对故障发生的系统作安全检查、清理。

系统防护：对发生安全故障的系统进行安全加强。

系统恢复：将经过清理和防护后的系统重新接入网络，并进行严格监控。

证据收集，对由于安全故障造成的入侵记录、破坏情况、直接损失情况收集证据。

在恶劣天气交通保畅物联网综合应用平台应急响应人员无法对故障事件进行处理和解决的情况下，及时联系安全专家组成员，寻求紧急技术支持。

### 9.6.4 应急处理流程设计

应急处理的基本流程应包括如下步骤和内容：

1)事件鉴别

(1)事件类别和性质。

(2)事件影响范围。

(3)事件影响方式。

(4)事件影响程度。

(5)事件定级定性。

2)事件处理

(1)调动资源。

(2)保护现场。

(3)抑制影响。

(4)事件上报。

(5)消除影响。
(6)系统恢复。
(7)事件追查。
3)事件总结
(1)事件起因。
(2)事件处理过程备忘。
(3)事件、地点、人物。
①事件初步现象描述。
②事件初步判断和处理。
③事件的进一步判断和处理。
④事件处理过程中的意外情况。
⑤最终事件判断和处理方式。
⑥事件的基本影响。
⑦临时处理措施。
(4)损失和影响评估。
(5)事件责任。
(6)技术改进措施建议。
(7)管理性适应手段。
4)事件持续跟踪
(1)处理结果的持续跟踪。
(2)事件影响的持续跟踪。

### 9.6.5 安全应急方案内容

根据整体网络架构、安全架构以及采取的安全防护手段,针对常见的访问量激增、恶意攻击和黑客入侵等安全威胁可以采取相应的应急措施。为达到快速有效的应急效果,采用“设备+方法+服务”三位一体的方式实现全方位的安全应急。

1)关键设备发生故障

当网络中的关键设备或关键应用设备发生故障时,应急步骤如下:

(1)由于关键网络设备和关键应用设备大都采用双机热备或负载均衡,因此,当一台发生故障时,另一台会照常工作。

(2)应急响应人员通知相关领导。

(3)应急响应人员检查发生故障的设备,在协助顾问和专家的帮助下恢复设备运转,若设备损坏,紧急向厂家报修。

(4)设备维修完毕后,在公司技术人员的指导下重新部署系统。

(5)应急响应人员记录故障的处理过程。

2)黑客入侵

当发生黑客入侵事件时,应急步骤如下:

(1)应急响应人员上报领导小组,紧急求助安全专家和协助小组。

(2)检查网络和主机入侵检测设备,对黑客攻击的方式和目标进行判断和定位。

(3)如果可以,使用主机入侵检测设备的相应功能保护主机,切断黑客攻击。

(4)如果前端页面被篡改,直接恢复相应页面。

(5)由安全专家小组紧急查找漏洞,并进行相应补救措施。

(6)安全专家小组查找攻击源头,并根据情况选择是否报告公安机关。

(7)安全响应人员对攻击情况进行记录。

3)病毒大规模爆发

当发生病毒大规模爆发事件时,应急步骤如下:

(1)应急相应人员联系安全专家。

(2)联合防病毒厂商,对病毒进行分类,并采取紧急手段杀毒。

(3)如果是未知病毒,由防病毒专家采集相应特征码,并立刻进行分析,尽快研发出相应的杀毒软件并升级病毒库。

(4)记录该事件。

### 9.6.6 责任制要求

相关工作人员必须遵照应急安全响应预案,相关负责技术部门及上级部门应加强管理,防止应急响应存在安全问题。如由于未遵循以上规范导致出现应急安全事件的发生,相关部门和人员应负有一定责任。

相关负责技术部门有权利要求相关部门和人员执行此安全应急响应预案,如发现违反相关规定的人员,有权利通知相关部门领导。

### 9.6.7 安全管理制度

制定恶劣天气交通保畅物联网综合应用平台网络的信息安全管理制度,主要目的是为恶劣天气交通保畅物联网综合应用平台网络的安全管理设立范围和管理方法,从管理的角度和安全系统的技术手段共同配合,形成较完善的安全系统,参考《系统运行管理规范》相关内容。

# 10 物联网信息资源建设

信息资源的采集、梳理与数据加工工作是项目建设的一项基础工作,是物联网信息资源共享的重要组成部分。信息资源共享建设的主要目标是解决物联网应用的核心问题,即对各种资源的掌控、协调及优化,实现对各种资源最大限度的开发、利用。其主要目标是围绕道路交通保畅业务应用进行现有信息资源梳理、加工和目录编制,为支撑跨部门、各层级的应急信息资源共享和业务协同,保证道路畅通奠定基础。主要进行地理信息资源、市级部门及各区的工作联络网、应急资源、应急物资、专家、法规、案例、危险点/段、重点防护目标、预案、相关知识的采集、梳理和建设。

## 10.1 信息资源的采集加工

数据采集和加工的范围、要求及可共享的范围如下:

1)应急工作联络网数据

对应急相关机构人员的信息进行梳理,并以数据表的形式进行存储与管理,通过权限设置,可对全市交通应急工作联络网数据进行维护和共享。

2)应急人力及物资数据

对应急人力信息、所属单位、单位地址进行梳理,对应急物资生产的企业名称、企业地址、企业所在地行政区划名称、行政区划代码、企业编码、企业规模、企业性质、企业经营范围、主要产品、年产值、固定资产总值、员工人数、法人、联系电话、传真、邮编进行梳理。

3)应急专家数据

对全市各单位整理的专家信息进行梳理,按照专家专业类别进行划分和管理,专家数据由各单位进行维护,由北京市交通应急信息平台提供统一共享。

4)危险点/段与重点防护目标数据

对滑坡、崩塌等地质灾害易发点/段及极端天气易发区所在行政区划名称、行政区划代码、危险点/段名称、地址、负责人、联系电话、灾害类别、灾害级别、灾害类别代码、影响范围进行梳理;对重点防护目标,如重点监测桥梁、道路等名称、地址、性质、类别、类别代码、行政区划名称、行政区划代码、邮编、安全等级、负责人、联系电话进行梳理。

5）预案数据

包括全市总体预案、区县预案、专项预案、企事业单位预案、大型活动预案的梳理、编目，结构化入库；应急预案包含指挥机构的组成和职责；事件监测与预警；事件信息的收集、分析、报告、通报制度；应急监测和处置机构及其任务；事件的分级和应急处理工作方案；突发事件预防、现场控制，应急设施、设备、救灾物资和技术的储备与调度等的工作流程的存储和管理；预案库采用知识库管理技术实现预案数字化。

6）模型数据

包括各类极端天气信息识别模型数据、综合预测预警模型数据、智能研判模型数据、评估模型数据等。

7）法规数据

梳理国家、交通运输部、北京市各级政府发布的应急相关法律、法规。

8）案例数据

典型案例是收集、整理、记录国际、全国、北京市范围内以往发生的各种极端天气事件信息的数据库，包括事件发生的时间、地点、影响范围、人员伤亡、财产损失、处置方式、评估、善后工作总结等信息。

9）知识数据

知识库是为支持极端天气条件下道路交通保畅而建设的信息库，收集、整理相关行业专家的经验、相关专业知识及有关的历史资料等。如道路交通保畅知识（救援决策知识、现场处置知识、灾情判断知识、公众科普知识）、特种设备操作规程知识、特种火灾救援指导、化学危险品泄漏处置方法知识等；知识数据设计应注意对知识的一致性维护和完整性检查、知识的体系结构定义等关键环节。

10）事件信息

结合北京市交通应急信息资源的建设现状与应用需求，从应急信息资源的获取、管理与应用的角度来规划事件信息数据。整理现有应急值班表、事件报送、发布内容，统一值班表、事件报送格式。

## 10.2 基础数据库建设方案设计

### 10.2.1 基础数据库建设原则

1）应急资源的空间化

极端天气道路交通保畅物联网综合应用平台软件系统中，各类监测点的分布、监测预警分析、交通保畅智能模型分析、事件周边情况分析、应急处置人员与资源的调配、灾害影响评估分析等多项重要的操作比较复杂,用简单的列表文字很难充分表达,为了提供更好的可视化效果,平台需采用 GIS 可视化技术将应急资源空间化展示。

2)高可靠性和高稳定性

极端天气道路交通保畅工作是典型的应急事件,对因恶劣天气引发的各类交通拥堵事故必须在最短时间内解决。为此,也要求系统数据具有很高的可靠性和稳定性,在数据库设计时,必须考虑数据库结构合理性、伸缩性和适度冗余。

3)安全性

数据库的安全性是指保护数据,防止非法用户使用数据库或合法用户非法使用数据库造成数据泄露、更改或破坏。应急信息及资源作为交通保畅事件处置的决策依据,必须做到高度的安全,要充分利用现有成熟的信息安全技术手段,采用数据库备份、异地容灾等措施,确保平台数据安全。

4)高并发性

极端天气一旦发生,会影响全市所有交通,对各类事件的处置工作涉及多个相关部门,这意味着系统访问的并发量剧增。因此,系统数据的存储必须能够满足高并发的要求,必须充分考虑数据库的处理速度及数据冗余设计。

5)各种资源快速定位性

在进行数据库系统设计时,要考虑交通保畅的及时性,使应急资源的存储方式及结构能满足事件处置时的资源快速定位,从而为交通保畅赢得宝贵时间。

6)可快速恢复性

在进行极端天气道路交通保畅物联网综合应用平台数据库设计时,应避免因系统崩溃或数据丢失给用户带来灾难性损失。在进行系统数据库设计与建设时,必须做好数据备份以及数据的快速恢复机制。

7)标准化

数据库设计要符合国家相关标准、国家电子政务标准、交通行业标准,并将标准化工作贯穿于数据库建设的全过程。

8)完整性

完整性是指数据的正确性和相容性,防止合法用户使用数据库时向数据库加入不合语义的数据,对输入到数据库中的数据要有审核和约束机制。

9)规范化

数据库的设计应遵循规范化理论,规范化程度过低的关系,可能会存在数据冗余等问题,解决的方法就是对关系模式进行分解或合并(规范化),转换成高级范式。

### 10.2.2 数据库设计方法

对于业务相关数据,采取面向对象的数据库设计思路;对于统计分析型数据,采用数据仓库的设计思路,通过实体关系模型建模、物理数据模型建模、关系型数据库、设计模式设计数据库和表的结构、过程迭代设计等方法对数据库进行设计。

### 10.2.3 数据库总体设计

根据数据库设计原则与方法,通过对数据关联程度及数据存储特征等的分析,将本系统数据规划为八大数据库,如图 10-1 所示。

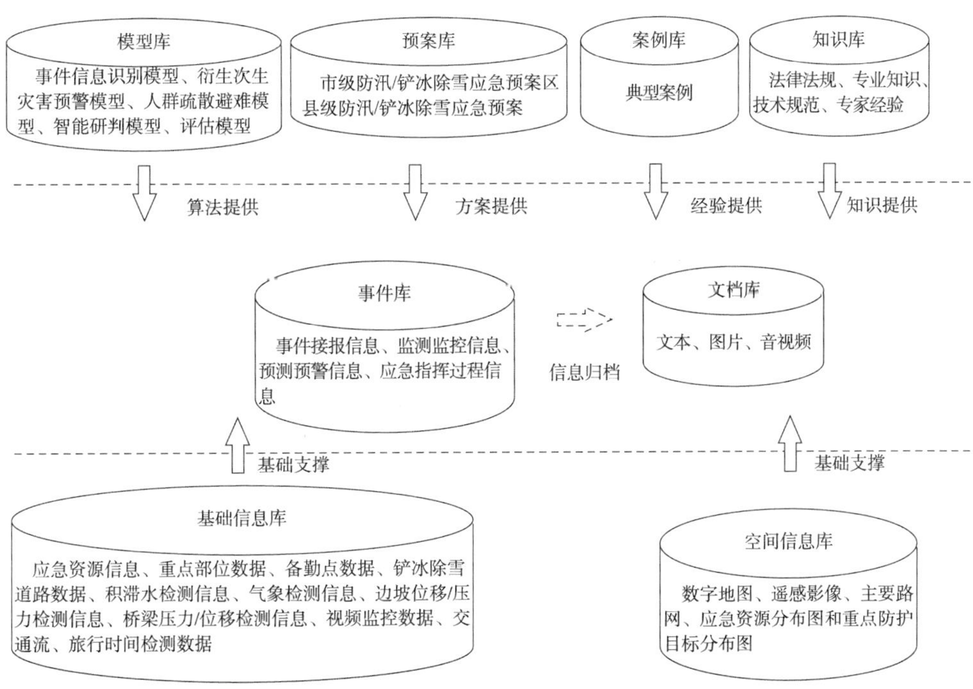


图 10-1 平台数据库结构图

如图 10-1 所示,极端天气道路交通保畅物联网综合应用平台数据库以实时监测数据、应急资源数据等组成的基础信息库、空间信息库,为极端天气下的道路交通保畅事件提供基础数据支撑,当进行交通保畅时,事件库通过系统自动关联模型库,为交通保畅提供算法,关联预案库为交通保畅提供方案,关联案例库为交通保畅提供经验,关联知识库为交通保畅提供知识,同时,系统将事故处置过程

中的文字、图片、音视频等信息通过文档库归档,完成交通保畅整个过程的数据管理。

1)基础信息库

包括应急资源数据(应急人员组织、应急设备物资、专家库)、重点部位数据(危险源、重点防护目标)、铲冰除雪道路数据、备勤点数据、上水点数据、融雪剂装载点数据、融雪消纳点数据、传感器数据、专题信息(积滞水监测信息、气象监测信息、边坡位移/压力监测信息、桥梁压力/位移监测信息、视频监控数据、交通流、旅行时间监测数据)等。如图 10-2 ~ 图 10-9 所示。

| 资源表 | | |
|---|---|---|
| 资源id | VARCHAR2(32) | <pk> |
| 资源名称 | VARCHAR2(50) | |
| 类型id | VARCHAR2(32) | |
| 联系人 | VARCHAR2(50) | |
| 联系电话 | VARCHAR2(20) | |
| 经度 | NUMBER | |
| 纬度 | NUMBER | |
| 上报状态 | VARCHAR2(1) | |
| 审核状态 | VARCHAR2(1) | |
| 上报人 | VARCHAR2(50) | |
| 有效性 | VARCHAR2(32) | |
| 数量 | NUMBER | |
| 地址 | VARCHAR2(300) | |
| 序列号 | VARCHAR2(60) | |
| 品牌 | VARCHAR2(100) | |
| 别名 | VARCHAR2(100) | |
| 时间戳 | TIMESTAMP | |
| 型号 | VARCHAR2(32) | |
| 主管部门 | VARCHAR2(32) | |
| 行政区划 | VARCHAR2(32) | |
| 队id | VARCHAR2(32) | |
| 所有者 | VARCHAR2(100) | |
| 资源类型 | VARCHAR2(32) | |

图 10-2 资源表物理模型

| 专家信息 | | |
|---|---|---|
| ID | VARCHAR2(32) | <pk, fk> |
| 数据字典中取值 | VARCHAR2(32) | |
| 出生日期 | DATE | |
| 民族 | VARCHAR2(32) | |
| 工作单位 | VARCHAR2(90) | |
| 职称 | VARCHAR2(32) | |
| 行政职务 | VARCHAR2(90) | |
| 专业类别 | VARCHAR2(60) | |
| 专业特长描述 | VARCHAR2(300) | |
| 移动电话 | VARCHAR2(16) | |
| 办公电话 | VARCHAR2(16) | |
| 家庭电话 | VARCHAR2(16) | |
| 籍贯 | VARCHAR2(90) | |
| 身份证号码 | CHAR(18) | |
| 参加工作时间 | DATE | |
| 政治面貌 | VARCHAR2(32) | |
| 健康状况 | VARCHAR2(90) | |
| 最高学历 | VARCHAR2(40) | |
| 毕业院校 | VARCHAR2(90) | |
| 通信地址 | VARCHAR2(90) | |
| 户籍所在地 | VARCHAR2(90) | |
| 工作简历 | VARCHAR2(600) | |

图 10-3 专家物理模型

| 传感器 | | |
|---|---|---|
| id | VARCHAR2(32) | <pk> |
| 名称 | VARCHAR2(200) | |
| 物联网设备编码 | VARCHAR2(50) | |
| 监测站类型 | VARCHAR2(32) | |
| 行政区划 | VARCHAR2(32) | |
| 建站时间 | VARCHAR2(10) | |
| 类别 | VARCHAR2(1) | |
| 管理单位 | VARCHAR2(200) | |
| 地址 | VARCHAR2(200) | |
| 经度 | NUMBER | |
| 纬度 | NUMBER | |
| 备注 | VARCHAR2(500) | |
| 负责人名称 | VARCHAR2(30) | |
| 负责人手机号 | VARCHAR2(20) | |
| 预警类型 | VARCHAR2(32) | |
| 监测站类别 | VARCHAR2(32) | |
| SAMPLE | VARCHAR2(100) | |

图 10-4 传感器物理模型

| 拥堵路桥 | | |
|---|---|---|
| id | VARCHAR2(32) | <pk> |
| 路桥名称 | VARCHAR2(32) | |
| 在几环路 | VARCHAR2(1) | |
| 经度 | VARCHAR2(30) | |
| 纬度 | VARCHAR2(30) | |
| 拥堵原因 | VARCHAR2(200) | |
| 影响范围 | VARCHAR2(200) | |
| 影响公交车 | VARCHAR2(200) | |
| 影响出租车 | VARCHAR2(200) | |
| 采取的措施 | VARCHAR2(500) | |
| 道路状况描述 | VARCHAR2(500) | |
| 已拥堵时间 | VARCHAR2(30) | |
| 预测信息 | VARCHAR2(200) | |
| 标志 | VARCHAR2(1) | |

图 10-5 拥堵路物理模型

| 监测站短信发送表 | | |
|---|---|---|
| id | VARCHAR2(32) | <pk> |
| 姓名 | VARCHAR2(50) | |
| 电话 | VARCHAR2(20) | |
| 监测站ID | VARCHAR2(32) | |

图 10-6　监测站短信发送物理模型

| 监测站传回的现场照片 | | |
|---|---|---|
| ID | VARCHAR2(32) | <pk> |
| 监测站id | VARCHAR2(32) | |
| 照片名称 | VARCHAR2(200) | |
| 拍照事件 | VARCHAR2(20) | |
| 照片 | BLOB | |
| 说明 | VARCHAR2(500) | |

图 10-7　监测站传回图片物理模型

| 气象预报数据 | | |
|---|---|---|
| id | VARCHAR2(32) | <pk> |
| 行政区划 | VARCHAR2(32) | |
| 气象类型 | VARCHAR2(100) | |
| 日降雨量 | VARCHAR2(10) | |
| 来源日期 | VARCHAR2(20) | |
| 预报日期 | VARCHAR2(20) | |
| 预报来源部门 | VARCHAR2(160) | |
| 气象预报名称 | VARCHAR2(200) | |
| 是否交通预报 | VARCHAR2(1) | |

图 10-8　气象预报物理模型

| 系统部门表 | | |
|---|---|---|
| DEPARTMENTID | VARCHAR2(32) | <pk> |
| 部门名称 | VARCHAR2(100) | |
| 负责人 | VARCHAR2(100) | |
| 电话 | VARCHAR2(100) | |
| 传真 | VARCHAR2(100) | |
| 邮编 | VARCHAR2(100) | |
| 描述 | VARCHAR2(1000) | |
| 父部门 | VARCHAR2(32) | |
| CREATETIME | TIMESTAMP | |
| CODE | VARCHAR2(32) | |
| LEAF | NUMBER(1) | |
| RANK | VARCHAR2(32) | |
| SHORTNAME | VARCHAR2(200) | |
| PRINTNAME | VARCHAR2(400) | |
| EMAIL | VARCHAR2(400) | |
| URL | VARCHAR2(400) | |
| ADDRESS | VARCHAR2(1000) | |
| REMARK | VARCHAR2(1000) | |
| ONDUTYTEL | VARCHAR2(1000) | |
| DEPTMANAGERTEL | VARCHAR2(20) | |
| USED | NUMBER(1) | |
| TYPE | VARCHAR2(32) | |
| DEPLOYED | NUMBER(1) | |
| HAPPENAREA | NUMBER(1) | |

图 10-9　系统部门物理模型

2)空间信息库

包括数字地图、遥感影像、主要路网、应急资源分布图和重点防护目标分布图等。

3)事件信息库

包括突发事件接报信息、监测预警信息以及应急指挥过程信息等。如图 10-10 ~ 图 10-13 所示。

4)模型库

包括事件信息识别模型、综合预测预警模型(衍生次生灾害预警模型、人群疏散避难模型)、智能研判模型、评估模型等,如图 10-14 所示。

5)预案库

主要存储市级以及区县级防汛/铲冰除雪应急预案,如图 10-15 所示。

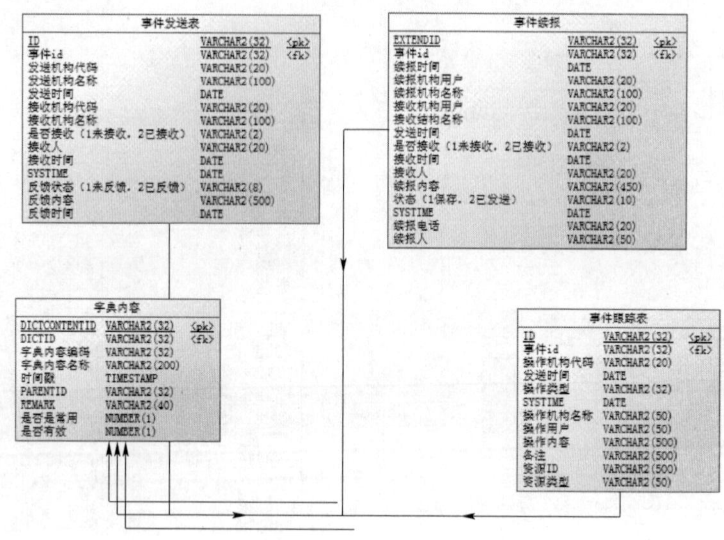


图 10-10　事件及相关物理模型

| 事件信息修改记录表 | | |
|---|---|---|
| RECORDID | VARCHAR2(32) | <pk> |
| 事件id | VARCHAR2(32) | |
| AFFAIRNAMEOLD | VARCHAR2(100) | |
| 事件名称 | VARCHAR2(100) | |
| AFFAIRTYPEOLD | VARCHAR2(32) | |
| 事件类型 | VARCHAR2(32) | |
| AFFAIRLEVELOLD | VARCHAR2(32) | |
| 事件级别 | VARCHAR2(32) | |
| AFFAIRTIMEOLD | DATE | |
| 事件发生时间 | DATE | |
| AFFAIRADDRESSOLD | VARCHAR2(200) | |
| 事件发生地点 | VARCHAR2(200) | |
| BASDISTRICTOLD | VARCHAR2(32) | |
| 行政区划 | VARCHAR2(32) | |
| AFFAIRREASONOLD | VARCHAR2(400) | |
| 事件发生原因 | VARCHAR2(400) | |
| AFFAIRDESCRIPTIONOLD | VARCHAR2(400) | |
| 事件描述 | VARCHAR2(400) | |
| DEADNUMOLD | VARCHAR2(5) | |
| 死亡人数 | VARCHAR2(5) | |
| BRUISENUMOLD | VARCHAR2(5) | |
| 受伤人数 | VARCHAR2(5) | |
| ABSCONDENCENUMOLD | VARCHAR2(5) | |
| 失踪人数 | VARCHAR2(5) | |
| LOCKINNUMOLD | VARCHAR2(5) | |
| 受困人数 | VARCHAR2(5) | |
| LONGITUDEOLD | NUMBER | |
| 经度 | NUMBER | |
| LATITUDEOLD | NUMBER | |
| 纬度 | NUMBER | |
| AFFECTRADIUSOLD | VARCHAR2(5) | |
| 影响半径 | VARCHAR2(5) | |
| DAMNIFYOLD | VARCHAR2(400) | |
| 经济损失 | VARCHAR2(400) | |
| ADOPTSTEPOLD | VARCHAR2(400) | |
| 采取措施 | VARCHAR2(400) | |
| SALVATIONCIRCSOLD | VARCHAR2(400) | |
| 救助情况 | VARCHAR2(400) | |
| SUPPORTREQUESTOLD | VARCHAR2(400) | |
| 支援请求 | VARCHAR2(400) | |
| RENDERPHONEOLD | VARCHAR2(20) | |
| 接报电话 | VARCHAR2(20) | |
| RENDERPERSONOLD | VARCHAR2(20) | |
| 接报人 | VARCHAR2(20) | |
| 接报时间 | DATE | |
| REMARKOLD | VARCHAR2(400) | |
| 备注 | VARCHAR2(400) | |
| 上报用户代码 | VARCHAR2(20) | |
| 上报用户名称 | VARCHAR2(20) | |
| 事件状态（1未办结，2已办结） | VARCHAR2(2) | |
| 发送状态（1保存，2下发，3上报） | VARCHAR2(2) | |
| 办结总结 | VARCHAR2(400) | |
| 时间戳 | DATE | |
| 修改时间 | DATE | |
| 修改人 | VARCHAR2(20) | |
| 修改机构代码 | VARCHAR2(50) | |
| 修改机构名称 | VARCHAR2(100) | |

图 10-11　事件信息修改记录物理模型

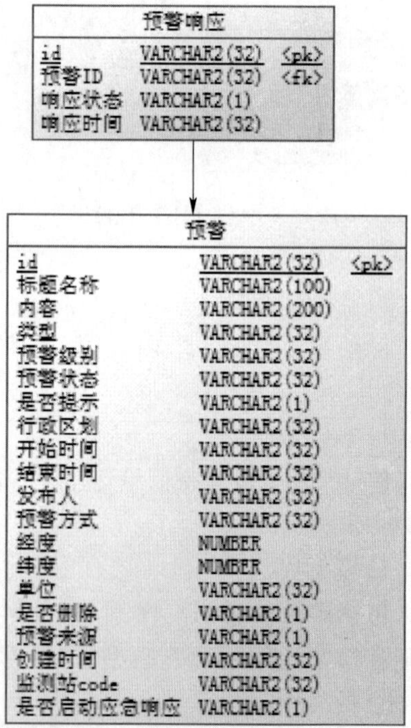


图 10-12　预警及相关物理模型

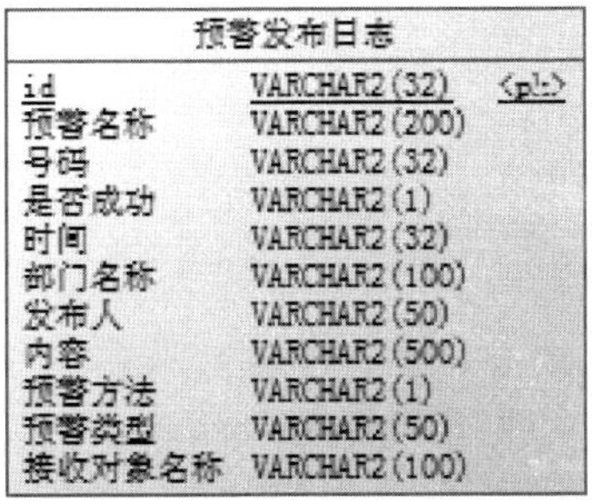

预警发布日志
id VARCHAR2(32) <pk>
预警名称 VARCHAR2(200)
号码 VARCHAR2(32)
是否成功 VARCHAR2(1)
时间 VARCHAR2(32)
部门名称 VARCHAR2(100)
发布人 VARCHAR2(50)
内容 VARCHAR2(500)
预警方法 VARCHAR2(1)
预警类型 VARCHAR2(50)
接收对象名称 VARCHAR2(100)


图 10-13　预警发布物理模型

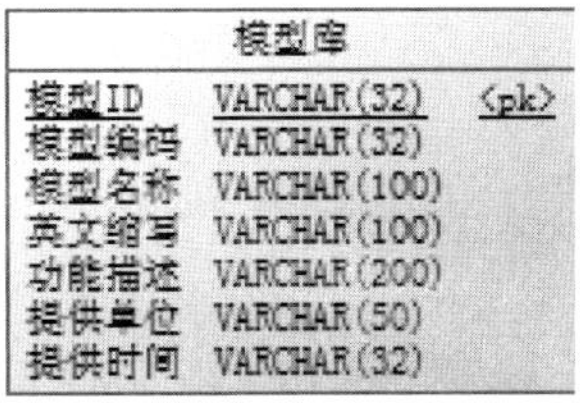

模型库
模型ID VARCHAR(32) <pk>
模型编码 VARCHAR(32)
模型名称 VARCHAR(100)
英文缩写 VARCHAR(100)
功能描述 VARCHAR(200)
提供单位 VARCHAR(50)
提供时间 VARCHAR(32)


图 10-14　模型库物理模型

预案表
DIGPLANID VARCHAR2(32) <pk>
预案名称 VARCHAR2(180)
预案类型编码 VARCHAR2(32)
描述 VARCHAR2(600)
删除标志 NUMBER(1)
预案信息表
记录id VARCHAR2(32) <pk>
预案id VARCHAR2(32) <fk>
版本号 VARCHAR2(30)
版本状态编码 VARCHAR2(1)
编制单位 VARCHAR2(60)
发布单位 VARCHAR2(180)
行政区划代码 VARCHAR2(32)
发布日期 DATE
附件 BLOB
备注 VARCHAR2(2000)
SYSTIMES TIMESTAMP
状态码 VARCHAR2(2)
删除标志 NUMBER(1)
审核人 VARCHAR2(90)
事件分类代码 VARCHAR2(4000)
DEPARTMENTID VARCHAR2(32)
ADDRESSBOOKGROUPID VARCHAR2(32)
CONTENT CLOB
EMERGENCYTYPE VARCHAR2(32)
预案附件信息
表id VARCHAR2(32) <pk>
预案信息表ID VARCHAR2(32) <fk>
附件排序 NUMBER
附件存放路径 VARCHAR2(255)
附件名称 VARCHAR2(255)
原附件名称 VARCHAR2(255)
原附件存放路径 VARCHAR2(255)
Word文本内容 CLOB
Word二进制流 BLOB
系统时间 TIMESTAMP
删除标志 NUMBER(1)
预案文档树结构节点信息
表主键 VARCHAR2(32) <pk>
附件文件id VARCHAR2(32) <fk>
父ID VARCHAR2(32)
子ID VARCHAR2(32)
word文件标题 VARCHAR2(1000)
标题内的内容 CLOB
系统时间 TIMESTAMP
删除标志 NUMBER(1)
标题级别 VARCHAR2(2)
内容排序 NUMBER
预案事件关联表
预案信息表id VARCHAR2(32) <fk>
事件分类id VARCHAR2(32)
预案职务关联表 多对多的关系维护
预案信息表id VARCHAR2(32)
职务id VARCHAR2(32)
预案人员通讯录关联表
预案表ID VARCHAR2(32)
通讯录人员id VARCHAR2(32)


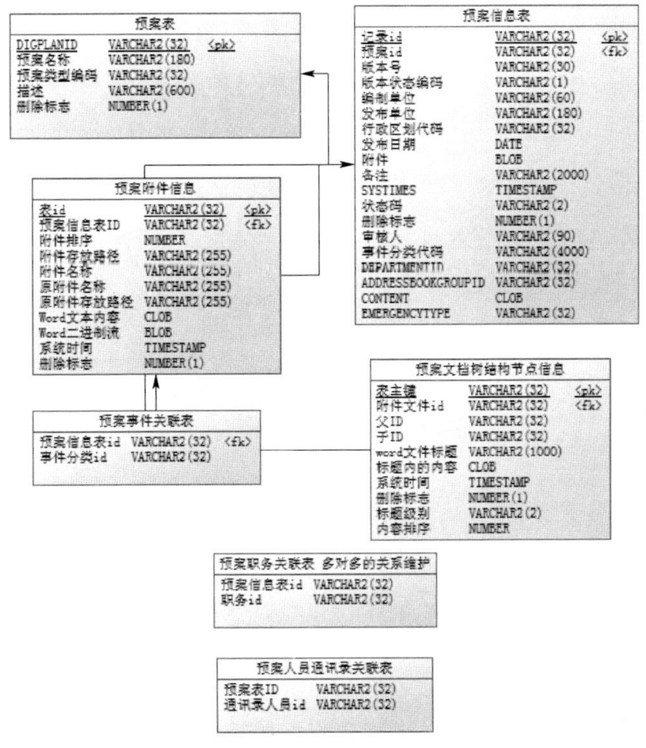

图 10-15　预案库物理模型

6)案例库

包括极端天气条件下突发事件典型案例,如图 10-16 所示。

7)知识库

包括法律法规、专业知识、技术规范、专家经验等,如图 10-17 ~ 图 10-20 所示。

8)文档库

包括日常工作中文本、图片、音视频等,如图 10-21 ~ 图 10-24 所示。

| 案例库 | | |
|---|---|---|
| id | varchar(32) | <pk> |
| 标题 | varchar(200) | |
| 主题词 | varchar(200) | |
| 事件分类编码 | varchar(10) | |
| 事件级别编码 | varchar(1) | |
| 案例来源 | varchar(100) | |
| 行政区划代码 | varchar(10) | |
| 事发地点 | varchar(200) | |
| 事发时间 | varchar(24) | |
| 评估级别 | varchar(200) | |
| 经验教训 | varchar(2000) | |
| 处置情况 | varchar(2000) | |
| 责任单位 | varchar(2000) | |
| 结束时间 | varchar(24) | |
| 财产损失情况 | varchar(200) | |
| 人员伤亡情况 | varchar(200) | |
| 影响范围 | varchar(200) | |
| 事发原因 | varchar(500) | |
| 内容 | CLOB | |
| 备注 | varchar(2000) | |

图 10-16　案例库物理模型

| 知识推理规则表 | | |
|---|---|---|
| 规则ID | varchar(32) | <pk> |
| 条件 | varchar(200) | |
| 结论 | varchar(200) | |

图 10-17　知识库物理模型

| 法律法规信息表 | | |
|---|---|---|
| 法律法规编码 | varchar(32) | <pk> |
| 统一标识码 | varchar(32) | |
| 名称 | varchar(100) | |
| 主题词 | varchar(200) | |
| 摘要 | varchar(500) | |
| 类型 | varchar(10) | |
| 级别 | varchar(10) | |
| 制定单位 | varchar(60) | |
| 行政区划代码 | varchar(10) | |
| 适用事件描述 | varchar(200) | |
| 适用范围 | varchar(200) | |
| 发布时间 | DATE | |
| 生效时间 | DATE | |
| 内容 | clob | |
| 备注 | varchar(200) | |

图 10-18　法律法规信息表

| 常识经验表 | | |
|---|---|---|
| ID | varchar(32) | <pk> |
| 标题 | varchar(100) | |
| 主题词 | varchar(200) | |
| 知识摘要 | varchar(500) | |
| 适用事件描述 | varchar(200) | |
| 来源 | varchar(100) | |
| 内容 | clob | |
| 备注 | varchar(200) | |

图 10-19　常识经验表

| 标准及技术规范信息表 | | |
|---|---|---|
| 标准编码 | varchar(32) | <pk> |
| 统一标识码 | varchar(32) | |
| 名称 | varchar(100) | |
| 标准号 | varchar(30) | |
| 主题词 | varchar(200) | |
| 摘要 | varchar(500) | |
| 类型 | varchar(10) | |
| 级别 | varchar(10) | |
| 制定单位 | varchar(60) | |
| 行政区划代码 | varchar(10) | |
| 适用事件描述 | varchar(200) | |
| 发布时间 | date | |
| 生效时间 | date | |
| 内容 | clob | |
| 备注 | varchar(200) | |

图 10-20　标准及技术规范信息表

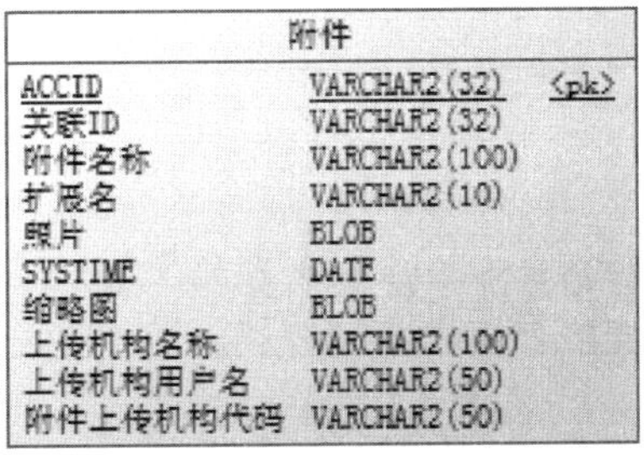

| 附件 | | |
|---|---|---|
| ACCID | VARCHAR2(32) | <pk> |
| 关联ID | VARCHAR2(32) | |
| 附件名称 | VARCHAR2(100) | |
| 扩展名 | VARCHAR2(10) | |
| 照片 | BLOB | |
| SYSTIME | DATE | |
| 缩略图 | BLOB | |
| 上传机构名称 | VARCHAR2(100) | |
| 上传机构用户名 | VARCHAR2(50) | |
| 附件上传机构代码 | VARCHAR2(50) | |

图 10-21　附件物理模型

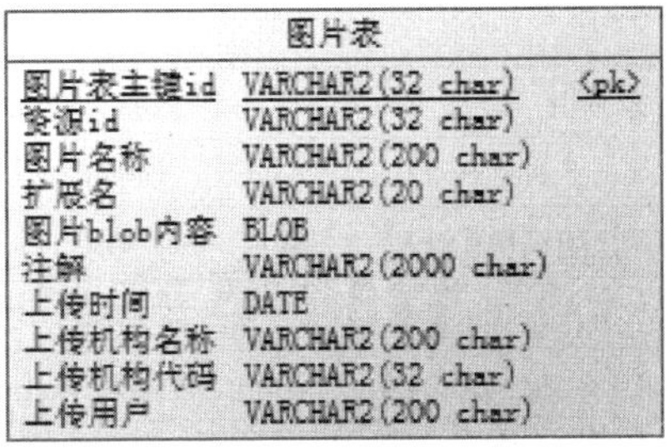

| 图片表 | | |
|---|---|---|
| 图片表主键id | VARCHAR2(32 char) | <pk> |
| 资源id | VARCHAR2(32 char) | |
| 图片名称 | VARCHAR2(200 char) | |
| 扩展名 | VARCHAR2(20 char) | |
| 图片blob内容 | BLOB | |
| 注解 | VARCHAR2(2000 char) | |
| 上传时间 | DATE | |
| 上传机构名称 | VARCHAR2(200 char) | |
| 上传机构代码 | VARCHAR2(32 char) | |
| 上传用户 | VARCHAR2(200 char) | |

图 10-22　图片物理模型

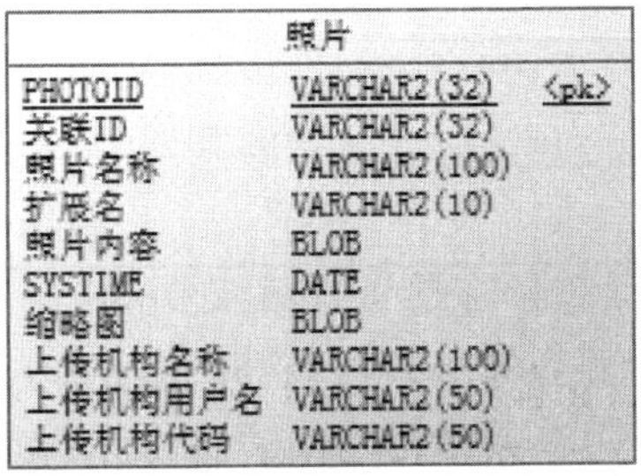

| 照片 | | |
|---|---|---|
| PHOTOID | VARCHAR2(32) | <pk> |
| 关联ID | VARCHAR2(32) | |
| 照片名称 | VARCHAR2(100) | |
| 扩展名 | VARCHAR2(10) | |
| 照片内容 | BLOB | |
| SYSTIME | DATE | |
| 缩略图 | BLOB | |
| 上传机构名称 | VARCHAR2(100) | |
| 上传机构用户名 | VARCHAR2(50) | |
| 上传机构代码 | VARCHAR2(50) | |

图 10-23　照片物理模型

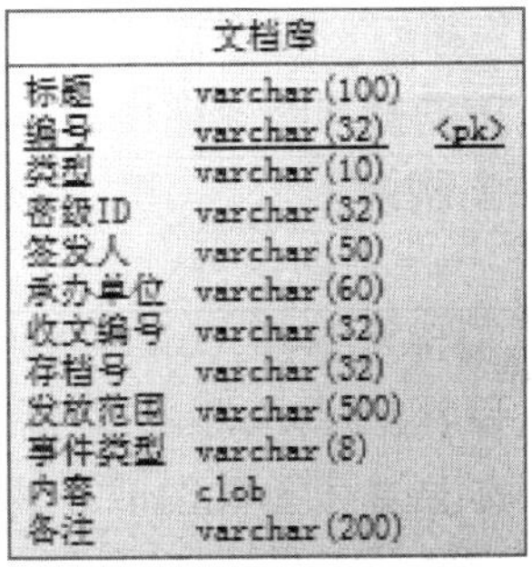

| 文档库 | | |
|---|---|---|
| 标题 | varchar(100) | |
| 编号 | varchar(32) | <pk> |
| 类型 | varchar(10) | |
| 密级ID | varchar(32) | |
| 签发人 | varchar(50) | |
| 承办单位 | varchar(60) | |
| 收文编号 | varchar(32) | |
| 存档号 | varchar(32) | |
| 发放范围 | varchar(500) | |
| 事件类型 | varchar(8) | |
| 内容 | clob | |
| 备注 | varchar(200) | |

图 10-24　文档物理模型

## 10.2.4　数据库详细设计

### 10.2.4.1　基础信息数据库

1)应急人员组织

(1)数据来源:来源于市交通行业应急管理部门、市交通保畅相关单位、各区县交通管理部门。

(2)数据项定义。

①机构信息表(表 10-1)

本表描述行政机构的基本信息。本表包含字段:机构编号、机构名称、机构简称、组织机构代码、所在行政区划代码、上级主管部门、负责人、负责人联系电话、传真、地址、邮编、备注。

**机构信息表**　　表 10-1

| 序号 | 字段含义 | 字段名 | 字段类型 | 字段长度 | 说明 |
|---|---|---|---|---|---|
| 1 | 机构编号 | OrgID | C | 32 | |
| 2 | 机构名称 | OrgName | C | 60 | |

续上表

| 序号 | 字段含义 | 字段名 | 字段类型 | 字段长度 | 说明 |
|---|---|---|---|---|---|
| 3 | 机构简称 | OrgShortName | C | 32 | |
| 4 | 组织机构代码 | OrgCode | C | 9 | |
| 5 | 所在行政区划代码 | DistrictID | C | 10 | |
| 6 | 上级主管部门 | SupervisalDept | C | 32 | |
| 7 | 负责人 | Principal | C | 50 | |
| 8 | 负责人联系电话 | DutyTel | C | 50 | |
| 9 | 传真 | Fax | C | 20 | |
| 10 | 地址 | Address | C | 200 | |
| 11 | 邮编 | Postcode | C | 6 | |
| 12 | 备注 | Notes | C | 200 | |

②人员表(表10-2)。

本表描述人员的基本信息。本表包含字段:人员编号、机构编号、姓名、性别、出生日期、证件类型、证件号码、国籍、英文姓、英文名、职务、联系电话、传真、电子邮箱。

人员表　　表10-2

| 序号 | 字段含义 | 字段名 | 字段类型 | 字段长度 | 说明 |
|---|---|---|---|---|---|
| 1 | 人员编号 | PersonID | C | 32 | |
| 2 | 机构编号 | OrgID | C | 32 | |
| 3 | 姓名 | PersonName | C | 50 | |
| 4 | 性别 | Sex | C | 2 | |
| 5 | 出生日期 | Birth | T | | |
| 6 | 证件类型 | CerType | C | 50 | |
| 7 | 证件号码 | CerNo | C | 30 | |
| 8 | 国籍 | Nationality | C | 50 | |
| 9 | 英文姓 | EngSurname | C | 30 | |
| 10 | 英文名 | EngFirstname | C | 30 | |
| 11 | 职务 | Duty | C | 50 | |
| 12 | 联系电话 | Tel | C | 50 | 逗号分隔 |
| 13 | 传真 | Fax | C | 20 | |
| 14 | 电子邮箱 | Email | C | 30 | |

(3)数据维护与更新。初始化时批量导入,运行时通过系统界面维护。

2)应急设备物资

(1)数据来源。

来源于市交通行业应急管理部门、市交通保畅相关单位、各区县交通管理部门。

(2)数据项定义。

本表描述物资资源的一般信息,其中包括资源名称、资源类型、联系人、联系电话、经度、纬度、上报人、审核状态、地址、数量、品牌、主管部门、行政区划等,如表10-3所示。

**资　源　表**　　表10-3

| 序号 | 字段描述 | 字　段　名 | 字段类型 | 字段长度 | 说　明 |
|---|---|---|---|---|---|
| 1 | 资源ID | RESID | C | 32 | |
| 2 | 资源名称 | RESNAME | C | 200 | |
| 3 | 类型id | TYPEID | C | 32 | |
| 4 | 联系人 | PRINCIPALNAME | C | 200 | |
| 5 | 联系电话 | PRINCIPALTEL | C | 200 | |
| 6 | 经度 | LONGITUDE | N | 22 | |
| 7 | 纬度 | LATITUDE | N | 22 | |
| 8 | 上报状态 | REPORTSTATE | C | 1 | |
| 9 | 审核状态 | SURVEYSTATE | C | 1 | |
| 10 | 上报人 | REPORTUSER | C | 200 | |
| 11 | 有效性 | AVAILABILITY | C | 32 | |
| 12 | 数量 | AMOUNT | N | 22 | |
| 13 | 地址 | ADDRESS | C | 300 | |
| 14 | 序列号 | SERIESID | C | 60 | |
| 15 | 品牌 | BRAND | C | 300 | |
| 16 | 别名 | ALIAS | C | 300 | |
| 17 | 时间戳 | TIMESTAMP | T | 11 | SYSDATE |
| 18 | 型号 | MODEL | C | 32 | |
| 19 | 主管部门 | AUTHORITY | C | 32 | |
| 20 | 行政区划 | DISTRICT | C | 32 | |
| 21 | 队id | QUEENID | C | 32 | |
| 22 | 所有者 | POSSESSOR | C | 200 | |

(3)数据维护与更新。

初始化时批量导入,运行时通过系统界面维护。

3)专家库

(1)数据来源。

来源于市交通行业应急管理部门、市交通保畅相关单位、各区县交通管理部门。

(2)数据项定义。

本表描述专家基本的信息,其中包括出生日期、民族、性别、职称、办公电话、籍贯、最高学历、毕业院校、户籍所在地、专业类别、专业描述等,如表10-4所示。

专家信息表

表10-4

| 序号 | 字段描述 | 字段名 | 字段类型 | 长度 | 说明 |
|---|---|---|---|---|---|
| 1 | 专家ID | EXPERTID | C | 64 | |
| 2 | 性别 | SEX | C | 64 | |
| 3 | 出生日期 | BIRTHDAY | DATE | 7 | |
| 4 | 民族 | NATIONALITY | C | 64 | |
| 5 | 工作单位 | WORKUNIT | C | 180 | |
| 6 | 职称 | POST | C | 64 | |
| 7 | 行政职务 | HEADSHIP | C | 180 | |
| 8 | 专业类别 | MAJOR | C | 120 | |
| 9 | 专业特长描述 | PROFICIENT | C | 600 | |
| 10 | 移动电话 | MOBILETEL | C | 32 | |
| 11 | 办公电话 | OFFICETEL | C | 32 | |
| 12 | 家庭电话 | HOMETEL | C | 32 | |
| 13 | 籍贯 | NATIVEPLACE | C | 180 | |
| 14 | 身份证号码 | IDCARD | C | 18 | |
| 15 | 参加工作时间 | JOINTIME | DATE | 7 | |
| 16 | 政治面貌 | PARTY | C | 64 | |
| 17 | 健康状况 | HEALTH | C | 180 | |
| 18 | 最高学历 | QUALIFICATION | C | 80 | |
| 19 | 毕业院校 | COLLEGE | C | 180 | |
| 20 | 通信地址 | ADDRESS | C | 180 | |
| 21 | 户籍所在地 | LOCATION | C | 180 | |
| 22 | 工作简历 | WORKRESUM | C | 1200 | |

(3)数据维护与更新

初始化时批量导入,运行时通过系统界面维护。

4)备勤点

(1)数据来源。

市交通保畅相关单位(市水务部门、市交通行业管理部门、市环卫部门等)。

(2)数据项定义。

本表记录备勤点信息,其中包括名称、行政区划代码、联系人、联系电话、经度、纬度、备勤人数,如表10-5所示。

**备勤点表** 表10-5

| 序号 | 字段描述 | 字段名 | 字段类型 | 长度 | 说明 |
|---|---|---|---|---|---|
| 1 | ID | ID | C | 32 | |
| 2 | 名称 | NAME | C | 100 | |
| 3 | 行政区划代码 | DISTRICTID | C | 50 | |
| 4 | 联系人 | PRINCIPAL | C | 100 | |
| 5 | 联系电话 | PHONENUM | C | 20 | |
| 6 | 经度 | LONGITUDE | N | 22 | |
| 7 | 纬度 | LATITUDE | N | 22 | |
| 8 | 备勤人数 | PERSONS | N | 22 | |

(3)数据维护与更新。

初始化时批量导入,运行时通过系统界面维护。

5)积水点

(1)数据来源。

市环卫部门、市公路养护部门、市高速公路养护部门等保障单位。

(2)数据项定义。

本表记录上积水点信息,其中包括名称、行政区划代码、负责人、联系电话、经度、纬度、管理单位、备勤人数,如表10-6所示。

**上水点表** 表10-6

| 序号 | 字段描述 | 字段名 | 字段类型 | 长度 | 说明 |
|---|---|---|---|---|---|
| 1 | 标识符 | ID | C | 32 | |
| 2 | 名称 | NAME | C | 100 | |
| 3 | 行政区划 | DISTRICTID | C | 100 | |
| 4 | 负责人 | PRINCIPAL | C | 100 | |

续上表

| 序号 | 字段描述 | 字段名 | 字段类型 | 长度 | 说明 |
|---|---|---|---|---|---|
| 5 | 联系电话 | PHONENUM | C | 20 | |
| 6 | 经度 | LONGITUDE | N | 22 | |
| 7 | 纬度 | LATITUDE | N | 22 | |
| 8 | 管理单位 | UNIT | C | 50 | |
| 9 | 备勤人数 | PERSONS | N | 22 | |

(3)数据维护与更新。

初始化时批量导入,运行时通过系统界面维护。

6)融雪剂装载点

(1)数据来源。

市环卫部门、市公路养护部门、市高速公路养护部门等保障单位。

(2)数据项定义。

本表记录融雪剂装载点信息,其中包括名称、行政区划代码、负责人、联系电话、经度、纬度、管理单位、备勤人数,如表10-7所示。

**融雪剂装载点表**

表10-7

| 序号 | 字段描述 | 字段名 | 字段类型 | 长度 | 说明 |
|---|---|---|---|---|---|
| 1 | 标识符 | ID | C | 32 | |
| 2 | 名称 | NAME | C | 100 | |
| 3 | 行政区划 | DISTRICTID | C | 100 | |
| 4 | 负责人 | PRINCIPAL | C | 100 | |
| 5 | 联系电话 | PHONENUM | C | 20 | |
| 6 | 经度 | LONGITUDE | N | 22 | |
| 7 | 纬度 | LATITUDE | N | 22 | |
| 8 | 管理单位 | UNIT | C | 50 | |
| 9 | 备勤人数 | PERSONS | N | 22 | |

(3)数据维护与更新。

初始化时批量导入,运行时通过系统界面维护。

7)融雪消纳点

(1)数据来源。

市环卫部门、市属公路、高速公路等行业的保障单位。

(2)数据项定义。

本表记录融雪消纳点信息,其中包括名称、行政区划代码、负责人、联系电话、经度、纬度、管理单位、容量,如表10-8所示。

融雪剂装载点表　　表10-8

| 序号 | 字段描述 | 字段名 | 字段类型 | 长度 | 说明 |
|---|---|---|---|---|---|
| 1 | 标识符 | ID | C | 32 | |
| 2 | 名称 | NAME | C | 100 | |
| 3 | 行政区划 | DISTRICTID | C | 100 | |
| 4 | 负责人 | PRINCIPAL | C | 100 | |
| 5 | 联系电话 | PHONENUM | C | 20 | |
| 6 | 经度 | LONGITUDE | N | 22 | |
| 7 | 纬度 | LATITUDE | N | 22 | |
| 8 | 管理单位 | UNIT | C | 50 | |
| 9 | 容量 | CONTENT | C | 22 | |

(3)数据维护与更新。

初始化时批量导入,运行时通过系统界面维护。

8)重点部位

(1)数据来源。

道路养护管理等单位。

(2)数据项定义。

本表记录重点部位信息,其中包括标识符、名称、类型、经度、纬度、主管部门、具体地址、负责人、联系方式、备注,如表10-9所示。

重点部位表　　表10-9

| 序号 | 字段描述 | 字段名 | 字段类型 | 长度 | 说明 |
|---|---|---|---|---|---|
| 1 | 标识符 | ID | C | 32 | |
| 2 | 名称 | NAME | C | 100 | |
| 3 | 类型 | TYPE | C | 32 | |
| 4 | 经度 | LONGITUDE | N | 22 | |
| 5 | 纬度 | LATITUDE | N | 22 | |
| 6 | 主管部门 | LEADER | C | 100 | |
| 7 | 具体地址 | ADDRESS | C | 200 | |
| 8 | 负责人 | PRINCIPAL | C | 50 | |
| 9 | 联系方式 | PHONENUM | C | 32 | |
| 10 | 备注 | REMARK | C | 500 | |

(3)数据维护与更新。

初始化时批量导入,运行时通过系统界面维护。

9)传感器

(1)数据来源。

各专业监测部门(市气象部门、市水务部门、市国土部门、市交通管理部门、市交管部门等)。

(2)数据项定义。

本表描述传感器信息,其中包括名称、物联网设备编码、传感器类型、行政区划、建站时间、类别、管理单位、地址、经度、纬度、备注、负责人、负责人手机号等信息,如表10-10所示。

传感器表 表10-10

| 序号 | 字段描述 | 字段名 | 字段类型 | 长度 | 说明 |
|---|---|---|---|---|---|
| 1 | ID | ID | C | 32 | |
| 2 | 名称 | NAME | C | 200 | |
| 3 | 物联网设备编码 | CODE | C | 50 | |
| 4 | 传感器类型 | MSTYPE | C | 32 | |
| 5 | 行政区划 | AREACODE | C | 32 | |
| 6 | 建站时间 | CREATEDATE | C | 10 | |
| 7 | 类别 | SORT | C | 1 | |
| 8 | 管理单位 | LEADER | C | 200 | |
| 9 | 地址 | ADDRESS | C | 200 | |
| 10 | 经度 | LONGITUDE | N | 22 | |
| 11 | 纬度 | LATITUDE | N | 22 | |
| 12 | 备注 | REMARK | C | 500 | |
| 13 | 负责人名称 | PEOPLER | C | 30 | |
| 14 | 负责人手机号 | TEL | C | 20 | |
| 15 | WARNTYPEID | WARNTYPEID | C | 32 | |
| 16 | 监测站类别 | MSSORT | C | 32 | |
| 17 | SAMPLE | SAMPLE | C | 100 | |

(3)数据维护与更新。

初始化时批量导入,运行时通过系统界面维护。

10）物联实时监测信息

（1）数据来源。

来源于各专业监测系统（重点桥区/路面积滞水监测系统、道路气象信息实时监测系统、道路交通气象信息预报系统、公路高边坡地质灾害监测系统、重点桥梁健康状况监测系统、主要道路交通实时路况监测系统、高速公路视频监控系统）。

（2）数据项定义。

物联实时监测信息包括：积滞水检测信息、气象检测信息、边坡位移/压力检测信息、桥梁压力/位移检测信息、交通流/旅行时间检测数据。

（3）传感器监测数据。

本表是来记录各种类型传感器传回来的数据，其中包括值、属性名称、监测站ID、时间、记录ID，如表10-11所示。

传感器监测数据表　　表10-11

| 序号 | 字段描述 | 字段名 | 字段类型 | 长度 | 说明 |
|---|---|---|---|---|---|
| 1 | ID | ID | C | 32 | |
| 2 | 属性值 | VALUE | N | 22 | |
| 3 | 属性名称 | MONITORSTATIONATTRIBUTEID | C | 32 | |
| 4 | 监测站ID | MONITORSTATIONID | C | 32 | |
| 5 | 时间 | TIME | C | 40 | |
| 6 | 记录ID | RECORDID | C | 100 | |

①传感器类型属性。

本表用来记录传感器属性信息，其中包括编码、名称、监测站类型、单位、属性，如表10-12所示。

传感器类型属性表　　表10-12

| 序号 | 字段描述 | 字段名 | 字段类型 | 长度 | 说明 |
|---|---|---|---|---|---|
| 1 | ID | ID | C | 32 | |
| 2 | 编码 | CODE | C | 100 | |
| 3 | 名称 | NAME | C | 100 | |
| 4 | 监测站类型 | TYPEID | C | 32 | |
| 5 | 单位 | UNIT | C | 10 | |
| 6 | 属性代号 | SHORTNAME | C | 100 | |

②传感器类型。

本表用来描述传感器类型，其中包括名称和创建时间，如表10-13所示。

传感器类型表　　表 10-13

| 序号 | 字段描述 | 字 段 名 | 字段类型 | 长 度 | 说 明 |
|---|---|---|---|---|---|
| 1 | ID | ID | C | 32 | |
| 2 | 名称 | NAME | C | 200 | |
| 3 | 创建时间 | CREATETIME | C | 20 | |

③传感器类型属性。

本表用来记录传感器属性信息,其中包括编码、名称、监测站类型、单位、属性,如表 10-14 所示。

传感器类型属性表　　表 10-14

| 序号 | 字段描述 | 字 段 名 | 字段类型 | 长 度 | 说 明 |
|---|---|---|---|---|---|
| 1 | ID | ID | C | 32 | |
| 2 | 编码 | CODE | C | 100 | |
| 3 | 名称 | NAME | C | 100 | |
| 4 | 所属监测站类型 | TYPEID | C | 32 | |
| 5 | 单位 | UNIT | C | 10 | |
| 6 | 属性代号 | SHORTNAME | C | 100 | |

④传感器类型。

本表用来描述传感器类型,其中包括名称和创建时间,如表 10-15 所示。

传感器类型表　　表 10-15

| 序号 | 字段描述 | 字 段 名 | 字段类型 | 长 度 | 说 明 |
|---|---|---|---|---|---|
| 1 | ID | ID | C | 32 | |
| 2 | 名称 | NAME | C | 200 | |
| 3 | 创建时间 | CREATETIME | C | 20 | |

⑤监测站传回的现场照片表。

本表用来存放监测站传回的照片表,如表 10-16 所示。

传感器采集照片表　　表 10-16

| 序号 | 字段描述 | 字 段 名 | 字段类型 | 长 度 | 说 明 |
|---|---|---|---|---|---|
| 1 | ID | ID | C | 32 | |
| 2 | 传感器 ID | MSID | C | 32 | |
| 3 | 照片名称 | PHOTONAME | C | 200 | |
| 4 | 拍照事件 | TIME | C | 20 | |
| 5 | 照片 | PHOTO | BLOB | 4000 | |
| 6 | 说明 | DESCRIPTION | C | 500 | |

(4)数据维护与更新。

数据实时通过北京市物联网数据支撑平台获取,对历史数据进行定期清除和备份。

11)视频监控数据

(1)数据来源。

道路和高速公路建设养护单位及交通行业内部视频监控平台。

(2)数据项定义。

本表记录历史视频文件,其中包括标识符、名称、视频类型、摄像机ID、开始时间、结束时间、路径、描述等,如表10-17所示。

视频文件表　　表10-17

| 序号 | 字段描述 | 字段名 | 字段类型 | 长度 | 说明 |
|---|---|---|---|---|---|
| 1 | 标识符 | VIDEOID | C | 32 | |
| 2 | 名称 | VIDEONAME | C | 32 | |
| 3 | 视频类型 | VIDEOTYPE | C | 32 | |
| 4 | 摄像机ID | CAMERAID | C | 32 | |
| 5 | 开始时间 | BEGINTIME | DATE | 7 | |
| 6 | 结束时间 | ENDTIME | DATE | 7 | |
| 7 | 路径 | RECORDPATH | C | 200 | |
| 8 | 描述 | VIDEODESCRIBE | C | 200 | |
| 9 | 是否删除 | UNDELETED | C | 32 | |
| 10 | 同步 | SYNCHRONOUS | C | 32 | |
| 11 | 本地ID | LOCATIONID | C | 32 | |

(3)数据维护与更新。

数据不落地,通过流的形式实时获取。

#### 10.2.4.2 空间信息库

1)数据来源

市交通行业已有空间信息资源。

2)数据实体

包括数字地图、遥感影像、主要路网管网、应急资源分布图和重点防护目标图等内容,包含自然地理信息中的地貌、水系、植被以及社会地理信息中的居民地、交通、境界、特殊地物、地名等。

(1)矢量数字地形数据(DLG)。

矢量数字地形数据是将国家基本比例尺地形图上各类要素,包括水系、境界、交通、居民地、地形、植被等按照一定的规则分层、按照标准分类编码,对各要素的空间位置、属性信息及相互间空间关系等数据进行采集、编辑、处理建成的数据库。在极端天气道路交通保畅物联网综合应用平台中矢量地理数据主要包括1:10000、1:2000、1:500三级比例尺。数据按属性分为以下层次:

水系:水系包括面状、线状河流、渠道、面状湖泊、水库等。

居民地:包括居住小区分布。

交通:包括主要铁路、公路、桥梁及隧道、航道、港口码头的信息。

境界:包括市、区、县行政区及边界线,乡、镇及界线等。

地形与土质:包括等高线、等深线、高程点、三角点、冲沟、陡石山等地形数据。

植被:分点状植被、线状植被、面状植被。

(2)遥感影像数据(DOM)。

全市30m分辨率的遥感影像,市内主要城镇和地区可存储更高分辨率(如10m/2.5m/1m/0.61m等)的航空航天影像。

(3)主要路网。

从市交通部门已有信息化系统中获取主要路网空间数据,融合与综合应用平台空间数据库。

(4)应急资源分布图。

通过收集、标注等手段,使应急资源与空间数据相结合,形成应急资源的空间分布。

(5)重点防护目标分布图。

通过收集、标注等手段,使重点防护目标与空间数据相结合,形成重点防护目标的空间分布。

(6)地名数据。

地名数据,亦称地址编码数据。它是将国家基本比例尺地形图上各类地名注记包括居民地、河流、湖泊、山脉、山峰、自然保护区等名称,连同其汉语拼音及属性特征如类别、政区代码、归属、网格号、交通代码、高程、图幅号、图名、图版年度、更新日期、$X$坐标、$Y$坐标、经度、纬度等录入计算机建成的数据库。它与地形数据库之间通过技术接口码连接,可以相互访问,也可以作为单独的关系型数据库运行。

#### 10.2.4.3　事件库

事件库表类别汇总,如表10-18所示。

事件库表类别汇表　　表 10-18

| 分　类 | 序号 | 表　名 | 英文表名 |
|---|---|---|---|
| 时间接报信息类 | 1 | 事件信息表 | Affair_info |
| | 2 | 事件发送表 | Affair_send |
| | 3 | 事件续报 | |
| | 4 | 事件追踪表 | |
| 预测预警信息类 | 5 | 预警信息表 | Warn |
| | 6 | 预警级别 | Warn_Level |
| | 7 | 预警发布日志 | WarnReleaseLog |
| | 8 | 预警历史表 | |
| | 9 | 预警发送 | Warn_Send |
| 应急指挥过程信息类 | 10 | 地图标绘 | MapPlot |
| | 11 | 方案管理 | ProjectManager |
| | 12 | 模型表 | |
| 预案库类 | 13 | 预案表 | Dig_plan |
| | 14 | 预案附件表 | Dig_file |
| | 15 | 预案信息表 | Dig_plan_info |
| | 16 | 预案文档数据结构 | Dig_word |
| 案例类 | 17 | 案例库表 | |

1)事件接报信息

(1)数据来源:系统运行时产生。

(2)数据项定义。

①事件信息表(表 10-19)。

本表是用来描述事件信息,其中包括事件名称、事件类别、事件级别、事件发生时间、事件发生地点、行政区划、事件发生原因、事件描述、死亡人数、受伤人数、失踪人数、经度、纬度、影响半径、经济损失、数据来源、上报人员、采取措施等。

事件信息表　　表 10-19

| 序号 | 字段描述 | 字段名 | 字段类型 | 长　度 |
|---|---|---|---|---|
| 1 | 事件 ID | INFOID | C | 32 |
| 2 | 事件名称 | AFFAIRNAME | C | 150 |
| 3 | 事件类型 | AFFAIRTYPE | C | 32 |
| 4 | 事件级别 | AFFAIRLEVEL | C | 32 |

续上表

| 序号 | 字段描述 | 字　段　名 | 字段类型 | 长　度 |
|---|---|---|---|---|
| 5 | 事件发生时间 | AFFAIRTIME | DATE | 7 |
| 6 | 事件发生地点 | AFFAIRADDRESS | C | 450 |
| 7 | 行政区划 | BASDISTRICT | C | 32 |
| 8 | 事件发生原因 | AFFAIRREASON | C | 450 |
| 9 | 事件描述 | AFFAIRDESCRIPTION | C | 450 |
| 10 | 死亡人数 | DEADNUM | C | 5 |
| 11 | 受伤人数 | BRUISENUM | C | 5 |
| 12 | 失踪人数 | ABSCONDENCENUM | C | 5 |
| 13 | 受困人数 | LOCKINNUM | C | 5 |
| 14 | 经度 | LONGITUDE | N | 22 |
| 15 | 纬度 | LATITUDE | N | 22 |
| 16 | 影响半径 | AFFECTRADIUS | C | 5 |
| 17 | 经济损失 | DAMNIFY | C | 400 |
| 18 | 采取措施 | ADOPTSTEP | C | 450 |
| 19 | 救助情况 | SALVATIONCIRCS | C | 450 |
| 20 | 支援请求 | SUPPORTREQUEST | C | 450 |
| 21 | 接报电话 | RENDERPHONE | C | 20 |
| 22 | 接报人 | RENDERPERSON | C | 50 |
| 23 | 接报时间 | RENDERTIME | DATE | 7 |
| 24 | 备注 | REMARK | C | 450 |
| 25 | 上报用户代码 | RENDERORGANCODE | C | 20 |
| 26 | 上报用户名称 | RENDERORGANNAME | C | 20 |
| 27 | 事件状态 | AFFAIRSTATE | C | 2 |
| 28 | 发送状态 | STATE | C | 2 |
| 29 | 办结总结 | FINISHDESCRIPTION | C | 750 |
| 30 | SYSTIME | SYSTIME | DATE | 7 |
| 31 | 数据来源 | DATAORIGIN | C | 100 |
| 32 | 共享时间 | SHARETIME | DATE | 7 |
| 33 | 数据类型 | DATATYPE | C | 2 |

②事件发送表(表10-20)。

本表用来记录事件发送情况,其中包括事件ID、发送机构代码、发送时间、接收人、接收时间、反馈状态、反馈内容、反馈时间。

**事件发送表** 表10-20

| 序号 | 字段描述 | 字段名 | 字段类型 | 长度 |
|---|---|---|---|---|
| 1 | 事件发送ID | SENDID | C | 32 |
| 2 | 事件ID | INFOID | C | 32 |
| 3 | 发送机构代码 | SENDORGANCODE | C | 20 |
| 4 | 发送机构名称 | SENDORGANNAME | C | 100 |
| 5 | 发送时间 | SENDTIME | DATE | 7 |
| 6 | 接收机构代码 | RECEIVEORGANCODE | C | 20 |
| 7 | 接收机构名称 | RECEIVEORGANNAME | C | 100 |
| 8 | 是否接收 | ISRECEIVE | C | 2 |
| 9 | 接收人 | RECEIVEPERSON | C | 20 |
| 10 | 接收时间 | RECEIVETIME | DATE | 7 |
| 11 | SYSTIME | SYSTIME | DATE | 7 |
| 12 | 反馈状态 | FEEDBACKSTATE | C | 8 |
| 13 | 反馈内容 | FEEDBACK | C | 500 |
| 14 | 反馈时间 | FEEDBACKTIME | DATE | 7 |

③事件续报(表10-21)。

本表用来记录事件续保,其中包括事件ID、续报时间、续保机构、续报用户、发送时间、续报内容、接收人、续人等。

**事件续报表** 表10-21

| 序号 | 字段描述 | 字段名 | 字段类型 | 长度 |
|---|---|---|---|---|
| 1 | EXTENDID | EXTENDID | C | 32 |
| 2 | 事件ID | INFOID | C | 32 |
| 3 | 续报时间 | EXTENDTIME | DATE | 7 |
| 4 | 续报机构用户 | EXTENDORGANCODE | C | 20 |
| 5 | 续报机构名称 | EXTENDORGANNAME | C | 100 |
| 6 | 接收机构用户 | RECEIVEORGANCODE | C | 20 |
| 7 | 接收结构名称 | RECEIVEORGANNAME | C | 100 |
| 8 | 发送时间 | SENDTIME | DATE | 7 |
| 9 | 是否接收 | ISRECEIVE | C | 2 |
| 10 | 接收时间 | RECEIVETIME | DATE | 7 |

续上表

| 序号 | 字段描述 | 字　段　名 | 字段类型 | 长　度 |
|---|---|---|---|---|
| 11 | 接收人 | RECEIVEPERSON | C | 20 |
| 12 | 续报内容 | EXTENDCONTENT | C | 450 |
| 13 | 状态 | STATE | C | 10 |
| 14 | SYSTIME | SYSTIME | DATE | 7 |
| 15 | 续报电话 | EXTENDPHONE | C | 20 |
| 16 | 续报人 | EXTENDPERSON | C | 50 |

④事件追踪表(表10-22)。

本表记录事件追踪过程信息,其中包括事件ID、操作机构、发送时间、操作内容、操作用户、备注等,如表10-22所示。

事件追踪表　　表10-22

| 序号 | 字段描述 | 字　段　名 | 字段类型 | 长　度 |
|---|---|---|---|---|
| 1 | 事件追踪ID | TRACEID | C | 32 |
| 2 | 事件ID | INFOID | C | 32 |
| 3 | 操作机构代码 | ORGANCODE | C | 20 |
| 4 | 发送时间 | OPERATETIME | DATE | 7 |
| 5 | 操作类型 | TRACETYPE | C | 32 |
| 6 | SYSTIME | SYSTIME | DATE | 7 |
| 7 | 操作机构名称 | ORGANNAME | C | 50 |
| 8 | 操作用户 | OPERATEUSER | C | 50 |
| 9 | 操作内容 | OPERATECONTENT | C | 500 |
| 10 | 备注 | REMARK | C | 500 |
| 11 | 资源ID | RESID | C | 500 |
| 12 | 资源类型 | RESOURCETYPE | C | 50 |

(3)数据维护与更新。

事件信息作为核心业务数据,将进行定期备份。

2)预测预警信息。

(1)数据来源:系统运行时产生。

(2)数据项定义。

①预警信息表。

本表用来记录预警信息,其中包括标题名称、内容、类型、预警级别、预警状态、行政区划、开始时间、结束时间、发布人、预警方式、经度、纬度、预警来源、传感器ID 等,如表 10-23 所示。

**预警信息表** 表 10-23

| 序号 | 字段描述 | 字段名 | 字段类型 | 长度 |
|---|---|---|---|---|
| 1 | 预警信息 ID | ID | C | 32 |
| 2 | 标题名称 | TITLENAME | C | 100 |
| 3 | 预警内容 | WARNCONTENT | C | 200 |
| 4 | 预警类型 | WARNTYPE | C | 32 |
| 5 | 预警级别 | WARNLEVEL | C | 32 |
| 6 | 预警状态 | WARNSTATUS | C | 32 |
| 7 | 是否提示 | SHOWTIP | C | 1 |
| 8 | 行政区划 | REGION | C | 32 |
| 9 | 开始时间 | STARTTIME | C | 32 |
| 10 | 结束时间 | ENDTIME | C | 32 |
| 11 | 发布人 | RELEASEPERSON | C | 32 |
| 12 | 预警方式 | WARNMODE | C | 32 |
| 13 | 经度 | LONGITUDE | N | 22 |
| 14 | 纬度 | LATITUDE | N | 22 |
| 15 | 单位 | WARNUNIT | C | 32 |
| 16 | 是否删除 | ISDELETE | C | 1 |
| 17 | 预警来源 | WARNSOURCE | C | 1 |
| 18 | 创建时间 | SYSTIME | C | 32 |
| 19 | 监测站 code | STCD | C | 32 |
| 20 | 是否启动应急响应 | STARTRESPONSE | C | 1 |

②预警级别。

本表用来记录预警级别,其中包括预警名称、预警颜色值、描述等,如表 10-24 所示。

**预警信息表** 表 10-24

| 序号 | 字段描述 | 字段名 | 字段类型 | 长度 |
|---|---|---|---|---|
| 1 | 预警级别 | WARNLEVEL | N | 22 |
| 2 | 预警名称 | NAME | C | 100 |
| 3 | 预警颜色值 | COLOR | C | 8 |
| 4 | 描述 | DESCRIPTION | C | 200 |

③预警发布日志。

本表用来记录预警发布日志，其中包括预警名称、号码、是否成功、部门名称、发布人、内容、预警类型等，如表 10-25、表 10-26 所示。

预警发布日志表　　表 10-25

| 序号 | 字段描述 | 字段名 | 字段类型 | 长度 |
|---|---|---|---|---|
| 1 | 预警发布 ID | ID | C | 32 |
| 2 | 预警名称 | WARNNAME | C | 200 |
| 3 | 号码 | NUM | C | 32 |
| 4 | 是否成功 | ISSUCCESS | C | 1 |
| 5 | 时间 | SYSTIME | C | 32 |
| 6 | 部门名称 | DEPARTMENTNAME | C | 100 |
| 7 | 发布人 | RELEASEPERSON | C | 50 |
| 8 | 内容 | CONTENT | C | 500 |
| 9 | 预警方式 | WARNMETHOD | C | 1 |
| 10 | 预警类型 | WARNTYPE | C | 50 |
| 11 | 接收对象名称 | RECEIVENAME | C | 100 |

预警历史表　　表 10-26

| 序号 | 字段描述 | 字段名 | 字段类型 | 长度 |
|---|---|---|---|---|
| 1 | 预警历史 ID | ID | C | 32 |
| 2 | 预警 ID | WARNID | C | 32 |
| 3 | 预警状态 | WARNSTATUS | C | 8 |
| 4 | 更新时间 | UPDATETIME | C | 32 |

④预警发送

本表用来记录预警发布信息，其中包括事件 ID、发送机构、发送时间、接收机构、接收时间、接收人、反馈状态、反馈内容、反馈时间，如表 10-27 所示。

预警发送表　　表 10-27

| 序号 | 字段描述 | 字段名 | 字段类型 | 长度 |
|---|---|---|---|---|
| 1 | 预警发送 ID | SENDID | C | 32 |
| 2 | 事件 ID | INFOID | C | 32 |
| 3 | 发送机构代码 | SENDORGANCODE | C | 20 |
| 4 | 发送机构名称 | SENDORGANNAME | C | 100 |
| 5 | 发送时间 | SENDTIME | DATE | 7 |

续上表

| 序号 | 字段描述 | 字段名 | 字段类型 | 长度 |
|---|---|---|---|---|
| 6 | 接收机构代码 | RECEIVEORGANCODE | C | 20 |
| 7 | 接收机构名称 | RECEIVEORGANNAME | C | 100 |
| 8 | 是否接收 | ISRECEIVE | C | 2 |
| 9 | 接收人 | RECEIVEPERSON | C | 20 |
| 10 | 接收时间 | RECEIVETIME | DATE | 7 |
| 11 | SYSTIME | SYSTIME | DATE | 7 |
| 12 | 反馈状态 | FEEDBACKSTATE | C | 8 |
| 13 | 反馈内容 | FEEDBACK | C | 500 |
| 14 | 反馈时间 | FEEDBACKTIME | DATE | 7 |

(3)数据维护与更新。

预测预警信息作为核心业务数据,将进行定期备份。

3)应急指挥过程信息

(1)数据来源:系统运行时产生。

(2)数据项定义。

①地图标绘。

本表记录地图标绘信息,其中包括名称、图片数据、事件名称,如表10-28所示。

地图标绘表　　表10-28

| 序号 | 字段描述 | 字段名 | 字段类型 | 长度 |
|---|---|---|---|---|
| 1 | 地图标绘ID | ID | C | 32 |
| 2 | 名称 | NAME | C | 100 |
| 3 | 图片数据 | PICTUREXML | CLOB | 4000 |
| 4 | 事件名称 | AFFAIRNAME | C | 100 |

②方案管理

本表记录方案名称、方案内容,如表10-29所示。

方案管理表　　表10-29

| 序号 | 字段描述 | 字段名 | 字段类型 | 长度 |
|---|---|---|---|---|
| 1 | 方案管理ID | ID | C | 32 |
| 2 | 方案名称 | NAME | C | 100 |
| 3 | 方案内容 | PMXML | CLOB | 4000 |

(3)数据维护与更新。

应急指挥过程信息作为核心业务数据,将进行定期备份。

10.2.4.4 模型库

1)数据来源

系统提供相关监测预警、智能分析模型。

2)数据项定义

本表用来描述系统调用模型信息,其中包括模型编码、模型名称、英文缩写、功能描述、提供单位、提供时间,如表10-30所示。

模型表 表10-30

| 序号 | 字段描述 | 字段名 | 字段类型 | 长度 |
|---|---|---|---|---|
| 1 | 模型ID | ID | C | 32 |
| 2 | 模型编码 | MODELCODE | C | 32 |
| 3 | 模型名称 | MODEINAME | C | 100 |
| 4 | 英文缩写 | ENGLISHNAME | C | 100 |
| 5 | 功能描述 | TASKCONTENT | C | 200 |
| 6 | 提供单位 | OFFERUNIT | C | 50 |
| 7 | 提供时间 | OFFERTIME | C | 32 |

3)数据维护与更新

通过系统定期进行配置与更新。

10.2.4.5 预案库

1)数据来源

来源于市交通行业应急管理部门。

2)数据项定义

(1)预案表。

本来用来描述预案,其中包括预案名称、预案类型编码、预案描述等,如表10-31所示。

预案表 表10-31

| 序号 | 字段描述 | 字段名 | 字段类型 | 长度 |
|---|---|---|---|---|
| 1 | 预案ID | DIGPLANID | C | 32 |
| 2 | 预案名称 | DIGPLANNAME | C | 180 |
| 3 | 预案类型编码 | TYPECODE | C | 32 |
| 4 | 描述 | NOTES | C | 600 |
| 5 | 删除标志 | DELETEFLAG | N | 1 |

(2)预案附件表。

本表用来描述预案附件信息,其中包括预案信息表 ID、附件排序、附件存放路径、附件名称、原附件存放路径、Word 文本内容、系统时间等,如表 10-32 所示。

预 案 附 件 表 表 10-32

| 序号 | 字段描述 | 字 段 名 | 字段类型 | 长 度 |
|---|---|---|---|---|
| 1 | 表 ID | DIGFILEID | C | 32 |
| 2 | 预案信息表 ID | DIGPLANINFOID | C | 32 |
| 3 | 附件排序 | SEQUENCE | N | 22 |
| 4 | 附件存放路径 | PATH | C | 255 |
| 5 | 附件名称 | FILENAME | C | 255 |
| 6 | 原附件名称 | ORIGINALNAME | C | 255 |
| 7 | 原附件存放路径 | ORIGINALPATH | C | 255 |
| 8 | Word 文本内容 | WORDCONTENT | CLOB | 4000 |
| 9 | Word 二进制流 | WORDCONTENTSTREAM | BLOB | 4000 |
| 10 | 系统时间 | SYSTIMES | DATE | 11 |
| 11 | 删除标志 | DELETEFLAG | N | 1 |

(3)预案信息表。

本表用来描述预案信息,其中包括预案 ID、版本号、版本状态编码、编制单位、发布单位、行政区划代码、发布日期、附件、备注、状态码、审核人、事件分类代码等,如表 10-33 所示。

预 案 信 息 表 表 10-33

| 序号 | 字段描述 | 字 段 名 | 字段类型 | 长 度 |
|---|---|---|---|---|
| 1 | 记录 ID | DIGPLANINFOID | C | 32 |
| 2 | 预案 ID | DIGPLANID | C | 32 |
| 3 | 版本号 | VERNO | C | 30 |
| 4 | 版本状态编码 | VERSTATECODE | C | 1 |
| 5 | 编制单位 | COMPILEUNIT | C | 60 |
| 6 | 发布单位 | PUBLISHUNIT | C | 180 |
| 7 | 行政区划代码 | DISTRICTID | C | 32 |
| 8 | 发布日期 | PUBLISHDATE | DATE | 7 |
| 9 | 附件 | ATTACHMENT | BLOB | 4000 |
| 10 | 备注 | NOTES | C | 4000 |

续上表

| 序号 | 字段描述 | 字 段 名 | 字段类型 | 长 度 |
|---|---|---|---|---|
| 11 | 系统时间 | SYSTIMES | DATE | 11 |
| 12 | 状态码 | STATUS | C | 2 |
| 13 | 删除标志 | DELETEFLAG | N | 1 |
| 14 | 审核人 | APPROVEMAN | C | 90 |
| 15 | 事件分类代码 | EVENTCODE | C | 4000 |
| 16 | 部门 | DEPARTMENTID | C | 32 |
| 17 | 地址分类 | ADDRESSBOOKGROUPID | C | 32 |
| 18 | 内容 | CONTENT | CLOB | 4000 |
| 19 | 应急类型 | EMERGENCYTYPE | C | 32 |

(4)预案文档数据结构。

本表是用来描述预案结构化的节点信息,其中包括附件文件 ID、父 ID、子 ID、Word 文件标题、标题内的内容、系统时间、标题级别、内容排序等,如表 10-34 所示。

**预案文档结构表** 表 10-34

| 序号 | 字段描述 | 字 段 名 | 字段类型 | 长 度 |
|---|---|---|---|---|
| 1 | 表主键 | DIGWORDID | C | 32 |
| 2 | 附件文件 ID | DIGFILEID | C | 32 |
| 3 | 父 ID | PARENTID | C | 32 |
| 4 | 子 ID | CHILDID | C | 32 |
| 5 | word 文件标题 | TITLE | C | 1000 |
| 6 | 标题内的内容 | WORDPARTCONTENT | CLOB | 4000 |
| 7 | 系统时间 | SYSTIMES | DATE | 11 |
| 8 | 删除标志 | DELETEFLAG | N | 1 |
| 9 | 标题级别 | GRADE | C | 2 |
| 10 | 内容排序 | SEQUENCE | N | 22 |

3)数据维护与更新

通过系统进行动态维护。

#### 10.2.4.6 案例库

1)数据来源

来源于市交通行业应急管理部门。

2)数据项定义

本表主要用来记录描述事件案例,其中包括标题、主题词、事件分类编码、事件级别编码、案例来源、行政区划代码、事发地点、事发时间、评估级别、经验教训、处置情况、责任单位、结束时间、财产损失情况、人员伤亡情况、影响范围、事发原因、内容、备注,如表10-35所示。

**案例库表** 表10-35

| 序号 | 字段描述 | 字段名 | 字段类型 | 长度 |
|---|---|---|---|---|
| 1 | ID | ID | C | 32 |
| 2 | 标题 | NAME | C | 200 |
| 3 | 主题词 | KEYWORD | C | 200 |
| 4 | 事件分类编码 | EVENTTYPECODE | C | 10 |
| 5 | 事件级别编码 | EVENTLEVELCODE | C | 1 |
| 6 | 案例来源 | SOURCE | C | 100 |
| 7 | 行政区划代码 | DISTRICTID | C | 10 |
| 8 | 事发地点 | ADDRESS | C | 200 |
| 9 | 事发时间 | STARTTIME | C | 24 |
| 10 | 评估级别 | EVALUATERATE | C | 200 |
| 11 | 经验教训 | LESSON | C | 2000 |
| 12 | 处置情况 | TREATSTATE | C | 2000 |
| 13 | 责任单位 | DUTYORG | C | 2000 |
| 14 | 结束时间 | ENDTIME | C | 24 |
| 15 | 财产损失情况 | ECONOMYLOSS | C | 200 |
| 16 | 人员伤亡情况 | CASUALTY | C | 200 |
| 17 | 影响范围 | INFLUENCERANGE | C | 200 |
| 18 | 事发原因 | CAUSE | C | 500 |
| 19 | 内容 | CONTENT | CLOB | 4000 |
| 20 | 备注 | NOTES | C | 2000 |

3)数据维护与更新

通过系统进行动态维护。

#### 10.2.4.7 知识库

1)数据来源

来源于市交通行业应急管理部门。

2)数据项定义

(1)Knowledge 知识库。

本表主要记录知识信息,其中包括标题、主题词、知识摘要、适用事件描述、来源、内容、备注,如表 10-36 所示。

知识库表　表 10-36

| 序号 | 字段描述 | 字段名 | 字段类型 | 长度 |
|---|---|---|---|---|
| 1 | ID | ID | C | 32 |
| 2 | 标题 | TITLE | C | 100 |
| 3 | 主题词 | KEYWORD | C | 200 |
| 4 | 知识摘要 | SUMMARY | C | 500 |
| 5 | 适用事件描述 | EVETDESC | C | 200 |
| 6 | 来源 | SOURCE | C | 100 |
| 7 | 内容 | CONTENT | CLOB | 4000 |
| 8 | 备注 | NOTES | C | 200 |

(2)法律法规信息表

本表主要描述法律法规信息表信息,其中包括法律法规编码、统一标识符、名称、主题词、摘要、类型、级别、制定单位、行政区划代码、适用事件描述、适用范围、发布时间、生效时间、内容、备注,如表 10-37 所示。

法律法规信息表　表 10-37

| 序号 | 字段描述 | 字段名 | 字段类型 | 长度 |
|---|---|---|---|---|
| 1 | 法律法规编码 | LAWID | C | 32 |
| 2 | 统一标识码 | NUCODE | C | 32 |
| 3 | 名称 | NAME | C | 100 |
| 4 | 主题词 | KEYWORD | C | 200 |
| 5 | 摘要 | SUMMARY | C | 500 |
| 6 | 类型 | TYPE | C | 10 |
| 7 | 级别 | LEVEL | C | 10 |
| 8 | 制定单位 | DOUNIT | C | 60 |
| 9 | 行政区划代码 | DISTRICTID | C | 10 |
| 10 | 适用事件描述 | EVENTDESC | C | 200 |
| 11 | 适用范围 | APPLIEDRANGE | C | 200 |
| 12 | 发布时间 | PUBDATE | DATE | 7 |

续上表

| 序号 | 字段描述 | 字段名 | 字段类型 | 长度 |
|---|---|---|---|---|
| 13 | 生效时间 | INUREDATE | DATE | 7 |
| 14 | 内容 | CONTENT | CLOB | 4000 |
| 15 | 备注 | NOTES | C | 200 |

(3)标准及技术规范信息表。

本表用来描述技术规范信息表,其中包括标准编码、统一标识符、名称、标准号、主题词、摘要、类型、级别、制定单位、行政区划代码、适用事件描述、发布时间、生效时间、内容、备注,如表10-38所示。

**标准及技术规范信息表** 表10-38

| 序号 | 字段描述 | 字段名 | 字段类型 | 长度 |
|---|---|---|---|---|
| 1 | 标准编码 | STANDID | C | 32 |
| 2 | 统一标识码 | NUCODE | C | 32 |
| 3 | 名称 | NAME | C | 100 |
| 4 | 标准号 | FILENO | C | 30 |
| 5 | 主题词 | KEYWORD | C | 200 |
| 6 | 摘要 | SUMMARY | C | 500 |
| 7 | 类型 | STANDTYPE | C | 10 |
| 8 | 级别 | LEVEL | C | 10 |
| 9 | 制定单位 | DOUNIT | C | 60 |
| 10 | 行政区划代码 | DISTRICTID | C | 10 |
| 11 | 适用事件描述 | EVENTDESC | C | 200 |
| 12 | 发布时间 | PUBDATE | DATE | 7 |
| 13 | 生效时间 | INUREDATE | DATE | 7 |
| 14 | 内容 | CONTENT | CLOB | 4000 |
| 15 | 备注 | NOTES | C | 200 |

(4)知识推理规则表。

本表用来描述知识推理规则,包括条件和结论,如表10-39所示。

**知识推理规则表** 表10-39

| 序号 | 字段描述 | 字段名 | 字段类型 | 长度 |
|---|---|---|---|---|
| 1 | 规则ID | RULEID | C | 32 |
| 2 | 条件 | CONDITION | C | 200 |
| 3 | 结论 | CONCLUSION | C | 200 |

3)数据维护与更新

通过系统进行动态维护。

10.2.4.8 文档库

1)数据来源

系统运行时产生。

2)数据项定义

本表主要描述文档的信息,其中包括标题、编号、类型、密级、签发人、承办单位、收文编号、存档号、发放范围、事件类型、内容、备注,如表10-40所示。

文档表 表10-40

| 序号 | 字段描述 | 字段名 | 字段类型 | 长度 |
|---|---|---|---|---|
| 1 | 标题 | TITLE | C | 100 |
| 2 | 编号 | ARCHIVEID | C | 32 |
| 3 | 类型 | DOCTYPE | C | 10 |
| 4 | 密级 ID | SECRECYLEVELID | C | 32 |
| 5 | 签发人 | SIGNER | C | 50 |
| 6 | 承办单位 | DOUNIT | C | 60 |
| 7 | 收文编号 | RECEIVENO | C | 32 |
| 8 | 存档号 | SAVENO | C | 32 |
| 9 | 发放范围 | DISSEMINATERANGE | C | 500 |
| 10 | 事件类型 | EVENTTYPE | C | 8 |
| 11 | 内容 | CONTENT | CLOB | 4000 |
| 12 | 备注 | NOTES | C | 200 |

3)数据维护与更新

文档库作为核心业务数据库,将进行定期备份。

### 10.2.5 数据库标准设计

10.2.5.1 数据元表示规范

数据元表示规范是通过描述数据元的一系列属性来实现的。这些属性实际上是数据元的元数据。

1)编码

名称:编码。

定义:赋予数据元唯一的内部编码,为管理和使用提供便利。

提交说明:提交时不填,由数据元管理者填写。

数据类型:字符串。

备注:暂使用顺序编码,比如 000001、000002 等。

2)中文名称

名称:中文名称。

定义:赋予数据元的单个或多个中文字词的指称。

提交说明:提交时必须填写。

数据类型:字符串。

备注:无。

3)英文名称

名称:英文名称。

定义:赋予数据元的单个或多个英文字词的指称。

提交说明:提交时必须填写。

数据类型:字符串。

备注:根据数据元的中文名称翻译而成,当多个提交机构的数据元的英文名称不一致或者翻译不正确时,由管理者协调后确定。

4)拼音缩写

名称:拼音缩写。

定义:数据元的中文名称的汉语拼音缩写。

提交说明:提交时必须填写。

数据类型:字符串。

备注:本项属性是数据元的中文名称属性项的拼音缩写。如果该数据元在数据库设计时被使用,相应的数据表字段必须使用本项属性;如果该数据元在数据交换标准定义时被使用,相应的元素必须使用本项属性。

5)分类

名称:分类。

定义:根据数据元的来源、业务语义、数据类型等共同特性,将数据元排列或划分成组的模式的分类参照的标识符。

提交说明:提交时必须填写。

数据类型:字符串。

6)说明

名称:说明。

定义:对数据元的含义的描述。

提交说明:提交时必须填写。

数据类型:字符串。

备注:无。

7)数据类型

名称:数据类型。

定义:数据元的数据类型和长度。

提交说明:提交时必须填写。

数据类型:字符串。

备注:当数据元的分类确定时,如果该分类的数据类型和长度是确定的,则该数据元也应该采用相应的数据类型和长度。

8)值域

名称:值域。

定义:数据元的允许值集合。

提交说明:提交时,如果数据元在数据类型和长度能够表达的值域范围内需要进一步限制允许值集合时,则必须填写本属性项,否则不填。

数据类型:字符串。

备注: 无。

9)关联代码表

名称:关联代码表。

定义:数据元的允许值来自某个代码表,是对值域的进一步约束。

提交说明:提交时,如果数据元是代码,则必须在本属性项填写存储该代码和名称对照值的表的名称,否则不填。

数据类型:字符串。

备注:该属性的取值为具体代码表名称。

10)引用位置

名称:引用位置。

定义:数据元被引用的位置数据表名称或数据交换标准名称。

提交说明:提交时必须填写。

数据类型:字符串。

备注:该属性的取值为使用该数据元的表名,或者使用该数据元的数据交换系统名称。如果有多处引用,则以逗号隔开。此项属性的意义在于指明数据元的应用范围,便于评估数据元变化的影响。

11)状态

名称:状态。

定义:数据元在其注册的全生存期内所处状态的标识。

提交说明:提交时不填,由数据元管理者进行填写。

数据类型:字符串。

备注:数据元在其注册的全生存期内包括四种阶段,即草案、试用、标准、废止。

12)提交机构

名称:提交机构。

定义:提出对数据元进行增加、变更或废止的组织或组织内的部门。

提交说明:提交时不填,由数据元管理者进行填写。

数据类型:字符串。

备注:一个数据元可以有多个提交机构。此项属性的意义在于指明数据元的应用范围,便于评估数据元变化的影响,指出参与确定数据元属性的相关方。

13)版本

名称:版本。

定义:在一个注册机构内的一系列逐渐完善的数据元规范中,某个数据元规范发布的标识。

提交说明:提交时不填,由数据元管理者进行填写。

数据类型:字符串。

14)批准日期

名称:批准日期。

定义:数据元进入“标准”阶段的日期。

提交说明:提交时不填,由数据元管理者进行填写。

数据类型:字符串。

备注:无。

15)备注

名称:备注。

定义:数据元的附加注释。

提交说明:提交时,如果数据元有其他属性无法说明的特性时,则可以在本属性项中以文字形式表达;否则不填。

数据类型:字符串。

备注:无。

#### 10.2.5.2 数据传输规范

不同的系统之间、上下级计算中心之间、内部系统与外部系统之间交换数据应该遵循严格统一的数据传输规范。数据传输规范制定应该考虑：

(1)明确性,支持确切定义的和明确的业务需求。

(2)标准性,尽量参照有关国际和国家标准。

(3)简单性,便于设计和应用。

(4)预见性,涵盖现有及将来税务业务(批处理业务和交互处理业务)。

(5)可扩充性。

(6)先进性。

一个可供参考的报文格式如下所示：

| 报文控制头 | 功能处理代码 | 源机构码 | 目标机构码 | 用户数据 | MAC |
|---|---|---|---|---|---|

其中报文控制头所含信息可以有：

| 报文长度 | 控制信息 | 报文序列号 |
|---|---|---|

在本系统中建议采用基于 XML 的数据传输格式。XML 代表 Extensible Markup Language(Extensible Markup Language 的缩写,意为可扩展的标记语言)。XML 是一套定义语义标记的规则,这些标记将文档分成许多部件并对这些部件加以标识。它也是元标记语言,即定义了用于定义其他与特定领域有关的、语义的、结构化的标记语言的句法语言。所有网络上传输的数据包均用 XML 格式进行封包,可保证数据传输的完整性、安全性与准确性。

## 10.2.6 数据库更新设计

### 10.2.6.1 说明

极端天气道路交通保畅物联网综合应用平台数据从运行状态层面可分为两类,一类是基础的静态数据(应急资源、空间数据等),一类是实时动态数据(各类实时监测数据、预警信息、事件信息等),实时动态数据不需要进行更新,所以以下更新设计只针对基础的静态数据。

### 10.2.6.2 更新方式

1)通过系统更新

在业务处理过程中,通过系统修改或录入界面完成。

2)批量手工更新

由各单位获取,对数据加工后进行入库,分为完全更新和增量更新。

3)完全更新

完全更新对技术的要求不是很高,只需要把数据按照初始建库的流程重新执行一遍即可。但是,完全更新的时间周期要求较长,所以完全更新模式应适用于变化不太频繁的信息。

4)增量更新

对数据的及时性是有很大要求的数据,可选用增量更新,增量更新是指在进行更新操作时,只更新需要改变的地方,不需要更新或者已经更新过的地方则不会重复更新。

本方案建议空间地理数据、历史类预警事件信息采用完全更新,应急资源数据、预案库、案例库、知识库、重点部位数据等采用增量更新。

#### 10.2.6.3 更新工具

1)数据检查比对工具

更新过程中,数据的检查比对非常重要。通过数据检查比对工具对数据进行比对检查,主要检查空间拓扑一致性、属性结构的一致性、数据内容的一致性。对于导入数据和委办局数据一致的,则不需要重复导入,对于不一致的,则用最新的数据覆盖不一致信息。

2)数据版本管理工具

数据的更新过程中,难免产生数据的版本问题。版本管理工具用来定义和管理旧数据。

3)系统数据更新工具

综合应用系统在东华软件开发平台基础之上,为用户提供数据批量导入工具,该工具支持 txt、excel、word、xml 格式数据的批量导入,帮助用户进行各类数据更新。

4)GIS 数据更新工具

利用 GIS 软件提供的数据编辑工具,完成系统空间数据的更新。

#### 10.2.6.4 更新周期

对于实时监测数据,根据各专业监测系统传感器获取数据的频率确定数据获取周期。

对于系统基础的静态数据,进行按月、季、年等周期进行更新。

具体更新周期在项目实施时根据数据量和实际情况确定。

#### 10.2.6.5 数据管理维护系统设计

数据存储功能主要是完成数据的入库,并对接收数据库(前置机数据)的数据信息进行重新组织,去掉接收数据库里的冗余和不合理数据、提取接收数据库里的特征数据并加以处理,使之成为能正确反映监测要素变化过程的数据。如果发现数据不合理,能通过明显的告警信息(语音、文字等)提醒管理人员进行校核,并具有人工数据插补功能。存储后数据将做到:数据冗余量尽可能少;数据必须能正确不失真地反映监测要素的变化过程;数据合理。

考虑到保证基础数据的安全性和可靠性,需要对数据库中的数据进行备份,防止数据丢失或者出现其他特殊情况;同时具备数据恢复功能,确保用户可以及时有效地获得准确、完整的数据。

## 10.2.7 信息资源管理机制设计

### 10.2.7.1 保证制度

各参建单位负责相应的监测系统的日常维护,保证监测数据及时、准确地传送到各自的专业支撑系统,并进一步通过市物联网应用支撑平台交换系统完成其他系统所需信息资源的更新和共享,按照《系统运行管理规范》相关规定执行。

### 10.2.7.2 制度机制

各参建单位负责各自监测系统获得的数据资源的安全,并制定各自相应的数据安全管理制度,从数据采集、传输、存储、共享环节加以管理,各子系统要指派专人负责信息资源安全管理。

### 10.2.7.3 组织措施

在整体上,由市交通行业主管部门牵头,组织各相关单位,结合《系统运行管理规定》要求,规范项目信息资源安全管理机制和措施。通过联合发文的形式,将管理制度确定下来。

# 11 风险与效益分析

## 11.1 风险分析

一般而言,物联网和信息化项目的风险主要包括技术风险、管理风险和组织风险三大类。

### 11.1.1 技术风险

建设采用成熟的技术方案,其中最核心的应用系统采用成熟的、广泛应用的J2EE 架构,类似的项目在全国和北京市均有大量成功案例,其他专业支撑系统建设在各参建单位现场,其技术支撑环境均比较成熟、稳定,采用的技术在诸多的信息化项目中都有成功的经验,因此本项目实施存在的技术风险较低。主要的风险存在于各个专业之间的数据接口和共享处,通过统一的标准是可以降低技术风险。

### 11.1.2 管理风险

信息化及物联网建设项目相对于其他类型建设项目,最大的差别就是业务需求变动比较大,需求的不确定性给项目实施带来很大风险。

除需求变化带来的风险外还会面临工程进度的风险,进度风险包含两方面的内容,一是进度计划制定的科学性,二是项目实施过程中与计划的符合度。在实施过程中,各分任务之间会有先后,有交互,有制约关系,各系统完工时间受其他系统地完工时间制约很大,如果项目计划草率、质量差、不具备遵照执行的可行性,就会造成项目整体工期的延后。

在实施过程中,即使制订了完好的计划,如果没有对项目实施进行很好的监控管理,也可能会造成计划与实际完全脱节,计划变成了一张废纸,项目实施进度失控,项目工期无休止的拖后,因此在指定计划之后要实时对照计划进度与实际进度是否有偏差,如有偏差,找出原因,有针对性地解决问题,并及时调整进度计划。

最后要提到的风险源自管理人员本身的能力,建设内容包含了硬件系统和软件系统等多种不同类型的建设内容,要求项目建设单位和参建单位、项目实施单位的项目管理人员具有综合的技术管理能力，具有应急指挥系统平台项目实施经验，这对项目建设单位的项目管理人员、项目实施单位的项目经理提出较高的要求。

### 11.1.3 组织风险

信息化建设为业务提供信息收集、业务管理和辅助决策手段，需要项目建设单位从领导层、管理层到业务执行各个层面的支持和配合，才能取得成功，从而实现信息化建设项目的目标。高层对项目不重视、管理层和业务层对项目不配合是信息化项目中常见的组织风险之一。

由于实施过程中涉及的项目单位很多，包括交通、水务、气象、国土局/地勘、公安交管、项目实施单位（可能包含项目分包单位）、项目监理单位等多家单位，项目实施的组织协调难度比较大。

项目资金未能按时到位是电子政务项目比较常见的组织风险之一，电子政务项目由于受政府资金分批拨付影响，资金到位情况可能与项目实施进度不匹配，可能会造成项目工期延后或项目停工情况。

另外，本项目成功实施并不以完成系统开发完成为标志，而是以用达到极端天气下交通道路保畅物联网示范应用目标为标志，最终整个项目形成的大系统应顺畅运行，为北京市应急指挥平台提供完善的服务，这又是项目的一个组织风险。

## 11.2 风险管理与应对措施

### 11.2.1 管理风险应对措施

为了规避项目实施中的管理风险，建议在项目实施开始时，对项目需求进行详细调研，根据调研结果优化设计方案，同时充分考虑本项目实际情况，如子系统资源需求、子系统的制约关系、资源限制、项目总工期限制等因素，参考同类项目实施的经验，制订切合实际的详细的项目基准计划，制定详细的项目实施方案。在项目实施过程中，对项目的质量、进度、投资等要素进行监控，敦促项目按计划进行，对于项目实施中出现的非预期情况进行分析，尽快采取恰当的措施进行处理，根据变更（项目范围变更、需求变更、方案变更、工期变更等等）调整基准计划，即对项目基准计划进行动态管理，根据基准计划对项目进行“三控两管一协调”，保障项目实施始终处在受控状态中。

在项目管理过程中，将风险计划列入项目计划中，定期对项目风险进行动态检查管理，是一项很好的风险管理措施。

为了降低项目建设内容复杂性对项目实施造成的风险，建议选择在交通领域应急项目建设方面具有实施经验的承建单位和项目经理，减少项目实施风险，同时建议选择具有应急类项目咨询和监理经验的项目监理公司，协助建设单位做好项目管理工作。

### 11.2.2 组织风险应对措施

为了规避或降低项目的组织风险，建设单位从领导层应对本项目建设给予高度重视，通过召开项目动员大会动员管理层、业务人员对项目建设给予支持和配合，挖掘潜在的需求。

建议根据专业特点将工程划分子系统（根据需要可以再细分）分别对其进行管理。在项目建设过程中做好项目计划（应将项目沟通计划纳入项目计划中），针对子系统实施情况，可采用监理例会、专题会议、电话、邮件等方式进行及时沟通协调项目各方，保障项目实施按计划顺利进行。

建议在项目招标时选择抗资金风险能力较强的项目实施单位，避免因项目款支付不及时而延误项目工期。

## 11.3 效益分析

物联网技术在恶劣条件下交通中的应用是北京市政府促进物联网产业发展的要求并结合交通领域应急日常业务的需要，建立“统一指挥、覆盖全面、反应灵敏、沟通顺畅、运转高效”的指挥、控制和沟通体系，这将有利于及时、准确、全面地掌握极端天气下道路交通的总体态势，加强应急相关部门的信息共享和联动，切实而迅速地解决问题。建设效能的发挥，能够取得明显的管理效益、重大的社会效益和较好的经济效益。

### 11.3.1 社会效益分析

极端天气条件下保持道路交通畅通物联网应用示范工程可以形成对恶劣天气下交通安全突发事件的预防预警、快速响应、全方位监测监控、准确预测、快速预警和高效处置的运行机制和能力。有助于政府、交通部门全面履行职责，切实提高保障公共安全和处置突发公共事件的能力，有助于预防和减少自然灾害、事故灾难、公共卫生事件和社会安全事件及其造成的损失，有助于保障公众生命财产安全和维护社会稳定。

极端天气条件下保持道路交通畅通物联网应用示范工程的建设，将为致力于实施可持续发展战略，体现“以人为本”的科学发展观，构建社会主义和谐社会创造良好的公共安全环境，作为一项重大社会公益性事业，本工程将造福社会、造福百姓。

## 11.3.2 经济效益分析

### 11.3.2.1 直接效益

工程建设可以提高市交通安全突发事故应急响应的效率和能力，从而减少此类突发事件导致的经济损失，产生直接的经济效益。为交通安全突发事故的发现和解决提供先期预警、快速发现、快速解决的机制，节省了城市维护运行成本。

### 11.3.2.2 间接效益

为恶劣天气下交通安全突发事故应急管理决策提供及时、准确、科学的信息，并由此产生巨大的经济效益。包括：由于资源整合、信息整合而提高资源的利用率，减少的重复建设投资；由于技术手段的使用、业务流程的优化而减少的应急管理成本，提升时间价值，表现为节省整体的时间成本；由于良好应急管理形象的增强、城市生态环境的改善而产生的外资吸引、旅游发展等方面的增值效应。

# 后　　记

物联网技术示范及相关信息的综合应用，对于提高相关部门在恶劣天气下道路交通保畅工作决策和应对能力，具有决定性的作用。通过扩大恶劣天气条件下相关数据监测覆盖范围，提高恶劣天气条件下交通保畅监测预警、应急决策支持智能化水平，实现恶劣天气交通保畅相关数据的整合、共享和利用，提高各部门的协同工作能力，不但可以提高恶劣天气条件下交通突发事故快速有效的响应能力，而且可以提高城市极端天气条件下交通突发事故应急办公水平，是道路交通管理中预警、预案、突发事故处置决策不可缺少的手段。

项目建设涉及的物联网前端设备部署、数据采集与传输、数据共享与集成、系统总体技术框架、应用支撑平台、关键技术路线应采用成熟的信息化技术，并在国内类似项目中有广泛应用，具有良好的技术保证。

由于本书主要以北京市相关项目建设经验为背景，建议其他地区充分借属地及国内相似项目的建设经验，加强领导支持和组织协调，充分利用已有的信息化建设资源，切实制定项目各个阶段的建设目标，安排好时间进度，确保系统如期建设和上线运行，为进一步拓展物联网技术在交通应急领域的应用奠定长远发展基础。

# 参 考 文 献

[1] 李蔚田. 物联网基础与应用[M]. 北京:北京大学出版社. 2012.
[2] 周堂,赖明勇. 我国交通运输行业物联网技术应用模式研究[J]. 中国工程科学,2012,7:103-108.
[3] 吴余龙,艾浩军. 智慧城市 [M]. 北京:电子工业出版社,2011.
[4] 杨正洪,周发武. 云计算和物联网[M]. 北京:清华大学出版社, 2011.
[5] 刘云浩. 物联网导论[M]. 北京:科学出版社,2012.
[6] 王喜富. 物联网与物流信息化[M]. 北京:电子工业出版社,2011.
[7] 黄玉兰. 物联网概论[M]. 北京:人民邮电出版社,2011.
[8] 北京市人民政府办公厅文件,京政办发[2011]14 号[R], 2011 年.
[9] 蒋亚军, 贺平, 赵会群, 等. 基于 EPC 的物联网研究综述[J]. 广东通信技术, 2005(8):23-29.
[10] 杨京帅,雷景敏、基于物联网技术的桥梁安全监测与评估关键问题研究[J]. 公路,2012(9).
[11] 曹洋,王建平. 物联网架构及其产业链研究[J]. 技术经济与管理研究,2013(2):98-100.
[12] 李戈,秦权. 用遗传算法选择悬索桥监测系统中传感器的最优布点[J]. 工程力学, 2000, 17(1):25-34.
[13] 淡丹辉,何广汉. 桥梁结构传感器优化布置法[J]. 工程设计 CAD 与智能建筑, 2002, 19(2):53-56.
[14] 唐亚鸣,张河. 信息传感器在桥梁健康监测中的应用[J]. 智能建筑与城市信息,2003,10(5):48-50.
[15] 陈智宏,隋莉颖,张晓亮. 恶劣天气交通保畅物联网系统总体框架与运行机制研究[J]. 公路交通科技, 2013(5):85-89.
[16] 李勤. 恶劣天气条件下的公路交通应急处置[J]. 道路交通管理, 2012(5):42-44.
[17] 王刚,许焱,陈智宏,等. 综合交通信息平台建设运营机制研究[J]. 道路交通与安全,2007(2):1-3,60.

[18] 赵静.数学建模与数学实验[M].北京:高等教育出版社,2000.

[19] 夏玉美.公路高边坡防护监控和治理[J].科技资讯,2009,9(26):49-51.

[20] 黄来源,安立伟.延庆县玉海路崩滑塌灾害的危险性评价及防治对策[J].城市地质,2011,6(4):7-15.

[21] 傅志妍,陈坚. 灾害应急物资需求预测模型研究[J]. 物流科技, 2009, 32(10):11-13.

[22] 陈金晶. 基于调度优先权的海上多物资应急调度方法[J].浙江海洋学院学报(自然科学版), 2014, 33(4):377-378.

[23] 戴更新, 达庆利. 多资源组合应急调度问题的研究[J]. 系统工程理论与实践, 2000, (9):52-55.